AF252804

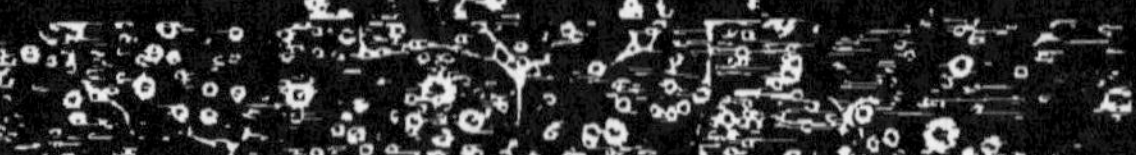

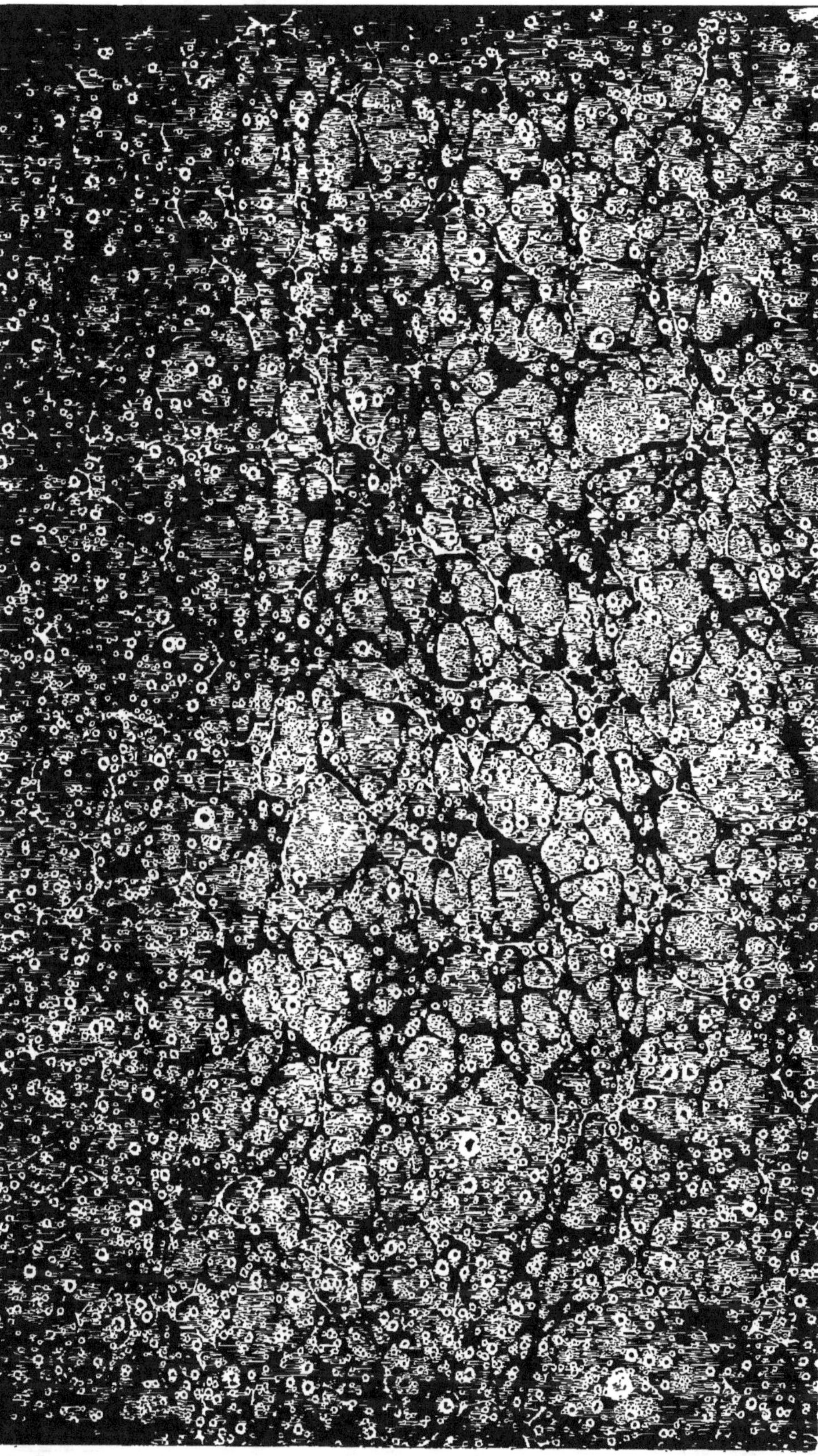

LES

CHATEAUX

DE FRANCE

LES CHATEAUX DE FRANCE

PAR

LÉON GOZLAN

Première Série

PARIS

MICHEL LÉVY FRERES, LIBRAIRES-ÉDITEURS

RUE VIVIENNE, 2 BIS.

1857

Tant que durera en France l'esprit conservateur créé par la Restauration, les vieux monuments qui nous restent seront respectés. Par une conséquence immédiate de son retour systématique aux affections du passé, la Restauration, en relevant la pierre de l'autel et en restituant au trône la majesté antique, ne pouvait manquer de songer à la réédification du temple et du palais. On interprètera, si l'on veut, dans toutes les proportions du blâme ou de l'éloge, la cause de ce service intéressé rendu à la nation ; il n'y aurait que de l'ingratitude à en nier les résultats. Demanderions-nous au désert de couvrir de sable les pyramides, quand même il serait vrai que ce fût au singulier caprice d'une courtisane égyptienne que nous devrions de les admirer ? Ne sommes-nous pas tout disposés au contraire à pardonner aux flatteurs de Néron les statues, les temples, les arcs de triomphe que leur bassesse lui a élevés ? Quel est le système, quelle est d'ailleurs l'opinion dont on tenterait de se faire, à cinquante ans de distance, le défenseur officieux, qui durera autant que la pierre milliaire de la grande route, que la borne grossière du coin de la rue ? Pour notre part, nous ne tairons pas que nous préférerions, si nous avions un choix à faire, les âges de despotisme qui fondent, aux époques de liberté dont il ne reste rien. Il est bien entendu que nous nous plaçons, en raisonnant ainsi, sur un terrain d'où l'on ne découvre aucune question d'intérêt social essentielle au bonheur de l'humanité, lequel passe avant tout et n'admet aucune comparaison. Seulement on ose penser que si les trois siècles de compression morale qui ont pesé sur Venise ont compté plus de monuments en tout genre que n'en verront jamais peut-être les siècles d'indépendance promis à New-York et à Philadelphie, le souvenir de la postérité sera plus vif pour les siècles et pour le peuple glorieux avec un peu moins de liberté, que pour les générations libres avec beaucoup moins de gloire.

La Restauration cependant ne put exprimer qu'une tendance isolée en tournant ses regards exclusifs d'attachement vers les reliques du passé; elle éveilla même beaucoup de préventions fâcheuses contre elle en laissant trop croire au peuple qu'elle n'avait des élans rétrogrades que parce qu'elle était mue par des doctrines surannées. Son bon vouloir pour les arts faillit être pris en aversion à cause de cette solidarité présumée entre sa conduite et ses principes; solidarité qu'elle ne chercha pas assez peut-être à nier. Bientôt on imputa au zèle d'une dévotion outrée, et fort peu en harmonie avec la tolérance d'une époque qui n'avait jamais cessé d'être sceptique, les réparations faites aux anciens édifices religieux du royaume. Ces réparations, il est vrai, ne s'effectuèrent qu'à côté de la création simultanée d'une foule de priviléges en faveur du clergé. N'y eût-il en cela qu'un tort irréfléchi, il n'en fut pas moins tenu compte par l'opinion publique.

Heureusement que la littérature vint épouser une question si belle, la dégager des caresses d'une protection qui l'étouffait, et la décider dans le sens le moins hostile à l'esprit de liberté qui circulait alors. Quand d'illustres poètes eurent élevé un cri unanime entre le trône et le peuple pour demander grâce en faveur de nos vieilles cathédrales sur le point de disparaître, tant la révolution les avait minées en y trouvant des clubs, l'opinion nationale mieux invoquée fut gagnée à la cause de nos monuments, l'ode et l'élégie nouvelle achevèrent le miracle de conservation. Ainsi la royauté, la religion et la littérature, comme un triple lierre, s'enlacèrent pour cimenter des ruines et les raffermir contre le pied de la barbarie qui les foulait.

Cette croisade forma une espèce d'esprit nouveau qui s'empara de la jeunesse, de jour en jour moins attentive aux rauques déclamations du jacobinisme expirant. Ceux qui ne voulurent pas entrer dans l'église à la voix des missionnaires, à tort ou à raison affublés du titre de jésuites, ceux-là du moins, sans être accusés de fanatisme, purent entourer de leur adoration les merveilles extérieures des basiliques. A défaut de ferveur, ils eurent de l'admiration à épancher, rachetés, par la poésie, du péché de démolition, inventé et commis par leurs pères.

Du haut du trône et des classes intelligentes, le respect pour nos vieilles pierres descendit chez les masses, qu'on ne remue, quoi qu'on en dise, qu'avec le levier inflexible des principes, qui ne marchent qu'avec le mot d'ordre, promptes à élever jusqu'aux nues les basiliques, si la foi l'ordonne, avec un Jules II, aussi promptes à les démolir de fond en comble avec un Carlostadt, si une doctrine iconoclaste les y porte.

La *Bande-noire* fut la dernière expression, le coup de grâce de la philosophie du XVIIIe siècle, redoutable expression qu'exagéra, l'écume à la bouche, la révolution française, et à laquelle se rallia, avec un sang-froid plus méprisable que l'emportement haineux de 93, l'ignorante brutalité de l'empire. De déductions en déductions, la philosophie avait renié Dieu et la hiérarchie humaine; c'était dur, c'était sans doute faux, mais ce n'était que cela ; la révolution proscrivit le culte et trancha la tête aux possesseurs de châteaux ; c'était de la vengeance, quelque chose de sauvage, de cruel, mais du moins était-ce de la force ; l'Empire seul vendit sans aucun prétexte de danger, sans l'excuse de l'athéisme, les pierres de taille des châteaux aux plâtriers, le plomb aux marchands de gouttières, les forêts de haute-futaie aux chantiers de construction ; et ceci est du dernier vil. Anéantir le passé, c'est faire de l'histoire ; le vendre, c'est un métier qui n'a pas encore reçu de nom dans un pays, dans le nôtre, où cependant la langue du crime est la plus riche.

Je ne me contredis point ici avec les vues assez franchement exposées en tête de l'histoire du château d'Écouen. La *Bande-noire*, je le répèterai, ne démolit point les châteaux sans le consentement des propriétaires ; et, à cet égard, les propriétaires ont de longues circonspections à observer ; mais la *Bande-*

noire est coupable comme exécutrice de la sentence de mort portée contre nos monuments. Elle partage l'iniquité de l'arrêt. Quoique simples instruments de la loi, les bourreaux ne se réhabilitent jamais.

Les choses ont ainsi marché ; la démolition s'est arrêtée ; la halte est consolante. Il s'agit maintenant d'entretenir et d'améliorer encore une situation que seraient capables de changer un règne mauvais, une opinion nouvelle, une mode peut-être. Sans doute les moyens de perpétuer l'esprit de conservation qui règne ne sont ni nombreux ni faciles.

Comme je n'ai pas eu un choix aisé à faire parmi ceux qui se sont présentés en petit nombre au bout de mes recherches, on me pardonnera de n'avoir pas été plus heureux en m'arrêtant au moyen que je ne tarderai pas à proposer.

Si l'on n'aimait pas les châteaux avant la révolution, ce n'était pas du moins sans raisonner la haine qu'on leur portait. On haïssait l'institution de la féodalité dans la forme matérielle qu'elle avait adoptée. Quoique affaiblie, languissante, desséchée et méconnaissable, la féodalité palpitait et vivait derrière son épais vêtement de pierre. A force d'absorber en lui la vitalité redoutable de la souveraineté et tous ses attributs, — le seigneur, le maître, le juge, le geôlier, le bourreau, — le château était devenu un être animé, vivant, qu'on découvrait de tous les points, du bout de la plaine, du haut de la montagne ou du fond du vallon ; debout hiver ou été ; qu'avaient vu les vieux, que verraient les jeunes. On naissait, on vivait, on mourait sous son ombre et sous sa menace. Il planait sur la terre et sur l'existence. Il était la clef de la ville et du bourg ; il en était l'ornement et la terreur. Sous le ciel rien n'était plus élevé et plus connu. La justice n'était pas, comme de nos temps, surchargée de lois, un livre inintelligible ; la punition n'était pas une menace problématique, cachée dans les replis d'un homme vivant quelque part. La justice et la punition, c'était cet amas de pierres anguleuses dressées et immobiles, siégeant toujours en plein air ; c'était le château. De là un respect héréditaire, un effroi passé dans le sang de ceux qui en dépendaient, et plus tard une horreur universelle pour tant d'obsession.

On explique dès lors le peu de cas que devaient faire de l'architecture des châteaux des hommes qui les maudissaient ainsi avec tant de raison. Il y avait peu de place dans leur cœur ulcéré pour une admiration qu'il leur aurait fallu acheter par l'abandon de la vengeance. Les voûtes d'une prison, quelque belle qu'en soit la coupe, touchent peu le prisonnier qu'elles écrasent. Quand les châteaux furent désignés au marteau, on crut moins abattre des pierres que frapper un monstre, un géant, un fléau, un démon de dix siècles, ayant corps de rocher, bras de fer noués en chaînes, tourelles percées pour yeux, pont rouge pour langue, créneaux pour dents, fossés pour ceinture. Je n'exagère en rien. On ne renversa pas les châteaux ; non ! le mot est impropre, on les tua.

Si un principe de haine abattit les châteaux, qu'un sentiment de curiosité relève ceux qui ont échappé à l'extermination. On aime ou l'on déteste les emblèmes à raison des souvenirs qu'ils éveillent. Emblèmes de domination avant leur chute, depuis leur chute les châteaux ne sont plus que des pierres commémoratives sur lesquelles le feu de la vengeance a passé. Ce sont choses vaincues, curieuses et respectables à la fois, et qui le deviendront d'année en année davantage, si l'on invite à les connaître, à les parcourir, à les toucher. Le moyen de conserver les châteaux est donc de faire de leur conservation une vanité nationale, pareille à celle qui nous grandit à nos propres yeux quand nous parlons du Louvre ou de la Colonne. Lorsque ce nouvel orgueil si justifiable et si utile existera, la France se sera créé un motif de plus de s'aimer dans sa dignité et dans ses richesses archéologiques ; un motif de plus pour accroître la sainte défiance où il lui est recommandé de vivre sans cesse en face de l'étranger. Plus le sol est aimé, plus on le défend ; plus il se distingue par sa valeur territoriale, plus on l'aime. Retranchez de Paris la coupole du Panthéon, le dôme des Invalides, les tours de Notre-Dame et le Louvre, et vous ôtez à la défense de Paris, dans l'hypothèse d'une invasion, plus de trente mille combattants.

J'estime que les nombreux châteaux encore debout sur le sol de la France ne méritent pas moins que les principaux monuments de Paris la faveur d'être mis au rang des causes sacrées

dont la patrie doit se souvenir quand elle s'arme pour repousser l'ennemi. Est-ce que la perte du château d'Amboise ou
de Chenonceaux ne serait pas aussi vivement sentie que la perte
bien plus réparable d'un pont sur la Seine, fût-ce celui d'Aus-
terlitz ou d'Iéna? Quand je dis le château d'Amboise, n'est-ce
pas indifféremment que je le nomme entre d'innombrables résidences, telles que le château d'Anet, le château de Saint-Germain-en-Laye, les châteaux de Maisons, de Grosbois, de
Chantilly, de Rosny, d'Ecouen, de la Roche-Guyon, d'Ancy-le-
Franc, de Vaux, de Mouchy, de Savigny-sur-Orge, de Rambouillet, etc.?

Il est sans doute très méritoire de grouper sur un point les
mille espèces d'armes dont les hommes ont fait usage, pour
s'entretuer, depuis qu'ils vivent en société; de flatter le côté
guerrier de leur instinct par l'étalage éblouissant, complet et
symétrique de tous les instruments de mort dont ils disposent,
depuis la masse d'armes, la hache au double tranchant, les
armes d'hast, les espadons et les flamberges; depuis l'arc sauvage, la flèche empoisonnée et l'arbalète grossière; depuis la
carabine à rouet et l'espingole jusqu'aux pistolets de luxe montés sur ébène et diamants; depuis le canon jusqu'au mortier;
depuis l'armure pesante de Bayard jusqu'au sabre vaincu du
dey d'Alger. C'est très louable. L'histoire de l'homme marche
côte à côte avec l'histoire de tout ce qu'il a façonné pour sa
défense. Aucun essai des civilisations violentes par lesquelles
nous sommes passés, et dont nous ne sommes pas encore sortis peut-être, n'est à dédaigner. Ne rejetons rien; classons et
comparons. Conservons d'abord. Mettre en regard les œuvres
des siècles, c'est le seul moyen de juger le progrès; c'est pouvoir être modeste ou fier avec raison pour son propre siècle.
De l'exactitude et de la confrontation des témoignages naît l'impartialité de l'opinion. On est bien près d'être meilleur quand
on se compare, sans la contrainte du moraliste.

Les mêmes éloges sont dus à ceux qui rétablissent le mobilier du moyen âge et des premiers temps de la renaissance,
qui parcourent nos provinces pour moissonner, à travers les
vieilles villes moisies, les maisons branlantes et les appartements en ruine, des fauteuils et des lits où le XIVe et le XVe siè-

cle ont dormi ; meubles morts, meubles embaumés ; chroniques de chêne où la rudesse et la naïveté des temps sont écrites en sculptures franches comme le parler de nos aïeux. Les armures de fer nous ont dit le guerrier ; ces bahuts ciselés, ces tables torses, ces siéges, ces habits, ces ornements, nous diront le seigneur, l'homme de justice, le bourgeois, l'homme d'église, l'évêque, l'abbé, le moine, le manant, la grande dame et la paysanne. Radieuse résurrection ! elle nous fait revivre au milieu du passé, elle nous rend à nos familles éteintes, elle trompe la destruction, elle nous vieillit par la pensée en nous laissant notre âge, elle nous remplit de la sublime gravité de la mort sans nous ôter les joies de la vie.

Cette intelligente patience, qui associe pièce à pièce les morceaux épars des siècles brisés par l'action du temps, est la manifestation évidente du besoin qu'a l'homme de se connaître tout entier, à travers ses transformations. Sa vanité personnelle y est plus intéressée qu'il ne croit. En récompense de l'immortalité qu'il ménage aux œuvres des races antérieures, il attend la perpétuité des siennes ; il hérite et il lègue dans un esprit d'égoïsme qui aspire à un but obscur. La solution des problèmes de l'humanité lui échappe, mais il en arrange les chiffres avec un infatigable zèle.

Et quand il a artificieusement échafaudé des armes, des cottes de maille, des gantelets, des mitres, des casques et des brassarts, il fait passer le souffle de l'histoire par la bouche sonore de son fantôme. Et combien l'histoire semble alors une voix humaine, ainsi exprimée ! Lire Brantôme dans le cabinet légué par M. du Sommerard, n'est-ce pas comprendre Brantôme comme si le personnage dont il est l'historien vous parlait face à face ? Ce vieux, ce raide, ce coloré, ce bavard, cet interminable langage, affecté comme une flatterie de cour, libre au même instant comme un propos de camp, parfumé à chaque période, italien par la pointe de libertinage, gascon avant tout, espagnol par la redondance, français par ses bouffées de vanterie ; eh bien ! ce langage devient la vérité même au pied de cette armure de François Ier, le héros de Brantôme ; devant la longue épée de Pavie qu'empoigne une manchette brodée à mille points, toute dentelée de festons ; poignet aventureux, terrible et galant, qui eût écrit le livre de Brantôme, si Brantôme ne l'eût écrit. Et comme ce lit d'or et de brocart, à colonnettes évidées, bien soyeux, bien bas, ouvert de tous côtés comme le cœur du grand roi, trône, siége et lit à la fois, ajoute encore à la crudité de rantôme nous montrant les amours royales assises et couchées, et nous les disant effrontément par leurs noms et par leurs qualités. Le lit est un commentaire naturel à la phrase. Il complète le livre du sire de Bourdeille.

Que d'autres délicieuses révélations sur les mœurs privées ne nous font pas ces menus trésors domestiques, chefs-d'œuvre de l'industrie de diverses époques; ces armoires aux innombrables tiroirs, ces tiroirs peuplés de compartiments; ces dressoirs ployant sous les vaisselles, témoignages des objets dont s'énorgueillissait l'opulente simplicité des ménages; ces couteaux au manche d'ébène, ciselés par l'adresse, aux lames flexibles, affilées pour la dextérité des écuyers-tranchants; ces gobelets dont la sobriété n'avait pas évasé le cristal, et tous ces meubles qui portent, comme des médailles, l'empreinte des mœurs régnantes et la date de la vie! La patience qui recueille, le goût qui classe, vrai génie de la collection, semble, on le voit, n'avoir rien négligé pour remonter, pièce à pièce, et évoquer dans son ensemble la vie matérielle d'autrefois. Et cependant, en s'établissant au milieu de cette évocation, on éprouve un isolement incommensurable, dont le cœur est tout d'abord surpris. Un lien manque, et l'on veut s'en rendre compte. Qu'est-ce donc? aurait-on posé à une salle du XIVe siècle des vitraux du XVIe? un anachronisme est-il tombé dans la coupe de l'illusion? Non. Mais vous ne voyez donc pas que vos trésors manquent de palais, que vous les avez amoncelés en plein air, comme les peuplades errantes des caravanes entassent sur le sable les produits qu'elles sont allées chercher à travers mille périls, au loin, en Perse, dans la Tartarie, dans la Chine, au bord du pôle? Vous êtes allés loin aussi; vous revenez du moyen-âge : et vous jetez cela pêle-mêle au soleil. Vous croyez bâtir, vous empilez. Votre temple n'est qu'un bazar. On n'y ressent, une fois dedans, ni amour, ni respect; ni plénitude de croyance surtout. Interrogez-vous, regardez bien. Vous n'avez oublié que la maison, les quatre murs, la porte et les toits à votre

mobilier pour l'abriter et pour le contenir. Vous nous dites ·
Voilà un évêque, sa tête a la mitre, sa main violette a le bâton
pastoral, son doigt a l'anneau. A merveille. Mais où est la
maison épiscopale? où est l'indivisibilité antique de la demeure
et de l'homme? Reste la cathédrale, répondrez-vous. Reste-
t-elle? Soit! Mais voilà la chaussure bourgeoise du xive siècle,
le feutre, le pourpoint du bourgeois. Où est la maison du bourgeois? le pignon aigu aimé des hirondelles? Où sont les frêles
tourelles, liées en gerbes autour de la maison? les murs épais,
les escaliers raides, les salles nues, brumeuses, pleines de
vent, de froid et d'écho, flanquées de bancs? où sont les croisées dentelées, fleuries en rameaux de vignes; les gouttières en
saillies de plomb, faisant la grimace aux grimaces des passants? Cela n'est plus, répondrez-vous en soupirant. D'autres
ont le courage d'ajouter : N'est-ce pas le destin des villes, et
par conséquent des maisons, de céder le terrain à d'autres mai
sons mieux appropriées aux besoins nouveaux? On veut du
jour, de l'air; on rentre les maisons, on redresse les villes; on vit
rapidement; on les aligne pour que la vie suive le cours des ruisseaux et aille vite au torrent, à la mer, à l'oubli. De là, des
villes larges, propres, éclairées et droites; mais de là aussi
plus de villes, excepté quelques-unes encore, de ces maîtresses
villes fortifiées, bardées de murs, et contournées, fuyant de la
tête et rentrant le flanc, comme font ceux qui assiégent : peu
de ces villes qui nous expliquent la violence des agressions par
les témoignages de résistance qui restent. Voyez ces villes.
L'épaisseur de leurs murs dit la crainte; leur hauteur, l'audace. Viennent les chroniqueurs : deux murs étant donnés, on
sait l'histoire. Vienne le fait; la preuve est acquise : la voilà.
Chaque pierre de la ville de Senlis est une lettre pavée de
l'histoire de la Ligue.

Toujours fier de vos conquêtes incomplètes sur la destruction et l'oubli, vous ajoutez : voilà le baron, sa cotte de maille,
son pourpoint; voilà le seigneur et la tapisserie or et soie de
ses appartements; ses fauteuils brodés à ses armes, ses meubles écaillés de nacre et d'ébène, aux pieds fourchus de cerfs,
aux revêtements de citron où ramagent des oiseaux, ses tables

de marbre façonnées en mosaïque; voilà le seigneur sans doute, mais où est le château?

Est-ce que le château n'a pas été balayé comme l'abbaye, le monastère, la ville antique et forte, le manoir et la tour? Le château aurait-il été trouvé plus dur dans le mortier où l'on a tout pilé?

Sans passer d'un œil sec sur des pertes nombreuses, il faut s'avouer que le mal fait aux châteaux aurait pu être et plus grand et plus irréparable. Impatiente et aveugle, la colère s'égare. Elle frappe souvent à faux et s'ébrèche. — Intention de la Providence, ou lassitude des démolisseurs, quelques-unes des plus caractéristiques demeures féodales sont encore debout sur le sol de la France. Probablement elles ne renfermaient pas, pour être vendues, les conditions nécessaires à un marché avantageux. Beaucoup d'entre elles ont opposé une résistance presque intelligente à la rage de la mine; elles se sont défendues. La dépouille n'aurait pas valu l'assassinat. De guerre lasse, on les a laissées vivre après les avoir mutilées au front et aux extrémités [1].

Eh bien! sauvez ces châteaux des derniers outrages qu'ils pourraient recevoir encore à la hausse du plomb et de la pierre de taille. Ils sont à vous, si vous le voulez. A cette mer profonde qu'on appelle budget dans la langue politique enlevez quelques sceaux d'or, et répandez-les aux pieds des possesseurs indifférents de ces châteaux : ils prendront et laisseront prendre. Nullement honteux pour eux, combien le marché sera profitable pour nous, pour l'histoire, pour le pays! Constituez ensuite, de ces châteaux, qui ne seront plus menacés, à chaque mort de chef de famille, de la vente par licitation, autant de propriétés nationales. Une fois au pays, le pays les entretiendra comme il achète et comme il entretient, et je ne sais trop,

---

[1] Plus fidèles à leurs intérêts qu'à leur vengeance, plusieurs villes, à l'époque de la révolution de 89, sauvèrent les palais des anciens seigneurs de la contrée en y logeant quelque administration. Foix transforma en palais de justice la demeure de ses souverains. Le château de Gien est aujourd'hui sous-préfecture, mairie et tribunal de commerce.

je l'avoue, dans quelle affection beaucoup trop érudite, beaucoup trop dispendieuse et fort peu nationale, des tombeaux de granit venus de la Haute-Égypte à travers les mers jusqu'à Paris, jusqu'au centre du Louvre. N'est-ce pas la nation qui s'impose des privations, qui paie plus cher son vin, sa nourriture, sa lumière, pour arracher à la bourgade de Luxor son obélisque triste, et le placer au milieu d'une ville sans parenté de sang, de langue, de nom, d'origine avec Luxor; un obélisque muet pour nous, comme nous sommes sourds pour lui; vol fait au désert, à l'antiquité, à la poésie, à Dieu, qui inspire chaque chose pour chaque lieu, qui fait mûrir les monuments comme les fruits pour un climat et non pour un autre. La statue de Pierre le Grand, transportée de Saint-Pétersbourg sur la place Louis XV, la cathédrale de Reims mise au centre d'une promenade du Mexique, la colonne de la place Vendôme volée par des Arabes et vissée au milieu du désert de Sahara, ne seraient pas de plus monstrueux accouplements que l'obélisque de Luxor et Paris.

N'y a-t-il aucune question d'étonnement à s'adresser lorsqu'on voit d'un côté le soin qu'on prend de conserver les monuments romains dont nous sommes restés en possession, et d'un autre côté l'indifférence où l'on est à l'égard des monuments, autrement nationaux, en faveur desquels je réclame? Certes, nous ne nous élevons pas contre l'attention particulière dont les débris de l'époque romaine sont l'objet de la part des inspecteurs officiels du gouvernement, mais nous désirerions seulement que cette attention fût moins exclusive, moins partiale; qu'elle se détournât un peu des ruines d'un temps sans doute à jamais vénérable, mais, on en convient, un peu effacé dans nos affections, pour se porter vers les restes d'une civilisation plus voisine de notre ère. Il est bien de rattacher le respect pour l'antiquité aussi haut que possible : ne repoussons même pas dans l'oubli ces énigmes de pierre dont la vieille Gaule est semée, désespoir de l'érudition qui s'émousse à les soulever. Que les dolmens de Carnac, que les menhirs, que les cromlechs druidiques occupent une place, la première, par ordre des temps, sur l'échelle des monuments religieux et politiques, personne ne s'en plaindra. Dans cette galerie prati-

quéc au cœur de la Gaule, qui ne voudrait voir figurer également la Maison-Carrée de Nîmes et le Cirque, les restes du
palais Galien à Bordeaux, les belles portes de Saint-André et
d'Arroux à Autun [1], l'arc-de-triomphe et l'amphithéâtre de
Saintes, le gigantesque pont du Gard, l'élégant aqueduc de
Jouy-les-Arches, la pile de Cinq-Mars sur la Loire, épitaphe
de l'Armorique? et ce château de Lourdes, élevé roches sur
roches par les Romains au milieu de la chaîne des Pyrénées ?
Vincennes des aigles, tour à tour goth, vandale, anglais, aux
comtes de Bigorre, à ceux du Béarn, pierre éternelle, comme
ces diamants monstrueux qui ne quittent jamais la royauté,
dot d'Henri IV, prison d'État sous Napoléon. Mais n'avons-nous
été que des colonies romaines? Nous avons été aussi, si nous
ne nous trompons, des communes affranchies, des pays diffé-
remment gouvernés, partagés, dominés ; nous avons été décou-
pés par le sabre de la conquête, en duchés, en comtés, en
seigneuries, en baronnies, en châtellenies, titres de possession
légitimes ou usurpés, taillés à vif dans le roc, dessinés sur le
sol.

Je dis encore que la nation, et en cela je la blâme moins que
je ne divulgue son aveugle générosité, envoie chaque année des
vaisseaux en expéditions lointaines dont la plus économique ne

---

[1] Si peu de villes sont aussi bien partagées qu'Autun en vieux monuments, peu de villes ont poussé la manie de détruire aussi loin que
la fameuse Bibracte, nom qu'avait Autun avant de prendre celui
d'*Augustodunum*.

Depuis plusieurs siècles, les habitants bâtissent leurs maisons avec
les pierres qu'ils arrachent à leur superbe amphithéâtre ; l'ingénieuse
municipalité autunoise accorda même, il y a quelque soixante ans,
le droit de pacage sur cet emplacement si vénérable d'antiquité.
Que cette étrange manière de respecter les reliques d'un autre âge
ressemble peu à la conduite des Béarnai, osant dire à Henri IV,
prêt à faire transporter à Paris les belles colonnes de leur église
de Bielle : « Sire, vous êtes le maître de nos cœurs et de nos biens,
mais, quant à ce qui regarde les colonnes du temple, elles appartiennent à Dieu : arrangez-vous avec lui. — *Sire, bous quets meste
de noustes coos et de noustes bés, mes per ce qui es déous pialas déou
temple, aquets que son de Diou d'Abeig quep at béjats.* »

coûte pas moins d'un million. Et qu'arrive-t-il? Que ces vaisseaux, de retour au port, rapportent à la nation deux plantes inconnues, deux papillons mal décrits auparavant; deux plantes et deux papillons, — un million! Encore si cette plante était la pomme de terre ou le thé!

Je conclus dès lors que la nation, si dépensière pour des raretés problématiques, mais cependant, je l'avoue, difficiles à négliger dans l'état de rivalité scientifique où vivent les peuples les uns à l'égard des autres, peut également se sacrifier pour des acquisitions plus personnelles au pays et bien plus en danger d'être perdues à tout jamais, si on ne se hâte de les sauver.

Je ne demande pas qu'on achète tous les châteaux épars sur le territoire; ce serait agir avec la prodigalité épicière des marchands de bric-à-brac, et non avec le discernement exquis qu'il importerait de rencontrer chez ceux qui seraient chargés de la délicate mission de faire un choix. Le choix porterait sur les châteaux bien caractéristiques d'une époque; parmi ceux-là on s'approprierait les mieux conservés. Nous indiquerons bientôt ceux qui, à notre avis, mériteraient d'être acquis à cette incomparable collection, destinée à être l'unique dans le monde. Notre liste sera sans doute imparfaite, mais nous demandons qu'on y voie seulement la gradation chronologique qu'il serait utile d'établir entre les châteaux, afin que jalonnés par époque ils marquassent la voie par où les événements ont dû passer depuis neuf ou dix siècles. Je trace avec le doigt sur le sable; les habiles apporteront la science et l'équerre.

Dans ces châteaux, possessions immuables du pays, on introniserait tous ces meubles entassés ailleurs sans raison et sans ordre. Leur place y est marquée, comme le dattier a la sienne sous le soleil de l'équateur et le saule au bord des fontaines. Ils seront là dans leur atmosphère, dans leur meilleur jour, chez eux, en un mot : à château du xve siècle, portes, panneaux, fauteuils, tentures, tables, ornements du xve siècle. Ainsi pour tous. — Pourquoi le tableau ici et la bordure là-bas? pourquoi de deux regrets ne pas faire, lorsqu'on le peut en les réunissant, une joie nouvelle?

Quel est, après la moralité qu'on en tire ou qu'il est imposé d'en tirer, le but des études historiques ? N'est-ce pas de ressusciter pour l'intelligence l'édifice écroulé du monde, sa couleur et sa forme ? Ainsi considérée, l'histoire n'est-elle pas l'exhumation d'une statue, la restauration d'un tableau ? Quelle évidence plus grande n'a-t-elle pas quand elle s'inféode avec ténacité sur la terre ! Qu'elle se localise, comme dans certaines peintures de Walter Scott, en se plaçant au bord d'un fleuve, sur la pente de la montagne et à tel angle sous le soleil !

.Ne sommes-nous pas heureux de n'avoir pas besoin de recourir aux efforts toujours décevants de l'imagination, aux emprunts, rarement complets, faits à l'érudition, pour bâtir notre grande cité féodale ?

Elle existe ; je vous la montre : elle est debout ; la voilà. Aimeriez-vous mieux qu'elle fût anéantie, pour avoir le triste avantage de la recréer selon vos fictions ? Vous faut-il de la mélancolie ou de la réalité ? Être de regret et de destruction, l'homme aurait-il besoin d'abattre pour obéir à la nécessité de pleurer ensuite sur les ruines qu'il a faites ?

On rattacherait d'abord à ce musée les plus vieux manoirs de la monarchie, ceux qui lui furent d'abord une défense, puis une tyrannie, semblables à ces anciens boucliers dont le milieu était un dard et avec lesquels on tuait en se couvrant.

Prévoyant les difficultés que doit rencontrer notre projet auprès des autres et de nous-même, nous sommes plutôt arrêté qu'effrayé par un doute qui nous vient ; ce doute le voici. Ce musée se composera-t-il de châteaux placés dans un rayon de quelques lieues, tiré de Paris ? sera-t-il formé de maisons historiques à la portée des étrangers qui visitent la capitale ? ou bien, sans avoir égard à leur éloignement, à leur dissémination, s'appropriera-t-on les châteaux placés à toutes les distances, au centre de nos diverses provinces ? Notre avis demeure suspendu ; car, si nous sommes sûr qu'il reste assez de châteaux sur le sol de la France pour avoir une représentation fidèle du caractère de chaque époque, depuis la fin de la seconde race jusqu'à nous, nous.ne sommes pas également convaincu qu'on arriverait au même résultat en ne tenant compte que des châteaux bâtis dans la circonscription de l'ancienne Ile-de-France ou peu en dehors. Cependant, si l'on se

confirmait dans la possibilité de concentrer les domaines
seigneuriaux autour de Paris, nous préférerions ce dernier
parti au premier, parce que les étrangers et les nationaux
seraient plus facilement à portée de satisfaire leur curiosité.
Les chemins de fer trancheraient victorieusement l'objection
des distances. Dans le cas où il serait bien démontré que
cette collection monumentale n'est possible qu'en acceptant les
distances qu'elle oppose à sa réalisation, il faudrait subir
l'obstacle sans prétendre le vaincre. Alors on s'adresserait aux
sympathies locales, on mettrait sous les yeux des habitants de
nos provinces qu'il dépend d'eux de contribuer à l'exécution
d'un projet qui leur vaudrait un double honneur : celui de se
montrer fidèles au souvenir de leur origine de famille et celui
de doter la France d'un établissement national de plus.

On serait dans une grave erreur si l'on imaginait que les
châteaux royaux tombés dans le domaine de l'État et ceux ap-
partenant en propre à la couronne suffiraient, tels qu'ils sont,
pour former notre collection. Quand l'idée nous vint de les
échelonner par ordre chronologique, travail qui eût été des
plus faciles, si même c'eût été là un travail, notre premier soin,
on le pense bien, fut d'examiner si chacun de ces châteaux
représentait fidèlement une époque, et si l'on était sûr d'en
avoir un pour chaque âge de la monarchie. Nos recherches ne
furent pas longues ; le résultat des premières nous dispensa
de les fortifier par d'autres qui ne pouvaient avoir un meilleur
sort. Nous eûmes la conviction promptement acquise que les
châteaux royaux, Fontainebleau, Versailles, Chambord, Saint-
Germain, Saint-Cloud, etc., etc., n'avaient non-seulement, pour
la plupart, aucun caractère précis d'antiquité, mais que les
principaux d'entre eux réunissaient, par un entassement suc-
cessif de prodigalités royales, les physionomies diverses, et
nécessairement discordantes, de plusieurs règnes. Ayant servi
de maisons de splendeur à une ligne de rois jaloux de s'éclipser
les uns les autres par la magnificence de leurs constructions,
ces résidences avaient fini par être des monceaux d'architecture, des tas de meubles, des marqueteries fatigantes de peintures, un tout dépourvu d'unité et de sens. Fontainebleau peut
à bon droit être cité comme le type de ces incohérences, Fon-

tainebleau appelé par un Anglais un *rendez-vous de châteaux.* Maison de plaisance de nos rois dès le XIIe siècle, simple pavillon de chasse sous Louis VII, Fontainebleau s'agrandit sous Philippe-Auguste et fait les délices solitaires de saint Louis, le plus mélancolique de nos rois, qui le nomme *ses déserts.* Philippe le Bel y naît et y meurt; Charles V sème dans quelques vastes salles de Fontainebleau les premiers volumes d'une collection qui deviendra plus tard la Bibliothèque royale. Et chacun de ces rois, et chacun de leurs successeurs, allonge ou élève la commune demeure, selon qu'il veut en faire un pavillon, un rendez-vous de chasse, un chenil, une bibliothèque ou un tombeau. François Ier ne peut en vouloir faire qu'un palais. Primatice et Rosso dissimuleront par les peintures du dedans les irrégularités du dehors. Paul Ponce enfouira, sous cette montagne formée des pierres jetées par chaque roi en passant, les belles fleurs, les figurations animées de son imagination exquise. Il peuplera cette caverne de salamandres auprès desquelles étincelleront quelques années plus tard les croissants de Henri II. Le désordre passe déjà de l'architecture aux décors. Fontainebleau est comme l'écu d'une vieille maison : plus elle contracte d'alliances, et plus cet écu se charge, se compose, s'embrouille, s'obscurcit et devient inintelligible. De l'Italie, pays de clinquants, les Médicis apportent à Fontainebleau le luxueux mauvais goût des dorures. Epiciers couronnés de Florence, les Médicis plaquent en feuilles aux murs et aux cymaises du château l'or monnoyé qu'ils ont gagné dans le commerce. Leur richesse déteint partout. Fontainebleau peut se vendre au poids des sequins de Venise; il est à vingt-trois carats. Meilleur chasseur qu'artiste, l'excellent Henri IV avait collé de l'or sur les peintures de François Ier. Arrive Louis XIV, qui empâte de la sculpture sur l'or, qui divinise le mauvais goût de son aïeul, sauf à laisser à son arrière-petit-fils, Louis XV, le soin de rentrer dans la bonne voie en ravivant les traces effacées du Primatice par les camaïeux de Doyen, de Boucher et de Vanloo. Voilà Fontainebleau Pompadour : la grisaille dévore l'or. Pour achever ce pauvre palais, il n'y manque plus que la colonne toscane de Napoléon. On l'y place. Après la colonne toscane il faut tirer l'échelle.

L'historique de Fontainebleau s'applique également aux autres domaines de la couronne, sans même excepter Saint-Germain-en-Laye, le moins défiguré de tous en apparence par des additions successives; ni Versailles, où éclate avec assez d'illusion l'unité majestueuse de Louis XIV. Nous signalerons avec la précision la plus rigoureuse le vice d'ensemble de ces diverses constructions; nous indiquerons les soudures que toute l'habileté des artistes n'est point parvenue à effacer, quand le tour de les décrire sera venu; en attendant, nous croyons avoir assez fait pour démontrer que, si les châteaux royaux sont de magnifiques amas de pierres, dignes d'être admirés comme pierres, ils ne sont, à tous les égards, d'aucune valeur dans la balance de l'histoire, d'aucun prix comme étude.

Nous rentrons dans la voie de notre sujet.

Nous n'en voudrons qu'à notre maladresse si l'on sent rompre dans la main, à travers notre biographie lapidaire, le fil que nous avons tressé d'histoire et de chronologie afin d'arriver à la compréhension de notre projet. Cependant, qu'on accueille nos réserves. Nos épisodes intercalaires sont des lavis et non des peintures. Leur demander l'intérêt qu'ils auraient peut-être sous une forme plus ample serait une rigueur à laquelle nous ne sommes pas habitué; dans tous les cas, nous doutons qu'une insistance plus laborieuse sur des points de simple rappel fût avantageuse à la clarté de notre proposition.

La période romaine réclamerait encore les fortifications aujourd'hui ruinées qui enveloppent la vieille ville de Provins, et principalement la tour qui porte le nom de César. La nomenclature ne serait pas complète si l'on omettait de mentionner ce que renferment de richesses monumentales Aix, Arles et tant d'autres villes du midi de la France.

L'époque mérovingienne ne nous a rien légué. Occupés à se disputer la terre qu'ils avaient usurpée, les Francs ne songeaient guère à la parer de monuments. Peuple sans nationalité, ils tenaient moins à fixer le souvenir de leurs conquêtes par des témoignages de marbre ou de bronze qu'à anéantir les traces de civilisation de la Gaule vaincue. Au surplus, comment les Mérovingiens, dénomination collective d'un peuple et non particulière à une race des rois, auraient-ils été portés à bâtir sur un sol dont rien n'assurait, même pour la plus faible durée de temps, la possession et l'intégrité immobilières? Cinq partages d'États, on le sait, eurent lieu sous les Mérovingiens, qui vécurent et moururent, cela n'est pas douteux, dans les bâtiments romains, assez beaux et assez spacieux pour des barbares. S'ils en brisèrent beaucoup, on doit considérer que, pour l'homme qui n'est pas de moitié dans la confidence d'un monument, dans l'inspiration religieuse ou politique qui l'a élevé, un monument n'est qu'une pierre, et cette pierre insulte à la nullité naturelle de son intelligence; il n'aura pas plus de respect pour les livres. Aux yeux de celui qui n'en possède pas la clef, un livre est une énigme décourageante, une ironie muette contre laquelle on se venge pour l'avoir subie sans la mériter.

Quoique mieux assise sur le territoire mouvant dont elle dépouilla la première race, la race dite Carlovingienne ne nous a pas transmis de preuves plus significatives de son occupation. On ne comparera sous aucun rapport les invasions normandes, dont elle eut à souffrir dans quelques-unes de ses provinces, au débordement de barbares que Charlemagne, à son avénement, refoula à leur source. Charlemagne fut un éclair dans la nuit, illuminant le monde entre les ténèbres qui l'avaient précédé et les ténèbres qui le suivirent. Comme tous les génies qui paraissent dans les temps stériles, il eut l'orgueil de ne puiser qu'en lui-même les ressources de ses entreprises. La force lui manqua; car la force en politique n'est que la durée; et Charlemagne ne vécut pas assez. Géant dont les jours d'existence auraient dû se compter par siècles, à sa mort, qui ne se fit pas plus attendre que celle d'un autre homme, son empire descendit dans la tombe avec lui. Les marbres d'Aix-la-Chapelle scellèrent sous un même couvercle et la boule du monde, symbole de son pouvoir, et la main qui l'avait enfermée.

Il nous reste, de la domination des rois visigoths, la forteresse qui s'élève au point de jonction de la Sedelle et de la Creuse. Possédée par Louis d'Aquitaine, un des enfants de Charlemagne, elle devint son habitation d'hiver, et fut plus tard la résidence des comtes héréditaires de la Marche, auxquels succédèrent les apanagistes après la réunion du comté de la Marche à la couronne. Ébranlé par Louis XI, démantelé par Richelieu, le château de Crozant est assis au milieu de la France, à la cime nébuleuse d'une montagne qu'entoure un pays désolé, au-dessus du niveau bouillonnant de deux rivières, la Sedelle et la Creuse.

A côté de ce formidable témoignage de la vigueur féodale, il faut placer les tours de Coucy et de Montlhéry, gigantesques ruines arrivées jusqu'à nous, et dont nous conseillons impérieusement la conservation. On grouperait autour de ces deux pierres étagées de tant de souvenirs les châteaux forts construits à la même époque. Viendraient ensuite les châteaux à grand caractère bâtis sous la branche opulente des Valois et sous celle des Bourbons.

Les deux tours de Coucy et de Montlhéry peuvent se comparer à ces pics élevés qui ont dû voir sous eux les eaux du déluge sans en être couverts ni renversés. Les guerres civiles qui lient la seconde race à la troisième, et tous les troubles nés sous celle-ci, se sont rués comme de l'écume et du sable aux pieds de ces deux tours; mais les hommes et leurs machines de guerre, toutes puissantes qu'elles fussent, leur ont causé moins de dommages que les oiseaux de proie. De leur bec de fer, ils déchiquètent chaque jour ces Babels si lentes à s'écrouler. Coucy n'a plus aucune marque des blessures que lui porta Thibault le Tricheur, comte de Blois, ni de celles que lui firent si profondément, pour la posséder et la baptiser de leur nom, les sires de Coucy; mais cette tour s'émiette, bribe à bribe, sous la serre des corbeaux. Voilà à qui elle est restée depuis ces terribles seigneurs dont chaque membre osait dire en face du trône :

> « Je ne suis roy, ne prince, ne duc, ne comte aussy :
> Je suis le *sire de Coucy*. »

En 1400, le duc d'Orléans, frère de Charles VI, acquit la sirie de Coucy. Son fils ayant succédé à Charles VIII sous le nom de Louis XII, la terre de Coucy passa au domaine royal, dont elle ne fut détachée plus tard que pour être constituée en apanage aux princes.

Sous la Fronde, le maréchal d'Estrées fit le siége du château de Coucy sans parvenir à s'en rendre maître, malgré son vif

désir de le remettre au roi. Il rentra cependant dans l'obéis-
sance quelques mois après; Mazarin y envoya des ingénieurs
avec ordre d'en ruiner la tour et de la pulvériser. Grâce à un
tremblement de terre arrivé en 1692, le ministre économisa la
moitié de sa poudre. La commotion souterraine fut si violente,
que les voûtes de la plupart des appartements s'écroulèrent;
et quelles voûtes que celles du château de Coucy! et que la
grosse tour fut fendue comme une cloche du haut en bas. Mais
toute fendue qu'elle est, depuis près de deux siècles, la tour
de Coucy est encore debout pour un autre ministre ou pour
un autre tremblement de terre.

Au bas de cette tour on heurte les débris de l'enceinte qui
la protégeait, et dont les murs ont dix-huit pieds d'épaisseur.
Ces murs étaient nommés la *chemise de la tour*. Le terrain,
les ruines, la tour, appartiennent à la maison d'Orléans. Les
abords des fortifications de Coucy ont été déblayés et rendus
accessibles aux curieux autant que l'état des décombres l'a
permis.

Coucy et Montlhéry dont je parlerai plus loin seraient, quelque point où l'on se plaçât, les phares de cette navigation sur
l'océan du passé. Quel charme grave et consolateur, celui de
voyager, non avec l'imagination, privilége dont peu ont d'ordinaire la jouissance, mais réellement et avec ses pieds, dans
des espaces peuplés des souvenirs matériels de la vie diverse,
cent fois modifiée, cent fois bouleversée de nos aïeux, les
hommes de l'invasion! On irait de lieue en lieue, et non de
page en page, d'un bout de l'histoire de France à l'autre bout.
On partirait pour le douzième ou pour le quinzième siècle à
son gré, au lieu de parcourir des volumes dont le titre seulement ne demeure pas dix jours dans la mémoire. Plus on
travaillera pour les sens, tournés au profit de l'étude, et plus
on aura fait pour l'intelligence, chambre noire, où tout s'affai-
blissant, les couleurs et les contours s'amincissent en pensée,
et où, par conséquent, les pensées ne laissent presque rien.
Deux pouces de bronze de la colonne Vendôme ébranlent plus
durablement le cerveau que les vingt mille pages des *Victoires
et Conquêtes*. Le mot est l'impuissance de l'image. Et il n'y a
que des images pour le monde intellectuel. Dans la même

journée, on pleurerait avec Jacques II à Saint-Germain, on méditerait à Ruel dans le pavillon de Richelieu, et l'on souperait à Luciennes dans les salons de madame Dubarry: on entrerait dans son charmant boudoir qui a deux portes : l'une par où un beau page rose lui dit discrètement : — Madame la duchesse, le roi de France vous attend; voulez-vous lui donner votre cœur? — Et une autre porte où parut le bourreau pour lui dire: Femme Barry, la guillotine t'attend; — veux-tu lui porter ta tête?

Si nous nous proposons d'apporter une soigneuse réserve dans le nombre des monuments propres, selon nous, à former notre musée, et cela de peur de surcharger une collection que rien ne nous assure devoir être formée, soit sur le plan qui concevrait Paris comme le centre voisin de tous les châteaux acquis à cette collection, soit sur le plan indéterminé qui n'aurait pas recours à cette union difficile, nous ne disons pas impossible; si notre travail ainsi flottant se borne plutôt à indiquer qu'à préciser les ressources que, dans l'une ou l'autre adoption de plan, il serait loisible d'employer, nous saura-t-on gré de mentionner les constructions féodales du nord, françaises par la conquête seulement, dont l'Alsace est hérissée, depuis la plus haute jusqu'à la plus basse crête des Vosges?

Quand la France conquit la Lorraine, la vie forte des possesseurs de ce pays fécond et sauvage s'était perdue dans les luttes intestines, dans des morcellements dont l'empire avait profité, tantôt pour s'agrandir, tantôt pour isoler et par suite affaiblir la part de souveraineté de chaque prince feudataire. Fomentées par les évêques, ces étrangers à tous les pays, les querelles locales n'avaient cessé de s'envenimer. Peu à peu, toutes les ligues lorraines, autrefois si fertiles en grandes choses, furent brisées à coups de hache sur leurs rochers. Les plus formidables membres de ces associations, où la noblesse de race donnait droit d'admission, mais où la valeur personnelle seule savait maintenir, se réfugièrent sur des pics inaccessibles, au-dessus des nuages, partout enfin d'où les pierres pouvaient rouler.

Ortemberg et Ramstein sont plutôt des blocs de granit percés de trous que des demeures d'hommes. Charlemagne les a vus.

Ce sont des géants en sentinelles, à l'entrée du Val-de-Villé ; débris d'une civilisation pétrifiée, ils sont là comme des fossiles restés après le déluge ; ils font corps, ils forment ciment avec l'éternité. Pour Ramstein et Ortemberg, trois siècles sont une date puérile, un souvenir d'hier. Leurs murs nous parlent, comme d'une bataille récente, du meurtre des vingt mille paysans révoltés en 1525, sous le duc Antoine de Lorraine, dit le bon duc. Jusqu'à la révolution française, les chapelles annexées autrefois à ces deux châteaux étaient pleines d'ossements des pauvres paysans. Aujourd'hui ces os sont dispersés dans les champs, les deux châteaux sont abandonnés aux vautours, le duc est en oubli, mais la Lorraine est libre ! Lorrains, baisez la poussière de ces os ; ces paysans étaient vos pères, et ils vous ont faits libres.

Graduellement, tous ces châteaux enclavés dans la circonscription actuelle du haut et bas Rhin, Girbaden, Dreystein, (trois pierres ou châteaux), Ringelstein, Hohenstein, étaient devenus des fiefs un peu turbulents des évêques de Strasbourg. Du haut de leur cathédrale, ils comptaient et surveillaient leurs bonnes tours alliées ; ils promenaient leur vue sur quarante lieues de châteaux forts, pressés comme des mamelons sur les montagnes, l'un regardant l'autre, celui-ci faisant retraite à celui-là, liés trois par trois souvent, comme Dreystein, ou comme ces guerriers d'Ossian qui s'attachaient par le bras, afin de n'être pas moins braves dans l'ombre les uns que les autres ; quarante lieues de châteaux ! Enfin les bons évêques planaient sur un si grand développement de murs que la science effrayée suppose que la longue chaîne des Vosges était nouée de distance en distance, sur toute son étendue, par des fortifications militaires antérieures à Attila. Chacun de ces châteaux, dont les débris se sont durcis en rochers, était une vertèbre de cette épine.

Ces innombrables châteaux forts ont été rongés par la mousse, par les pluies, par les tempêtes ; l'orage leur enlève chaque hiver des tours ou des pans de murs de dix-huit pieds d'épaisseur, et les roule comme des galets jusqu'au fond des vallées. Beaucoup offrent de singuliers tableaux de ruine. Quelques-uns ont des chênes au sommet de leurs tours. Dans les appartements du château de Spesbourg il a crû des pins. D'autres, bâtis comme le château de Nideck, tout au bord d'une cascade écumante, après avoir été brisés et défoncés par les eaux, laissent depuis s'écouler le torrent par leurs portes et par leurs fenêtres.

Mais, nous le répétons, ces châteaux n'ayant de lien avec la France que par la conquête du sol où ils s'appuient, leurs souvenirs sont pour nous d'un faible intérêt national. Rien de ce qui s'y est passé ne peut être un sujet de noble regret à ceux qui ne les ont même jamais entendu nommer. Aucune pitié ne les soutenant, ils tomberont, si ce n'est demain, ce sera dans mille ans; car ce qui cimente les monuments et les rend impérissables, ce n'est pas la chaux, ce n'est pas le fer, ce sont les croyances. Voilà l'ogive indestructible.

Il n'y avait pas de tours sans châteaux. Toutefois, qu'on ne croie pas que tous les châteaux avaient pareillement une tour. Le droit d'en élever était un privilége; la localité déterminait leur hauteur. Plus le sol était uni, plus la tour s'allongeait sur de nombreux horizons, afin d'en dominer autant que la vue, sans l'aide d'aucun instrument, pouvait le permettre. Si, au contraire, la fortification portait sur la crête d'une montagne, la tour, cessant d'être un observatoire pour devenir un objet de défense, se réduisait à des proportions analogues à son utilité. Beaucoup de causes modifiaient encore ces dispositions des tours par rapport aux accidents du terrain. Quand elles étaient en surplomb sur quelque rivière pour en défendre ou pour en protéger le passage, ou sur quelque gorge de montagne, détroit de pierre, ouvrant une communication entre deux pays, alors, comme celle du château de Sainte-Marie, à l'entrée de la vallée de Bastan, dans les Pyrénées, elles s'exhaussaient indéfiniment, malgré la base culminante de leurs fondations. Si je répète que l'avantage d'avoir une ou plusieurs tours était subordonné au privilége préalable d'en élever, c'est pour ajouter que ce privilége fut de règne en règne moins facilement concédé par les rois. Avant Louis XI, ils avaient appris, à la sueur d'une rude expérience, combien, en général, il était plus aisé d'empoisonner un dauphin que de se rendre maître d'un baron révolté dans sa tour. Après s'être emparé de celle de Montlhéry, Philippe Ier disait à son fils, auquel il en donna la garde : « Mon fils, garde bien cette tour, qui tant de fois m'a travaillé, et que je me suis presque tant envieilli à combattre et à assaillir. »

Montlhéry marquerait dans notre galerie le commencement du onzième siècle, en attestant une illustration de plus de quatorze règnes. C'est au pied de cette tour, si belle encore aujourd'hui dans sa décrépitude, que se dénoua cette ligue de princes du sang formée contre Louis XI, et dont les collisions si peu provoquées dans l'intérêt du peuple n'en reçurent pas moins la dénomination mensongère de guerre *du bien public*.

Cette bataille, livrée sous le regard de la tour de Montlhéry, fut pour Louis XI l'occasion de montrer que sa haine n'était pas sans courage. Il combattit, triompha, tomba de son cheval tué entre ses jambes, et fut porté tout sanglant et tout victorieux dans un appartement de la tour. Ce jour-là, il est sûr qu'il ne fit mourir personne de la main du bourreau. Trois mille hommes étaient restés sur le champ de bataille de Montlhéry. Le traité de Conflans termina cette dispute de bonne maison, prélude sans importance de la lutte autrement formidable dans laquelle entrèrent contre Richelieu les descendants de ces ducs révoltés. Il fallut s'y prendre à deux fois pour tuer messieurs les grands vassaux. Sous la Ligue, le château de Montlhéry fut détruit ; mais la tour fut respectée. Elle resta debout pour être mentionnée par Boileau dans le poème du *Lutrin*. Boileau l'appelle *ennuyeuse !* il ne la voit ni haute, ni vieille, ni respectable, ni tachée de sang royal, ni superbe sous son beau ciel ; le grand poète par la raison, mais si peu par l'imagination, ne la considère que comme *ennuyeuse*. Au reste, Boileau, Racine et Molière, en dehors de la poésie, n'ont pas le moindre sentiment des arts de leur époque. Perrault et La Fontaine sont en cela à mille pieds au-dessus d'eux. Molière, Corneille et Racine ne distinguent pas plus un beau tableau de Lesueur de la gravure de leur cuisinière, qu'ils ne sentent la différence qu'il y a entre l'architecture de l'hôtel de Cluny et l'architecture du palais Cardinal ; c'est bien en pure perte de temps que vous chercheriez dans leurs vers, sous leurs pensées, dans leurs allures d'écrivains, à travers leurs lettres familières même, là où les esprits les plus détachés du mouvement contemporain trahissent leur communauté de vie avec le reste des hommes, quelque indice de leur goût ou de leur connaissance soit en peinture, soit en musique, soit en architecture. Boileau caractérise avec la précision accoutumée de ses vers, par cette épithète d'*ennuyeuse*, donnée à la tour de Montlhéry, l'indifférence dédaigneuse des écrivains de son siècle en matière d'art.

En 1605, le sieur de *Bellejambe* demanda à être autorisé à démolir les derniers murs d'enceinte du château de Montlhéry, pour construire, avec les pierres arrachées, sa maison de *Bellejambe*, une petite coquette de maison où loger tous les *Bellejambe*, entre cour et jardin : ce qui fut permis à M. de *Bellejambe*. Cependant, comme les *Bellejambe* eussent été fort embarrassés de tant de pierres monstrueuses, on pria les *Bellejambe* de ne pas faire un tuyau de cheminée de salon avec la tour de Montlhéry. Ils eurent tout, excepté la tour.

La famille de Noailles possède aujourd'hui ce que le temps, les *Bellejambe* et les guerres ont laissé de la forteresse de Montlhéry.

Parmi les monuments qui nous restent de la première époque capétienne, c'est-à-dire de l'an 987, date de l'avénement de Hugues-Capet, à l'an 1328, que s'éteignit cette branche et advint au trône celle des Valois, nous n'indiquerons que les châteaux de la *Roche-Guyon* (Seine-et-Oise), de *Boissy-le-Châtel* (Seine-et-Marne), *Bruyères-le-Châtel* (Seine-et-Oise), de *Clisson* (Loire-Inférieure), de *Chinon*, d'*Ussé* et de *Langeais* (Indre-et-Loire), et de *Savigny* (Seine-et-Oise).

Le dixième siècle aurait pour représentant le château de la Roche-Guyon, *Rupes Widonis*, appelé d'abord tout simplement la Roche. Sa tour menace encore sous elle les plaines des deux Vexins ; tour qui grandit avec les siècles, car plus les vallées qu'elle domine se creusent sous la bêche, et plus elle plane sur les vallées. Cinq siècles voient alternativement les Anglais et les Français occuper ce château, entrer et sortir par ses portes, toujours après des siéges meurtriers. A la fatale époque pour la France où Charles VI achevait de régner et de mourir, en proie à sa sombre folie, à cette époque où le dauphin de France, après avoir juré une amitié éternelle dans

1.

la plaine de Montiel au duc de Bourgogne, méditait de le faire
assassiner par du Châtel, à un mois de là, sur le pont de
Montereau, — le roi d'Angleterre, Henri V, envahissait pied à
pied la France, s'étalait sur ses provinces, et, s'approchant de
Paris par Gisors, Aumale, Gournay, Poissy, Saint-Germain et
Chaumont, il plaçait les comtes de Kent et de Hutington à la
Roche-Guyon et au château Gaillard. La masse colossale de la
Roche-Guyon s'encadre à merveille dans ces temps de déchi-
rements politiques, où les feudataires de la couronne en étaient
les plus mortels ennemis; où les ducs de Bretagne, de Bourgogne et de Bourbon, désunis entre eux, étaient tantôt pour les
Anglais contre le roi, tantôt pour le roi contre les Anglais, et
jamais pour la France. L'histoire de la Roche-Guyon est aussi
celle d'un puissant feudataire; taillée dans le roc, sa tour est
sous l'hommage et ne veut pas relever.

Quelle époque! quelle époque! celle que cette tour rappelle
à notre honte et pour la gloire de cette vierge immortelle qui
chassa l'Anglais.

Deux femmes sauvent la France, quand des ducs plus puissants que des rois la déchirent, quand les plus braves épées
se brisent ou se faussent par la trahison dans les mains des
La Hire; des Xaintrailles, des La Trémouille; quand le roi de
France, Charles VII, ne s'appelle plus que *le roi de Bourges*,
ou, plus méprisablement encore, le comte de Ponthieu. Exilé
de Paris, où règne Henri VI dans la personne du duc de Bed-
ford, le roi de France ne possède plus de ce beau royaume
laissé par Philippe-Auguste que le Languedoc, le Dauphiné et
le Lyonnais, et il dîne avec une queue de mouton dans la petite
ville de Bourges. Ces deux femmes libératrices sont, l'une la
courtisane Agnès Sorel, l'autre la vierge de Domremi, Jeanne
d'Arc, un des plus vaillants hommes de guerre que nous ayons
eus. «Sire, dit la courtisane Agnès Sorel à Charles VII, il m'a
été prédit que je deviendrai la maîtresse du plus grand roi de
l'Europe : permettez que je vous quitte, pour me rendre auprès
du roi Henri d'Angleterre. » Et le roi de France se lève et
s'arme. « Sire, vient lui dire une autre jeune fille de dix-huit
ans, suivez-moi : je prendrai avec vous Orléans, et vous ferai
sacrer roi de France à Reims. » Et s'appuyant sur ces deux

femmes, Charles VII, ou plutôt la France, combat, triomphe et règne. Noble femme, cette Jeanne d'Arc, récompensée par deux supplices, par le feu des Anglais et par le poème de Voltaire.

Cette vigoureuse participation des femmes aux luttes du quinzième siècle se lie à l'histoire de beaucoup de châteaux. Eloignées du champ des combats, les femmes avaient à défendre, en l'absence de leurs maris, leurs droits et leurs possessions contre les ennemis vigilants, toujours prêts à s'élancer sur le nid veuf du vautour. Pendant la guerre, elles faisaient bonne garde au haut de la tour crénelée, et portaient les clefs à la ceinture. Cette mission leur imprimait un caractère particulier d'énergie et de patriotisme qui doublait la force du pays. C'est ainsi que la Roche-Guyon a conservé le nom de trois femmes, célèbres à différents titres. La première se signala par son attachement à son mari, seigneur de la Roche, Guy premier du nom. Dans son style nerveux et naïf, Montfaucon rapporte, dans ses *Monuments de la monarchie française*, l'horrible assassinat de ce seigneur par son beau-père, et les marques de douleur que lui donna sa femme. Quand l'ordre de notre collection amènera l'histoire de ce château, nous extrairons plus amplement de l'ouvrage de Montfaucon les détails de cette émouvante scène de famille, tableau des plus fidèles de la sociabilité française de l'époque, sociabilité qui puisait sa férocité de mœurs dans l'indécision des droits de chacun. Partout où les lois laissent des lacunes, il est rare que ce ne soit pas le crime qui se charge de les combler. « Le sire du châtelet « de la Roche-Guyon avoit nom Guy. Il avoit un serouge « (beau-père) qui Guillaume avoit nom. Il advint qu'il entra à « grand complot, et le traître regardoit par où il pust entrer à « celui Guyon. Sitôt, comme ils furent ens, si cachèrent leurs « épées, et courut celui Guillaume sur celui Guyon, et l'occit; « et quand sa femme, qui étoit tant prude femme et vaillante, « veist ceci, se prit par les cheveux comme esbaye, après « courut à son mari, sans paour de mort, sur lui se laissa « choir, et le couvrit de soi-même contre les coups d'épée, et « commença en crier en telle sorte et manière : « *Occis-moi,* « dit-elle, *très déloyal et meurtrier qui t'ai desservi, et laisse* « *mon seigneur.* » Et les traîteurs la preindrent par les cheveux

« et l'arrachèrent de dessus son mari, toute despiécée et déglai-
« vée, et presque toute détranchée. Et quand ils eurent ce fait,
« si cherchèrent partout céans s'ils ne trouveroient plus
« nulli ; lors leva la tête la pauvre dame, qui à une part gisoit
« tout étendue ; et quand elle connut son seigneur, qui jà étoit
« mort et gisoit tout dépiécé parmi la salle, si efforça tant
« par son amour qu'elle vint à lui, et dépiécée comme elle
« était, toute rampante à guise de serpent, et si sanglant
« comme il était, le commença à baiser aussi, comme s'il fût
« tout vif, et, à ploureuse chanson, lui commença à rendre
« son obsèque en telle manière..... Tant en dit seulement,
« et puis chet pâmée comme morte. »

La seconde femme dont le nom a mérité de durer autant que
les éternelles fondations de la Roche-Guyon, est la fille de
Jean Bureau, chambellan du roi de France, veuve de Guy VI,
tué à la bataille d'Azincourt. Tandis que Charles VI se laissait
mépriser même au milieu de sa cour par les princes du sang,
les Anglais s'emparaient du royaume par la force, par la ruse,
ou par la trahison. Le comte de Warwick assiégea la fille de
Jean Bureau dans le château de la Roche-Guyon ; c'était
en 1418. Sommée de se rendre au roi Henri V, qui lui dit :
« Prêtez-moi serment, et je vous laisserai vos terres, seigneuries et meubles. — Non, répondit la veuve de Guy VI, non,
j'aime mieux tout perdre et m'en aller dénuée de tous biens,
moi et mes enfants, que moi mettre mes enfants ès-mains des
anciens ennemis de ce royaume, et délaisser ainsi mon souverain seigneur et roi. »

Comme un doux contraste à ces nobles fiertés de femme, il
faut encore rapporter la délicate conduite de la duchesse de Guer-
cheville, belle châtelaine de la Roche-Guyon, où Henri IV allait souvent se délasser du poids des affaires. Un jour que le
galant monarque insistait avec beaucoup de chaleur auprès de
la duchesse pour en obtenir une faveur qu'on lui faisait moins
soupirer à quelques lieues de là, à Mantes, où furent tour à
tour Gabrielle et Claudine de Beauvilliers, il reçut pour réponse ces paroles bien sensées et bien dites : « —Non, sire,
jamais ; je ne suis pas d'assez bonne maison pour être votre
femme ; mais je suis de trop bonne maison pour être votre

maîtresse. » A quoi on assure que le roi répondit : « Eh bien !
madame, puisque vous êtes véritablement dame d'honneur,
vous le serez de la reine. » Le roi tint parole à la duchesse,
qui allait coucher de l'autre côté de l'eau quand Henri IV venait passer la nuit à la Roche-Guyon.

Est-ce que tout cela n'est pas de l'histoire, et de l'histoire
grandement nationale, prise au cœur du pays, intéressante pour
ceux à qui nos vieilles mœurs offrent un charme incomparable
et pour ceux qui veulent savoir par quels efforts chaque pouce
du sol français a été conquis, possédé, fertilisé, agrandi, défendu, régi, civilisé? Les châteaux sont les bornes milliaires de
la route des événements.

Une grosse tour, de profonds et larges fossés, deux anciens
bâtiments autrefois liés à l'habitation principale, des ruines,
des débris de chapelle, tels sont les morceaux précieux de
Boissy-le-Châtel, château fort du onzième siècle. Boissy-le-
Châtel offre quelque chose de plus remarquable encore que
l'ogive de ses ouvertures, preuves incontestables de son âge,
et que sa tour, sa chapelle et ses débris; c'est un propriétaire
qui n'a pas scié son château en trois traits, pour vendre le
onzième siècle au poids du plomb de gouttières. Homme de
goût, il a fait relever les parties de Boissy susceptibles d'être
réparées, et il a entouré d'un riant paysage ce grand aïeul de
pierre.

Nous n'aurons pas de lacune entre le onzième et le douzième
siècle, si nous faisons succéder à *Boissy-le-Châtel*, *Bruyères-
le-Châtel*, élevé vers la fin du douzième siècle dans le voisinage d'Arpajon. Comme un chevalier qui n'a pas perdu la vie
dans un combat inégal, mais ses armes, Bruyères-le-Châtel
n'a plus autour de lui les fortifications dont il était bardé jadis.
Le château est resté debout sans sa cotte de mailles, sa cuirasse
et son casque : il est tout nu. Du haut du tertre il regarde le
village auquel il a donné son nom, et que Louis IX érigea en
baronnie en faveur de Jean de Poissy, vers 1260. Jusqu'à la
révolution, l'ameublement austère de la pièce occupée par le
saint roi avait été conservé avec une piété héréditaire par les divers possesseurs du château. On y voyait quelques-unes des
saintes reliques par lui rapportées de la Palestine, cette terre

si mortelle à sa croisade et à son dévouement, des siéges de bois et la couchette au bord de laquelle il avait l'habitude de s'asseoir après son repas, selon son candide chroniqueur, le sire de Joinville. Quoique ces souvenirs aient disparu dans la commotion révolutionnaire, on a encore quelque joie à visiter cet appartement, dont les ornements n'ont pas été grattés par les griffes du tigre. Le chiffre de saint Louis s'y voit encore.

Voici une autre large assise historique à étayer pour s'élever à l'intelligence exacte du treizième et du quatorzième siècle. L'herbe et le sable la cachent; mais ôtez le sable et l'herbe et le formidable château de Clisson montera dans la nue. Clisson a vu les croisades; les murailles, les tours et les fortifications sarrasines de Saint-Jean-d'Acre et de Damiette ont servi de modèle à ses tours et à ses murailles. L'architecture orientale, transportée en France à la suite des croisades, est la conquête la moins contestée de ces pieuses migrations.

Derrière ces murs de seize pieds d'épaisseur, il y eut bien des trahisons tressées à des douleurs et à des fêtes. Là vinrent, pensèrent et agirent Philippe-Auguste, Louis IX, Blanche de Castille sa mère, Louis XI, Charles VIII, Louis XII, François Ier, la reine Éléonore et Charles IX. — Que de siéges expirèrent de découragement au pied de ces murs de granit aiguisés comme des tranchants de hache, s'offrant de profil à l'attaque, s'effaçant aux flèches comme aux boulets, sabrant l'air à angles droits!

Olivier Ier, sire de Clisson, le fit bâtir sur l'emplacement de celui qu'avaient occupé ses ancêtres, lequel n'avait été que la réédification d'un autre château fort, érigé dans le Bas-Empire et dévasté par les invasions normandes entre le neuvième et le dixième siècle.

Clisson, c'est un labyrinthe dans un autre labyrinthe, dans un pays de forêts, de rivières et de marais; c'est un serpent qui se replie trois ou quatre fois sur lui-même, et dont la tête finit par ne plus trouver la queue. Il n'avait qu'une porte, comme l'enfer; mais des souterrains sans nombre, double enceinte de murailles, cuirasse de pierre sur cuirasse de pierre, triple fossé; après un pont un autre pont; après un second un troisième; des voûtes sombres et des passages éclairés suspendus entre deux précipices; et après ces noirs fossés, ces poternes béantes, ces herses, ces ponts-levis, après ce fer et ce granit, il étreignait un duc de Bretagne incrusté au cœur de ce noyau.

Par la fatale intervention des Anglais dans les guerres des ducs de Bretagne avec les familles puissantes de cette contrée, on s'explique l'influence qu'ils eurent plus tard en France. Quand ce n'étaient pas les uns qui appelaient les Anglais à trancher le nœud de quelque sanglante prétention, c'étaient les autres; et les uns et les autres ne prévoyaient pas le mal qu'ils préparaient à Charles VII et à ses successeurs par ces alliances funestes. Jean IV, duc de Bretagne, introduit les Anglais en France pour combattre Clisson et lui prendre son château; Clisson, de son côté, se met au service du roi de France, Charles V, qui le nomme connétable et l'aide à repousser Jean IV et les Anglais. Et voilà deux grands rois, deux grands peuples, acharnés l'un contre l'autre pour une mauvaise querelle de fief, pour un tas de pierre arrondi en baronnie. Naisse vite Anne! Anne, la noble Bretonne, qui mit la Bretagne dans le lit de la France!

Confisqué par Jean V, duc de Bretagne, le château de Clisson fut détaché de la famille de ce nom pour être donné soixante ans après par le duc François II à François d'Avaugour, son fils naturel. Il passa, par extinction de race, au prince Rohan de Soubise, puis au domaine de l'État en 1791, enfin à la caisse d'amortissement, qui le vendit en 1807. — La caisse d'amortissement, c'est le ministère de la *Bande-noire*.

Chinon est en ruines! La première mention historique qu'on en trouve date du siége que soutint ce château en 462, contre Agidius Afranius, général romain. Chinon résista : jusqu'à la défaite d'Alaric, il demeura en la possession des Visigoths; Clovis le recueillit comme un butin de la victoire. Charles le Simple mort, il passa à Thibault le Vieux, comte de Blois et de Tours, regardé comme le véritable fondateur du château de Chinon par les additions considérables qu'il y fit. Les ruines actuelles sont celles du Chinon rebâti par le comte de Blois; l'archéologie et l'histoire étant d'accord sur l'authenticité de cette date de reconstruction du château, plus certaine de beaucoup que toutes les dates antérieures, nous avons dû nous en servir comme d'un point de départ incontestable, et placer Chinon sous la race capétienne. En 1096, le pape Urbain II y rendit la liberté à Godefroy le Barbu, que son frère Foulques le Rechin y retenait prisonnier depuis vingt ans ; car il n'était de si beau château qui n'eût sa prison, ses chaînes de fer, ses souterrains pavés de pointes et ses oubliettes. Ceci désenchante l'imagination ; pourtant on admettra la funeste opportunité de ces destinations, si on n'a pas oublié, comme je l'ai dit plus haut, que le château renfermait tout le système social rémunérateur et pénitentiaire. Quand il n'y avait ni maisons de détention, ni bagnes, il fallait bien que la justice eût ses lieux de punition ; les prisons étaient dans les souterrains des châteaux.

Chinon fut le tombeau d'Henri II, roi d'Angleterre, qui en avait hérité des comtes d'Anjou, ses ancêtres. Il y mourut de tristesse. Mourir de tristesse dans un château sur la Loire ! il faut être roi.

Mais la plus grave illustration du château de Chinon est sans contredit celle qu'il a reçue du séjour du grand-maître du Temple, Jacques Molay, et des chevaliers de cet ordre. Ils y furent interrogés, sur les prétendus crimes dont on les accusait, par les cardinaux Béranger, Étienne et Landulphe, d'après le commandement de Philippe le Bel et le consentement un peu forcé du pape Clément V. — On voit encore les salles voûtées où s'entama ce procès mystérieux, qui eut pour accusateur un roi, pour témoin un roi, pour juge un roi. Et toujours le même roi : Philippe le Bel !

A Chinon reviendrait la solennelle élégie des Templiers, de ces hommes dans l'âme desquels l'esprit d'association s'était divinisé ; dont le génie, tout de zèle, d'activité, de piété tolérante, de courage et d'ambition, tempéré par le sage emploi des richesses, aurait conçu, à diverses époques de la société, et selon ses besoins, la ligue Anséatique ou la compagnie des Indes. Neuf gentilshommes fondèrent cet ordre au milieu de la poussière d'un grand chemin ; nobles, braves, pieux, ils défendent les avenues de la cité sainte ; ils en écartent les pierres au pied des pèlerins, et les Arabes aux convois des croisés. Soldats le jour, garde-malades la nuit, ils se servent de la même main pour brandir la lance et pour porter le breuvage au blessé. Un pape remarque leur piété, et aussitôt il leur jette un manteau blanc sur les épaules et leur peint une croix rouge à l'endroit du cœur. Désormais lés Turcomans les verront de plus loin : leur dévoûment sera plus en péril. Que leur importe? la jeune et la meilleure noblesse d'Europe se range à leur discipline ; un premier baron d'Aragon leur donne la cité de Borgia, avec ses tours crénelées et ses fossés pleins d'eau ; et saint Bernard dit d'eux : *A l'approche du combat, il s'arment de foi au dedans et de fer au dehors.* Quand Saladin chasse de Jérusalem les premiers croisés, dont la ville sainte était la conquête, les Templiers retournent en Europe sur des chameaux chargés d'or, fruit de quatre-vingt-huit ans de legs pieux, de donations et de bénéfices de leurs commanderies. Ces richesses, immenses à la vérité pour l'époque, paraissent si légitimement acquises au grand-maître, qu'il court les déposer à Paris, dans leur maison du Temple. L'œil louche de Philippe le Bel suit le convoi à travers les rues. Qui tuerait les possesseurs, pense le roi, aurait le trésor : pour les tuer, il faut leur trouver des crimes. D'abord on les dépopularisera en publiant partout que la gloire du siége de Rhodes appartient aux chevaliers de Saint-Jean, où, du reste, les chevaliers du Temple n'ont pas été appelés à combattre. Ensuite on dira qu'ils *boivent beaucoup!* Comme si l'ivrognerie pouvait être un des statuts d'un ordre quelconque. Enfin on les torturera ; le crime se trouvera de lui-même dans les souffrances.

« Le pape ordonna qu'on lui amenât le grand-maître, les grands-prieurs, et les principaux commandeurs de France, d'outre-mer, de Normandie, d'Aquitaine et de Poitou. Nous avons ordonné, dit-il dans une autre de ses bulles, qu'on les traduisît à Poitiers ; mais quelques-uns d'eux étant demeurés à Chinon en Touraine, en sorte qu'ils ne pouvaient aller à cheval, ni être amenés en quelque manière que ce fût, nous avons commis pour cette information les cardinaux, etc. »

Ce bon pape ignorait que lorsqu'on broie les genoux aux hommes, ils ne marchent plus d'ordinaire. Torturés à Chinon, le grand-maître et les commandeurs n'avaient guère la force d'aller à Poitiers pour y être condamnés, et de Poitiers à Paris pour y être brûlés.

Ce bon Clément V était presque aussi simple que Philippe le Bel, qui se laissa mourir quarante jours après le supplice de Jacques Molay. A quoi pensait-il donc?

Chinon est la vaste toile du XIVᵉ siècle, que j'engage à conserver pour le Musée nouveau.

Il existe en France une province qu'on n'admirera jamais assez : parfumée comme l'Italie, fleurie comme les rives du Guadalquivir, et belle en outre de sa physionomie particulière; toute française, ayant toujours été française, contrairement à nos provinces du nord, abâtardies par le contact allemand, et à nos provinces du midi, qui ont vécu en concubinage avec les Maures, les Espagnols et tous les peuples qui en ont voulu. Cette province, pure, chaste, brave et loyale, c'est la Touraine. La France historique est là. L'Auvergne est l'Auvergne; le Languedoc n'est que le Languedoc, mais la Touraine est la France; et le fleuve le plus national pour nous, c'est la Loire, qui arrose la Touraine.

Dès lors on doit moins s'étonner de la quantité de monuments enfermés dans les départements qui ont pris le nom et les dérivations du nom de la Loire. A chaque pas que l'on fait dans ce pays d'enchantement on découvre un tableau dont une rivière est la bordure, ou un ovale tranquille qui réfléchit dans ses profondeurs liquides un château, ses tourelles, ses bois ou ses eaux jaillissantes. Il était naturel que là où vivait de préférence la royauté, où elle établit si longtemps sa cour, vinssent se grouper les hautes fortunes, les distinctions de race et de mérite, et qu'elles y élevassent des palais grands comme elles.

Penché sur un coteau qui descend vers la Loire, le château d'Ussé prolonge l'ombre de ses gigantesques murailles sur les claires eaux de l'Indre. Il regarde Tours et Saumur à travers le rideau sombre de forêts dont il est entouré. Mais le murmure des fontaines qui écument à ses pieds, les mille voix harmonieuses des oiseaux et du vent, concert éternel suspendu sur deux rives jalouses de le balancer, n'ont retenu aucun souvenir de ses premiers jours de splendeur. Si l'architecture d'Ussé remonte au Xᵉ siècle, aucun fait ne colore cette date sans relief et n'autorise à placer ce château sur une ligne historique aussi haute. Grâce au nom que porte la plus grosse tour, la tour Gauville, il est permis à la tradition de croire que ce nom était celui d'un ancien seigneur, maître de cette superbe résidence. Ussé d'ailleurs embarrasserait beaucoup le collectionneur de monuments, obligé de le classer dans le musée archéologique où il mériterait d'obtenir une place, et une des premières, mais plus encore par ses dimensions que par les événements dont il fut témoin. Tous les Gelduin de Saumur, premier et deuxième du nom, seigneur d'Ussé, tous les Jacques d'Espinay, possesseurs du château, depuis la fin du xve siècle jusqu'à la fin du xvie, fondateurs de chapelle et de collégiale, tous les sires de Rieux, seigneurs de Rochefort et d'Ancenis, tous les Bernin de Valentinay, sauf celui qui s'anoblit une seconde fois en épousant Jeanne-Françoise, fille aînée du maréchal de Vauban, n'excitent, ni ensemble ni isolément, le moindre intérêt historique. Sans Vauban, qui dans ses rudes loisirs le nuança d'une teinte militaire assez peu en rapport du reste avec les travaux primitifs, le château d'Ussé désespèrerait par sa nullité. C'est le roi fainéant des châteaux, et un roi fainéant sans maire du palais. Heureux les peuples, s'écrie Montesquieu, dont l'histoire se réduit à quelques pages ! Heureux les peuples, sans doute ; mais les historiens ?

Désespérés comme nous et avant nous, ce qui nous console un peu, de n'avoir rien à remarquer dans le château d'Ussé, quelques chroniqueurs ont imaginé, après des recherches louables, de faire passer dans ces murs si vides d'intérêt les aventures de la *dame aux belles cousines* et du *petit Jehan de Saintré*. Nous souhaiterions bien, pour notre part, que l'enfant d'honneur du roi Jean de France, et fils aîné du seigneur de Saintré en Touraine, très gracieux jouvencel, sur qui à la parfin s'arrêta l'amour de la dame aux belles cousines, un jour où il regardait bas en la cour les joueux de paulmes jouer: nous souhaiterions bien que cet enfant, piteusement empêché durant quatre jours pour dire à la dame aux belles cousines qui il aimait, eût vécu dans le château d'Ussé ; car nous rappellerions, pour animer un peu ces pierres mortes, comment le gracieux Jehan de Saintré, devenu le chevalier de la dame, en reçut pour première et gentille instruction, ces commandements-ci : « Je veuil et commande, que tous les matins quant vous leverez, et tous les soirs quant vous coucherez, vous vous seigniez en faisant le signe de la croix bien parfaitement. » Ajoutant : « Mon amy, je vous donne cette bourse telle qu'elle est, et douze escuz qui sont dedans. Si veuil que les couleurs dont elle est faite et les lettres entrelacées, doresnavant pour l'amour de moy, vous porterez et les douze escuz vous les employez en pourpoint de damas ou de satin cramoysi et deux paires de fines chausses, les unes de fine écarlate et les autres de fine brunette de Sainct-Lo. » Et chacun sait, sans qu'il soit besoin de le dire, comment de cadeaux brodés en sages conseils, de chausses d'écarlate en tendres soupirs, cet amour de velours et de satin, entre le mignon Saintré et la blanche dame aux belles cousines, dura d'abord trois ans. Après quoi il fut dit à Jehan : « Ores quant je voudray parler à vous ou vous à moy, nous ferons nos deux seignaulx ainsi que est dit ; et lors viendrez, et ouvrerez l'huys de mon préau, quant vous verrez que je m'en seray par nuict retournée en ma chambre ; et veez-cy la clef. Et là parlerons et deviserons ensemble à nos plaisirs et lyesses. » Et l'enfant et la dame devisèrent tant dans cette chambre, « qu'elle en le baisant très doulcement, lui dit : Je vous ai fait nommer escuyer tranchant du roi, et vous baille cent soixante escuz pour avoir un cheval et aultres choses nécessaires. Puis lui et elle se dirent : Adieu, mon espoir ! et adieu, ma dame ! »

Que le château d'Ussé jaillirait plein de jeunesse et de fraîcheur du fond de ces ténèbres, si nous retrouvions la chambre où la dame aux belles cousines, ayant à ses pieds le joli Saintré, lui parla ainsi en pleurant sur ses beaux cheveux : « Vous allez combattre ; mais, mon amy, vous estes jeune d'aage, et si n'êtes pas des plus grands ne puissans de corps, pour ce ne devez nuls douter ; car il est advenu que souvent le plus faible a desconfit le plus fort ; à ce métier les gens combattent et Dieu donne la victoire à qui luy playt. Lors print congé d'elle et pour ung amoureux baiser, dix, quinze ou vingt rendus et à Dieu soyez ! »

Ensuite, du haut des tourelles, debout auprès de la dame aux belles cousines, nous poursuivrions notre jouvencel aux

passes d'armes de Perpignan, où il parut en présence de toute
la cour, « sur un très bel et fringant destrier, qui à son chief
portait ung chauffrain d'acier à trois grands plumes à façon
d'austrusse, et à ses trois couleurs très richement brodées. »
Vainqueur à la hache et à la lance, Saintré soupe avec le roi
et quitte l'Espagne pour rentrer en France chargé d'honneurs
et de présents. « Le roi envoya deux beaulx genetz de l'Ande-
loisie, une très belle coupe et une aiguière d'or, trente marcs
de tasses bien dorées et cinquante marcs de vaiselle de cuisine bien belle. Don Frederich de Lune lui envoya douze très
belles et grosses arbaletes d'acier et douze brigandines; et
messire Arnault de Pareilles lui envoya ung More noir très ri
chement habillé, armé tout à la morisque; et messire François
de Moncade une très belle épée garnie d'or tout émaillée de
blanc, et encore ung Turcq, sa femme et ses enfants, très
grands ouvriers de fil d'or et de soye. Des aultres dames et
damoyselles de la court n'y eut celle qui ne luy donnast che-
mises brodées d'or et de soye, arcandolle à gants brodez;
mist oysseletz de Chippre et tant d'autres odorifiques odeurs. »
Qui ne connaît la triste mésaventure amoureuse du pauvre et
valeureux Saintré, à son retour en France, et comment il fut
supplanté pendant son absence, dans le cœur de la dame aux
belles cousines, par Damp Abbez? Saintré se vengea. Il prit
la dame par le toupet de son atour et haulsa la paulme pour lui
donner une couple de soufflets; mais à ce coup se retint, se
contentant de percer de sa dague la langue et les deux joues de
Damp Abbez (de monsieur l'abbé).

Il ne manque à cette histoire que le degré d'authenticité nécessaire pour faire sortir de l'insignifiance de sa première époque le magnifique château d'Ussé, histoire ravissante de détails
de mœurs, délicate et nette comme les dessins gravés autour
d'un beau verre de cristal, et jugée trop sévèrement, selon
nous, par le chroniqueur de la Tourraine J. L. Chalmel.
« Quoique Saintré, écrit-il, fût effectivement né sur la rive opposée de la Loire, nous ignorons comment on prétendrait chercher quelque air de vérité dans des faits entièrement fabuleux. «
Un peintre, M. Noël, répond au *comment* inflexible de l'historien, en faisant observer qu'Ussé pourrait bien avoir été le

château des seigneurs de Saintré, et Turpenay, abbaye voisine, celle où s'était retirée, après sa si grave infidélité, la dame des belles cousines, à cause du rôle que la famille des Saintré avait joué en Tourraine, et des exploits bien réels de Jehan de Saintré, accomplis à côté du maréchal de Boucicaut.

Nous ne déciderons pas entre tous ces témoignages, et nous ne verrons d'historiquement vrai à rattacher à ce château que le séjour de Vauban, dont la fille, nous l'avons déjà dit plus haut, épousa Bernin de Valentinay, contrôleur général des finances.

Le nom de Vauban est si sonore à nommer, même après celui de Louis XIV, il arme si soudainement l'esprit de fortifications, de redoutes, de ponts, de créneaux, que l'imagination la moins prompte admet sans peine pour Ussé la nécessité d'un ameublement analogue au caractère de l'homme qui l'habita. Les superbes terrasses aplanies par lui attendent des canons. A défaut d'une place chronologique précise, Ussé recevrait une destination toute militaire ; l'armure serait complète. Dehors les bastions, les pièces de siége, les redoutes ; dedans, les armes portatives de toutes les époques ; les cottes de mailles des chevaliers seraient appendues au mur, à côté des épées de Fontenoy et des carabines de Friedland. Ce serait un modèle de la France telle qu'elle s'est trouvée armée au dedans et au dehors, depuis le roi Jean jusqu'au souverain régnant. Nous avons blâmé l'entassement ; mais on ferait une exception en faveur d'Ussé, dont la destination nouvelle répondrait à ce qu'il a tout à la fois d'incertain, de redoutable, d'antique et de moderne.

Le château d'Ussé est aujourd'hui la propriété de la famille de *Duras*, qui le laisse tomber en ruines.

De tout travail un peu creusé naissent de petits bénéfices de hasard dont la propriété n'est à personne ; ils appartiennent à la bêche au bout de laquelle ils se sont rencontrés. A force d'assister par la pensée aux transmigrations des châteaux, une observation est née pour nous. C'est que bien avant la fin du règne de Louis XIV les grandes propriétés seigneuriales étaient passées sans secousse, par l'unique effet de l'oscillation des fortunes privées, des familles titrées aux familles d'argent.

Law, l'agiotage, la dépravation de la régence ont pu être surabondamment des causes auxiliaires de ce déplacement; mais
évidemment pour nous la vraie cause est plus haut. J'ai remarqué, ou peut-être me suis-je souvenu d'une remarque faite par
d'autres, que, depuis plus de six cents ans, les châteaux avaient
été acquis, dans une proportion d'un sur trois, par des contrôleurs généraux, des financiers et des banquiers, titres de
professions ou de charges analogues selon les temps. Ainsi,
pour ne citer que quelques exemples entre de fort nombreux,
le château de Semblançay, bâti en 993, par Foulques de
Nerra, pour tenir la ville de Tours en respect, devint, sous
François 1er, la propriété de Jacques Fournier de Beaune, surintendant des finances de ce monarque. On n'apprendra à
personne que ce Fournier de Beaune fut ce seigneur de Semblançay, moins connu par les crimes de malversation dont il
fut accusé et puni que par les vers si spirituels de Marot sur
le lieutenant Maillart menant Semblançay à Montfaucon.

Chenonceaux fut aussi vendu par Jean de Marques, vers la
fin du xve siècle, à Thomas Boyer, maire de Tours et *général
des finances* de Normandie. Si un fils de ce général des
finances eut le bon goût de faire hommage de ce château à la
duchesse de Valentinois, un Condé fut dans la nécessité moins
délicate de le céder de nouveau à prix d'argent à M. Dupin,
ancien fermier général. Voilà deux financiers possesseurs de
Chenonceaux. Ussé, comme on l'a vu, passa pareillement, à la
fin du xviie siècle, à Louis Bertin de Valentinay, contrôleur
général de la maison du roi. Bouret, on le sait, fut le délicieux
pavillon qu'avait bâti le financier de ce nom au bord de la
Seine; Maintenon eut pour fondateur Jean Cottereau, intendant
des finances sous Charles VIII; Brunoy revient aux Mont-
martel, famille de financiers, et Vaux à Fouquet, surintendant
des finances sous Louis XIV.

De nos jours, deux des plus remarquables châteaux historiques, Petit-Bourg et Maisons, ont appartenu à deux banquiers,
MM. Aguado et Lafitte; et le plus remarquable de tous, le
château de Mello, celui où naquit la Jacquerie, appartient aussi
à un banquier, M. Sellière.

Il serait facile d'assigner le petit nombre d'années qui doit s'écouler pour que tous les châteaux historiques de la France soient exclusivement possédés par des banquiers. Je répète que cette substitution des familles d'argent aux familles de race date depuis plus de six siècles.

Ne voulant ni restreindre dans des limites forcées, ni trop distendre le cercle de nos excursions archéologiques, afin de rester le plus possible dans les conditions de notre musée, qui doit toujours avoir Paris à son centre, nous nous sommes avancé jusqu'aux bords de la Loire, points extrêmes de nos plus longs rayonnements.

A six lieues de Tours, sur la grande route d'Angers, le xe siècle bâtit, sous les ordres de Foulques de Nerra, un château de Langeais, uniquement destiné à couper toute communication entre Tours et les localités circonvoisines. Sur les ruines de ce château, Pierre de Brosse, fils d'un sergent à masse de saint Louis, ministre et favori de Philippe le Hardi, en éleva un autre du même nom; et c'est celui qui existe encore aujourd'hui. Ces réédifications, pour le dire en passant, ont plus souvent eu lieu pour les constructions militaires que pour les simples résidences seigneuriales. La raison de cette différence est facile à fournir. D'une utilité reconnue, l'existence des châteaux forts se perpétuait à force de soins durant les guerres, et comme les guerres étaient continuelles, ils étaient toujours entretenus. Tel château fort a été reconstruit jusqu'à six fois.

Il importerait peu de restituer au château de Langeais l'antique splendeur des premiers âges, si l'on n'avait à le peupler que du stérile souvenir de la fatale prospérité de ce Pierre de Brosse, pendu à Montfaucon, comme le furent plus tard, revêtus du même emploi que lui, Enguerrand de Marigny et Semblançay; sa disgrâce est des plus communes. Jusqu'à Louis XIV, presque tous les contrôleurs des finances ont été pendus. Sous Louis XIV, les mœurs s'améliorant, ils ne furent plus qu'exilés. Personne n'ignore que Pierre de Brosse fut condamné au gibet pour avoir inspiré au roi Philippe le Hardi l'idée que la reine Marie de Brabant pouvait avoir empoisonné le jeune prince Louis, né d'un autre lit. Un homme sans naissance, qui avait eu le génie de devenir ministre, de barbier qu'il était auparavant, n'aurait pas imaginé une intrigue aussi périlleuse dans le but assez mesquin de se venger de la fade Marie de Brabant, qui lui avait, dit-on, résisté. Je crois peu aux ministres amoureux des reines; mais, en revanche, je crois beaucoup aux dangers des ministres, accusés et jugés par des évêques, des béguines et des rois, qui croient aux béguines. Au reste, l'amour pour les reines a toujours été l'accusation de commande sous laquelle la plupart des ministres des trois races ont succombé. Avant de les pendre haut et court, on les disait amoureux. Les Français sont toujours galants.

Représentant la magnifique fin du xvᵉ siècle, Langeais nous dirait le mariage de Charles VIII et d'Anne de Bretagne, ou plutôt le mariage de la Bretagne et de la France; superbe alliance qui n'assura pas d'abord à cette dernière la possession d'un duché irrévocablement soumis, mais qui lui permit de le considérer désormais comme une propriété légitime à défendre et non comme une usurpation à soutenir par l'épée. On introduirait au château de Langeais le luxe massif de la maison d'Anne de Bretagne, cette duchesse deux fois reine de France, dont la cour passait pour la plus somptueuse d'Europe. Langeais préciserait alors l'époque commémorative de l'union la plus avantageuse qu'ait contractée la France pour s'agrandir et pour terminer les agressions de ces ducs de Bretagne, dont le château de Clisson, que nous avons déjà rappelé, attesterait les prétentions violentes et les cruautés sans nombre; sauvages ducs! chiens hargneux dont l'Anglais se faisait précéder quand il voulait entrer en France par la porte de la trahison; espèces de rois de France, plus la férocité, moins la couronne.

Au xviiᵉ siècle le château de Langeais passa au marquis d'Effiat, père de ce Cinq-Mars, aussi mauvais favori que mauvais conspirateur.

Quoique les rois de France aient bien moins de combats à livrer depuis la réunion des provinces de l'ouest à la couronne, le royaume n'est pas encore aussi tranquille qu'il le sera dans deux siècles, vienne Richelieu. Les châteaux sont soumis, mais les châtelains, non; c'est la conquête, mais ce n'est pas encore la paix. Une espèce de compromis tacite se fait entre la féodalité encore menaçante et la royauté toute gênée dans sa victoire. S'il ne s'élève plus autant de ces châteaux qui enserraient des bourgs dans leurs vastes ailes déployées, ceux qui avaient vomi la rébellion du haut de leurs tours ne sont pas encore tombés. Les nouveaux qui seront bâtis pendant cette trêve transitoire participeront de cette double circonspection. Rien n'y manque : ni les triples fossés, ni les ponts-levis, ni les tours ; rien, si ce n'est une taille proportionnée à leurs prétentions. On dirait que la peur les a rabougris en leur laissant leurs formes offensives ; petits bastions, petites oubliettes, petits fossés. Ce sont des géants nains.

Savigny annonce déjà cet amaigrissement étrange. C'est une miniature du terrible, un abrégé de l'imposant. Qui connaît Savigny? Personne. Savigny n'est pourtant ni en Bretagne ni en Auvergne ; il est à quatre lieues de Paris, entre les deux grandes routes de Lyon et d'Orléans. On l'appelle *Savigny-sur-Orge*, pour le distinguer de dix ou douze autres Savigny aussi peu connus.

Restauré à la fin du xve siècle, et peut-être un peu trop restauré depuis, Savigny est un arrière-petit-fils d'un château qui était sur le même emplacement trois siècles auparavant. L'époque qu'il symboliserait le mieux, parmi d'autres avec le caractère desquelles il ne serait pas en désaccord, serait la Ligue, temps de guerre civile, dont le foyer, on a beau l'étendre avec complaisance, fut Paris et exclusivement ses environs. La Ligue et la Fronde sont deux émeutes parisiennes ; si la première fut un peu moins locale, parce qu'elle touchait à la successibilité de la couronne, la seconde n'eut pas même une ondulation sensible jusqu'à Orléans.

Nous raconterons un jour la retraite d'Agnès Sorel et de Charles VII dans le château de Savigny, doux pèlerinage dont le souvenir est constaté par le nom de *Beauté* que légua la dame de ce gracieux surnom à une commune voisine. La Balue et Louis XI l'ont habité ; l'un y rêva ses évêchés qui lui furent si funestes et dont *il perdit la vue*, selon la chanson ; l'autre la cage de fer où il logerait un jour monseigneur le cardinal. Les royalistes l'enlevèrent aux ligueurs en 1592. Quatre royalistes le prirent pendant que le chef des ligueurs passait ses chausses. Nous tenons en réserve, pour le présenter ailleurs sous des proportions moins raccourcies, un autre événement

dont Savigny fut témoin, et non moins propre à prouver la jus-
tesse de cette observation plus haut émise, que les châteaux de-
vénaient de plus en plus, la monarchie se raffermissant, la pa-
rodie de ce qu'ils avaient été jadis, malgré les menaces de leurs
fortifications matamores.

Savigny est aujourd'hui aux héritiers d'un des plus beaux
noms de l'empire, aux princes d'Eckmülh.

Avant de terminer notre course, nommons quelques-uns des
principaux châteaux, fine fleur de la renaissance, élevés pendant les trois siècles féconds dont se compose la durée du cycle
dynastique des Valois. Les mieux conservés, les plus propres
à être classés dans notre musée comme type d'un âge écoulé,
sont, *Pierrefonds* (Oise); *Villebon* et *Maintenon* (Eure-et-Loir);
Vigny et *Rambouillet* (Seine-et-Oise); *Chambord* (Loir-et-
Cher); *Valençay* (Indre); *Chenonceaux* (Indre-et-Loire);
Mesnières (Seine-Inférieure); enfin, *Dampierre*, *Écouen* et
Nantouillet (Seine-et-Oise).

Des ruines au milieu d'une forêt, de la solitude, de vieux
chênes, des démolitions abandonnées, 1390 pour date, c'est-à-
dire un souvenir de malheur pour la France, et de beaucoup
de malheurs, car avec Charles VI régnaient le duc d'Orléans
et le duc de Bourgogne, deux assassins tués l'un par le parti
de l'autre; tel est Pierrefonds bâti par le duc d'Orléans, frère de
Charles VI, sur un des points élevés de la forêt de Compiègne.

Les Anglais s'emparèrent de Compiègne comme ils s'empa
rèrent dix fois de la France, à la faveur des querelles des ducs
avec les barons, et des comtes avec les rois.

Les règnes suivants, jusqu'à Henri III, n'offrent rien pour
l'histoire de cette forteresse. François Ier la fit préparer avant
qu'elle ne tombât, vers la fin du xvie siècle, aux mains des
ligueurs, qui en donnèrent le commandement à Rieux, ce capitaine si célèbre par les brigandages dont il épouvanta la contrée.

Si le goût de François Ier éclate quelque part avec cette prodigalité dont on s'étonne, c'est assurément dans les châteaux
tout pleins de ses amours, de ses intrigues, de ses magnifi-
cences, de ses chiffres et des travaux de ses artistes. François Ier justifie sa haute renommée par là bien plus encore que
par ses prétendus encouragements donnés aux lettres. Trop

souvent confondu avec Léon X, François Ier fut le père des châteaux et non le père des lettres.

Rieux fut pendu devant l'Hôtel-de-Ville de Compiègne ; mais le château de Pierrefonds ne se rendit que sous Louis XIII, cédant enfin à l'attaque d'une armée de quatorze mille hommes d'infanterie, commandés par Charles de Valois, qui s'en rendit maître après six jours de tranchée. On essaya de le démanteler l'année suivante, on ne le put ; ses murailles furent trouvées si dures, qu'on se contenta de les entailler et de les réduire à l'état où elles sont aujourd'hui. Ces fortifications de révolte sont les plus complètes que nous possédions de ce temps-là. Elles appartiennent à la famille d'Orléans.

Après tant de demeures martelées par la sape, noircies par l'incendie, crevassées par les boulets, il est consolant de reposer le regard sur le paisible *Villebon*, retraite de Sully.

Jean Cottereau, intendant des finances sous Charles VIII, jeta les fondements du joli château de Maintenon ; ses successeurs le vendirent à cette Françoise d'Aubigné, dont la destinée fut plus merveilleuse encore que celle de Louis XIV. Après la mort de Mme de Maintenon, la terre passa à sa nièce, qui la transmit, par alliance, à la famille de Noailles, dans laquelle elle se trouve encore de nos jours.

On rattacherait à ce groupe de pierres inoffensives, dont les échos dorés n'éveillent que des noms de rois amoureux, de maîtresses de rois et de ministres pacifiques, Vigny, beau château bâti par le cardinal d'Amboise. Avant la révolution, il appartenait au prince de Soubise, qui l'avait cédé à Mme de Guéménée. Il passa à la famille de Rohan en 1822 ; il est aujourd'hui à MM. Decher et Lefèvre, qui l'on fait réparer avec beaucoup de goût.

Rambouillet n'était au xve siècle qu'une seigneurie possédée par la famille d'Angennes, dont les membres prirent, sous Louis XIII, le titre de marquis de Rambouillet. En 1706, cette famille le céda au comte de Toulouse, prince légitimé, pour qui cette terre fut érigée en duché-pairie. On montre encore dans la grosse tour la chambre où mourut François Ier, en 1547, à l'âge de cinquante-deux ans.

Si nous passons plus rapidement sur ces résidences que sur

celles d'un âge plus éloigné, dont il a été fait mention au commencement de cet avant-propos, c'est que nous supposons le lecteur assez versé dans notre histoire pour les apprécier comme nous; et c'est aussi parce que leur état de conservation n'imposerait pas de grands sacrifices à l'État, s'il en devenait possesseur, que nous nous bornons ici à les classer, plutôt qu'à en détailler le mérite incontesté.

Ne suffit-il pas de nommer Chambord, Valençay et Chenonceaux, pour présenter à l'esprit trois palais connus de tout le monde, et que toute nation s'honorerait de posséder, quand même elle aurait déjà Saint-Cloud, Fontainebleau et Versailles?

Mesnières soutient le parallèle avec Chenonceaux; même ordonnance, même grand goût. L'un des derniers propriétaires de Mesnières, M. le marquis de Biancourt, était un homme épris d'un véritable amour de l'art, et qui avait restauré, pierre à pierre, dans son vieux style et sa naïveté, ce château, perle inestimable de la renaissance.

Dans le voisinage de Chevreuse est Dampierre, château possédé autrefois par le cardinal de Lorraine et embelli par les ducs de Luynes, dans la famille desquels il passa pour n'en plus sortir. Mansard l'a caractérisé par la forme particulière de quelques additions de maçonnerie assez estimées.

Nous renvoyons le lecteur à notre histoire du château d'Écouen, pour lui rappeler les principales scènes dont cette demeure des Montmorency fut le théâtre.

Quoique aussi dégradé et vermoulu que le cardinal Duprat, qui y finit ses jours détestés, le château de Nantouillet mérite une place dans notre musée à côté des plus gracieux monuments conçus sous le règne de François Ier.

Si le goût admettait comme type l'architecture qui ne se recommande que par l'excès des proportions ou que par le mélange de toutes les architectures, sans avoir le charme sérieux d'aucune, s'il acceptait cette architecture, ni brune et musculeuse comme celle des temps moyens, ni blonde comme celle de la renaissance, architecture sans nom, née entre Louis XIII et Louis XIV, comme une fronde, comme une guerre civile, il faudrait ne pas omettre ici, avant de fermer les portes de notre musée : *Grosbois, Ormesson, Maisons-sur-Seine,*

Vaux-le-Praslin et quelques autres châteaux d'une illustration plus digne de l'indiscrétion des *mémoires* que de la gravité de l'histoire.

Un duc d'Angoulême, fils naturel de Charles IX, construisit *Grosbois* vers la fin du xvie siècle. Achille de Harlay donna à cette propriété, qui ressemble à une maison royale autant qu'un fils naturel ressemble à un fils légitime, des développements considérables. L'étendue du parc de Grosbois égale celle du bois de Boulogne.

On prétend que Henri IV fit bâtir, à Amboïle, le château d'*Ormesson* pour mademoiselle de Senteny, dont il était amoureux. La tradition s'appuie sur ce qu'on y vit longtemps le portrait de cette favorite. Pour l'honneur de la demoiselle, je trouve la tradition fort peu fondée, si elle n'a pas d'autre base. Quoi qu'il en soit, la construction d'Ormesson ne peut remonter beaucoup au-delà du règne de ce prince, car la brique y domine. Amboïle, voisin de la capitale, a pris depuis près de deux siècles le nom de la famille d'Ormesson, à qui cette terre appartient encore de nos jours

Maisons-sur-Seine a appartenu à M. Laffitte. Ce fut le surintendant des finances René de Longueil qui fut chargé de sa construction ; il fut acheté, je ne sais plus à quelle époque, par M. Laffitte, banquier, qui le loua, pendant plusieurs années, à un autre banquier qui ne laissait voir ce château à personne. Il y aurait une puérile affectation à insister sur cette triple occupation de Maisons-sur-Seine par trois banquiers, si notre opinion que tous les châteaux vont tôt ou tard aux gens de finance n'était raffermie par le poids de cette observation même.

Bâti au sortir de la minorité turbulente de Louis XIV, au moment de la splendeur naissante de la monarchie, le château de Vaux marque le dernier passage de la construction militaire et défensive à la construction pleinement courtisane et soumise. Les quatre tourelles qui faisaient jadis la garde de toute propriété ont disparu. A quoi bon voir de haut et au loin ? Toute terre appartient au roi : au roi seul la consigne générale du pays. La défense et l'attaque sont son affaire. Il n'y a plus qu'un château en France dont l'existence soit souveraine, c'est le Louvre. Vaux accepte cette domination, et déguise son abaissement sous un luxe qui en adoucit l'humiliation; en échange de sa soumission, l'indulgence royale lui permet d'inutiles fossés, un pont-levis de quelques pouces, un gouvernement avec droit de haute et basse justice, pourvu que ce droit ne soit jamais exercé, et une pièce de canon, à la condition expresse de ne jamais érailler son beau cylindre de fer par l'intromission du boulet. Au seigneur le canon, au roi les boulets empilés sous la sauve-garde du grand maître de l'artillerie de France. Soyez seigneur de Vaux, vicomte de Belle-Isle, Nicolas Fouquet, mais que votre seigneurerie soit un pied-à-terre de cour et non un titre de puissance. Mettez toute votre gloire, réduisez toute votre autorité, appliquez tout votre or à n'être qu'un rayon du soleil qui vous a fécondé. Que tout soit fait en vue de la majesté royale; effacez-vous derrière son éclat.

Et c'est ce que ne comprit pas assez Fouquet. Si tout, dans son château, est vraiment trop réduit pour un roi, tout en réalité y est trop brillant pour un vicomte. Vaux attend toujours Louis XIV, quoiqu'il ne soit préparé que pour le recevoir un jour et une nuit. C'est là le caractère de cette résidence, modèle assez fidèlement conservé, en tout cas très facile à rétablir, de toutes les résidences limitrophes de la période de Louis XIII et de celle de Louis XIV.

Vaux, qui fut le rêve le plus brillant de l'homme le plus brillant du grand siècle; Vaux, où se trouvèrent un jour la mère de Louis XIV, Louis XIV, Henriette d'Angleterre et mademoiselle de la Vallière, création si belle et si pure, que les siècles lui laisseront son nom de demoiselle, comme une éternelle couronne; Vaux, qui rendit Louis XIV jaloux; — jalousie terrible qui tarit en une nuit les eaux de ce palais, éteignit les mille lampes de sa fête, fit jaunir les feuilles des bosquets et blanchir les cheveux de Fouquet; — Vaux, quand nous le visitâmes silencieusement, était gardé par un chien de Terre-Neuve !

LES

CHATEAUX DE FRANCE

—————

RAMBOUILLET.

Avant 1790, Rambouillet n'était que le nom d'un château; depuis cette époque peu éloignée, Rambouillet est aussi le nom d'une ville; il faut ici conclure de cette double application du même nom que le château l'emporte de beaucoup sur la ville par l'origine, l'âge, le caractère, la noblesse et l'illustration. Les faits confirment surabondamment la remarque. A chaque quart de siècle, le château, bâti depuis une date nébuleuse, réclame quelques pages à l'histoire, tandis que la ville n'a encore pris aucune place dans le souvenir des hommes. Il est vrai que la ville a hérité de la gloire acquise au château par le droit dévolu aux descendants légitimes; ils sont tous deux, nous ne dirons pas du même sang, mais faits tous deux de la même pierre. Puisse la ville s'en souvenir toujours pour ne jamais laisser démolir le château! Un Rambouillet nous répond de l'autre. D'ailleurs, du jour où les vieilles tourelles tomberaient, la ville de Rambouillet, par une juste punition de son ingratitude et de sa lâcheté, ne serait plus qu'un marché de bêtes à cornes, un parc à mérinos à travers lequel le voyageur ne voudrait pas même aventurer les roues de sa berline.

La racine du nom donné au château et plus tard à la ville qui en dépend, étant fort nette, les étymologistes, afin de ne pas déroger à leur naturel tortueux, sont encore loin de s'entendre sur son exactitude. De tous temps il y a eu beaucoup de lapins à l'endroit où s'est élevé le château dont nous allons essayer d'écrire l'histoire; on sait que ces endroits aimés du chasseur prenaient autrefois, et conservent encore le nom de *rabouillère*, expression collective passée avec les Normands en Angleterre où l'on appelle un lapin *rabbit*. Or, quoi de plus simple que de nommer Rambouillet un château construit sur une rabouillère; à peu près par la même raison que Chantilly a emprunté son nom aux champs de tilleuls dont il est bordé, et Pierrefonts le sien aux fontaines naturelles de ses rochers? Quand les fontaines et les tilleuls baptisent des châteaux, on ne devine pas pourquoi les étymologistes refuseraient ce privilége aux lapins. Si on ne devine pas la cause de leur répugnance, on peut néanmoins la présumer, car ils l'ont presque avouée. Les étymologistes reculent devant cette analogie, non parce qu'elle est trop simple, motif souvent péremptoire à leur tribunal, mais parce qu'elle est commune et vulgaire! oubliant le château de l'OEuf à Naples, le château du Gril (l'Escurial) à Madrid! A cause de cette vulgarité, les étymologistes, disons-nous, ont voulu laisser planer un grand vague sur le radical du nom appliqué au château de Rambouillet. Pour nous le doute n'existe même pas; *Rambouillet* vient en droite ligne de *rabouillère*, lieu qui abonde en lapins.

Chef-lieu du sixième arrondissement du département de Seine-et-Oise, Rambouillet était enfermé autrefois dans la circonscription provinciale de l'Ile-de-France, généralité d'Orléans dans le Hurepois, diocèse de Chartres. Aujourd'hui il relève du diocèse de Versailles. Rambouillet est à huit lieues de distance de cette dernière ville et à treize lieues de Paris. On évalue sa population à trois mille quatre cents âmes.

Quelle que soit la défiance dont on doive s'armer en recherchant l'antiquité des localités historiques, où ne peut se dispenser d'en assigner une très haute à l'origine du château de Rambouillet. Il est presque hors de doute que la principale tour du domaine a été construite avant le règne de Hugues Capet, c'est-à-dire avant la fin du xe siècle.

On l'aperçoit la première en arrivant du côté de Paris, et on ne voit guère que sa puissante masse, tant elle laisse en arrière le corps de l'édifice. On dirait qu'elle a marché ou que le château a battu en retraite. Cet effet résulte de l'absence d'une seconde tour de moindre dimension qui terminait l'aile gauche. L'aile et la tour, qui n'était qu'une double tourelle, ayant disparu, le château n'a plus eu que deux côtés au lieu de trois, et a fui en diagonale, disposition singulière ajoutée à une construction fort peu conçue dans des goûts de régularité. On dirait un château manchot. J'ignore pourquoi la tourelle jumelle a été supprimée ; il est probable que la peur de la voir tomber aura effrayé les locataires, conseillés par quelque architecte vigilant. Rien n'est prudent en général comme les architectes qui doivent être chargés d'une démolition importante et du soin de remettre debout les parties dont il ont signé l'arrêt de mort.

Le prétexte au moyen duquel on a condamné la tour de l'aile gauche du château servira bientôt, nous le craignons, à justifier la suppression de la tour de l'aile droite, fort compromise depuis des années, si on l'examine d'après le système des architectes. Les pierres ébranlées et déchaussées jouent dans les carrés formés autour d'elles par les pierres voisines, comme des dents dans leurs alvéoles. Quelques seaux de plâtres les raffermiraient aisément en les liant de nouveau les unes aux autres. Il convient seulement d'éviter dans ces travaux de restauration l'emploi d'un ciment blanc, sous peine de tailler un habit d'arlequin à de vénérables constructions. Quelques artistes de Paris, exercés à ce genre de conservation lapidaire, sont aujourd'hui de bons modèles à suivre. Ils ont créé un art qui eût sauvé de beaux produits s'il eût été connu plus tôt. Ils rapprochent les pierres disjointes, restituent les absentes, avec la science d'un anatomiste. A l'aide d'une simple nervure, ils relèvent une ogive perdue : à l'aide d'une ogive, ils reconstituent le squelette d'une nef entière, qu'ils associent ensuite à une autre nef ; de même qu'avec un côté ils ont l'angle, avec l'angle la façade ; et ce n'est plus qu'un jeu pour eux de rendre aux figurations symboliques de l'extérieur, animaux apocalyptiques, leurs queues dentelées, leurs museaux de fouine, leur ventre aplati sous la pression d'un pied d'ange, et tous ces enfantillages graves, toutes ces gravités bouffonnes, esprit des hommes de génie.

Nous engageons avec d'autant plus de raison à imiter ces conservateurs habiles, qu'un architecte, chargé par Napoléon de l'entretien du château, poussa le zèle ou la licence jusqu'à renverser une tourelle qu'il trouvait probablement trop vieille. Quand l'empereur apprit l'acte de folie de son architecte, il ordonna avec colère qu'il la fît rebâtir sur-le-champ, sans songer sans doute que ce maçon ne demandait pas d'autre récompense. Quoique relevée presque aussitôt, et d'après les autres tourelles du château sur lesquelles la démolition ne s'était pas étendue, la tourelle refaite est lourde au lieu d'être solide, et hydropique, au lieu d'avoir cette légèreté en apparence dangereuse qui fait craindre à chaque instant de voir la pluie les décoller du mur.

On a voulu trouver à la configuration du château la forme d'un fer à cheval, ce que nous concéderions volontiers, pourvu qu'on nous montrât le cheval au sabot duquel il serait possible d'emboîter ce fer. Changeant avec les siècles, le système de la défense a sans doute commandé aux temps féodaux le contour dont l'extrême bizarrerie nous a étonné, quoiqu'il reste à dire, à indiquer au moins le genre de guerre qui a exigé tant d'angles, tant de surfaces disgracieuses ; on dirait, en voyant le château par un de ses côtés, un éventail gigantesque que le vent a empêché de faire rentrer dans ses plis primitifs, ou plutôt un paravent dont les lames ont été déployées à faux.

Nous qui avons pour principe de croire que chaque chose a sa raison d'être, nous pensons que le château de Rambouillet, toujours irrégulier, n'est devenu si extravagant que par des additions exécutées sans réflexion, l'avant-dernier siècle, au gré des propriétaires de Rambouillet qui, n'ayant nullement besoin de se défendre contre les Anglais, les Normands et les Bourguignons, tenaient à avoir beaucoup d'espace. Vingt témoignages prouvent qu'il en a été réellement ainsi. Une aile du château, au lieu d'être protégée par le flanc de la grosse tour crénelée et de s'effacer à deux ou trois mètres en arrière, déborde, fait ventre, et vient se coller ensuite par un effort de recul contre la tour même, au point que la toiture de cette aile est comme aplatie et que les vases de plomb sont faussés sur leur base.

Le château est bâti en briques, à l'exception de la grosse tour de François Ier, admirablement crénelée, et des parties basses toutes solidement construites en pierres dures.

Un géographe, qui écrivait sous le règne de Louis XVI, détaille de la manière suivante quelques parties principales de l'intérieur du château :

« L'appartement du roi est grand, commode et magnifiquement meublé. La première pièce dont il est composé est une grande salle de cinquante pieds de long, sur environ trente de large ; elle est lambrissée et ornée des portraits de Louis XIV, du dauphin son fils, du dauphin son petit-fils, de Mme la dauphine, morte en 1712, du roi Louis XV, du roi d'Espagne et de la reine d'Espagne. Une grande carte du duché de Rambouillet, peinte sur toile et ornée d'une belle bordure, occupe un espace de vingt-sept pieds de long sur douze de large ; ce magnifique travail a coûté 30,000 livres.

« La grande salle à manger, toute revêtue de marbre, serait fort remarquable si elle n'était trop basse.

« Du côté des jardins, en face du château, est une pièce d'eau de cent quatre-vingts toises de long, qui communique avec un beau canal qui parcourt toute l'étendue du jardin. Son étendue, tout en négligeant les retours, est de trois cent quatre-vingts toises sur vingt de large. »

Tels étaient l'intérieur et la perspective du château de Rambouillet il y a soixante-dix ans environ : depuis lors il a perdu pièce à pièce ce mobilier qui ne rappelait guère que la fin du XVIIe siècle. Le XVIe et les précédents se retrouvent seulement dans plusieurs dispositions à peu près inaltérables du corps même du bâtiment, tout à fait, pour sa part, hors des atteintes des vicissitudes locatives. Il faut la mine pour déplacer ces tas de rochers ; quand on y aura recours, ce sera à la bande noire de se charger du déménagement.

Le château est fermé par une grille circulaire dont le développement serait considérable si elle embrassait le terrain sur lequel s'élève une caserne occupée par des cuirassiers. Il paraît que de temps immémorial ce terrain, consacré actuellement aux manœuvres de la cavalerie, a été en dehors de la grille qui a subi, à cause de cette coupure, la fausse position dans laquelle elle s'offre si désagréablement aux regards du visiteur ; une seconde grille entoure la caserne et la relie au château. Quand on les a franchies toutes deux, on se trouve dans la cour d'honneur, entièrement privée de l'ombre fraîche qu'elle répandrait si l'aile gauche et la tour opposée à celle de François Ier n'eussent été démolies. Un contraste précieux, et qu'on remarque dans presque tous les vieux manoirs, est celui des premières cours froides et sombres par où l'on passe en arrivant, avec les jardins riants et lumineux qu'on découvre à l'autre bout de l'axe. C'est la nuit et le jour. La façade extérieure est celle d'une prison, la façade opposée est celle d'un palais. D'un côté s'entassaient, se succédaient, les doubles murs, les ponts, les guérites, les fossés, les routes, c'est-à-dire la menace, la suspicion, le piége ; de l'autre, on entend chanter les oiseaux, on promène la vue sur le panache tremblant des arbres, sur la mosaïque des parterres, sur la surface mollement ondulée des pièces d'eau. La nécessité produisait ces beautés d'opposition. Soldat au dehors, le seigneur redevenait chez lui père de famille ; il avait pour sa femme, pour ses petits enfants, des allées de sable doux, de l'eau murmurante et des fleurs. Le château de Rambouillet a perdu ce charme en perdant le tiers de ses murs extérieurs. Sa cour pavée est claire comme un marché aux grains. Que n'a-t-on renversé l'autre aile pour jouir encore de plus de clarté ? Rien n'est clair comme rien du tout.

La porte d'entrée, autrefois petite, trapue, sans ornements, ouverte, plutôt trouée dans l'épaisseur du mur, se coiffa plus tard d'une de ces perruques que Levaux accrochait partout sous Louis XIV. Aujourd'hui, une espèce d'auvent de pierre lui donne la majesté qu'a l'entrée d'une prison pour dettes.

Le sol qui porte le bâtiment se trouvant beaucoup plus élevé d'un côté que de l'autre, ce qui est le plain-pied sur la cour devient le première étage sur les parterres. La différence, au lieu de choquer, plaît beaucoup au contraire en ce qu'elle place immédiatement la première salle, nommée encore la salle de Charles X, à vingt ou vingt-quatre pieds au-dessus du niveau du jardin. Un balcon en fer, longeant les tourelles et allant de la première à la dernière, dessine cet étage sur la surface tourmentée du château; il se tord, serpente et s'accroche où il peut contre des murs peu faits pour un balcon. Le balcon en fer creux a remplacé la galerie pleine ou à balustres du xve siècle. C'est chagrinant à voir comme le serait une écharpe de maire passée autour de la cuirasse de Bayard. Je crois que le balcon de Rambouillet est peint en vert.

Des titres positifs donnent à la veuve de Guillaume, fils d'Amaury Ier, comte de Hainault, la qualification de dame de Montfort, d'Épernon et de *Rambouillet*. Ce fait garantit la date de 1003, et même une date plus élevée sur la table chronologique, car il est de raison de supposer qu'une famille ou un homme n'adopte pas, pour rehausser son nom, le nom d'un domaine vague, informe, sans quelque illustration acquise. Quand le seigneur revêt officiellement dans les actes de notoriété le titre de la seigneurie, un autre seigneur moins connu a presque toujours préparé au domaine la gloire de servir de qualification. D'Amaury Ier, le domaine de Rambouillet, dont il serait difficile d'arrêter les dimensions et de dessiner la forme, à cette époque, passe en héritage à Amaury, deuxième du nom, qui, par un désintéressement pieux, céda à l'abbaye de Marmoutier, près de Tours, l'église de Rambouillet, ou pour dire plus exactement, les profits qu'elle rapportait. A Amaury II, mort en 1087, succéda Simon Ier, seigneur aussi obscur que sa nombreuse lignée qu'il faut laisser dormir, les mains croisées sur la poitrine, dans la paix de l'oubli le mieux mérité.

Si, dès les premiers pas, et ils ont toujours de pénibles embarras à vaincre, l'esprit refuse de s'initier à la connaissance de ces documents concentrés cependant dans le moins d'espace possible, et d'ailleurs indispensablement nécessaires à toute fondation d'histoire, il peut les franchir sans y toucher: mais

un tel dédain est regrettable, car on se rend plus exactement
compte et de la beauté et de la hauteur d'un arbre, lorsqu'on a
posé le regard au pied du tronc, pour l'élever ensuite jusqu'à
la cime perdue dans les airs, que quand on le voit en masse et
comme il plaît au hasard de le montrer.

Le domaine de Rambouillet ne cesse d'appartenir à la maison
de Montfort-Amaury que le 17 mai 1317, où, tous les biens de
cette famille ayant été partagés, Montfort revint à Yolande de
Dreux, mariée en secondes noces à Arthur II, duc de Bretagne,
et Rambouillet à Jeanne, sœur de Yolande, veuve de Jean IV,
comte de Roussy-Pierrepont, à la simple condition de les tenir
à foi et hommage de Montfort. On remarquera que cette clause
qu'on retrouve dans presque tous les actes de cession absolue
des terres seigneuriales, finit par devenir, avec le temps, une
formule de convenance, n'engageant le dernier acquéreur à
rien, quoiqu'il fût loin d'en être ainsi à l'origine de son emploi
dans les transactions. Le maître et la chose se séparaient péniblement, et ce n'était jamais d'une manière définitive : une
pareille ténacité cimentait presque indestructiblement l'état social, basé alors comme aujourd'hui, il est vrai, sur la propriété,
mais sur la propriété dévolue à la famille et non à l'individu.
L'individu, c'est le sable ; la famille, c'est le rocher.

Quand Jean V, fils du comte de Roussy, de Braine et de Rochefort, fut tué, le 26 août 1346, à la bataille de Crécy, il prenait le titre de seigneur de Rambouillet.

De Jean V aux autres possesseurs de la seigneurie, les incer-
titudes règnent ; mais, seulement vingt ans après la bataille glorieuse de Jean V, en 1367, elle est déjà la possession d'un seigneur *de Breucourt*, qui ne la garda pas au-delà de 1368, puisqu'à la date du 7 mai de la même année, elle était acquise au
chevalier Gérard de Tournebu. Ce dernier vendit Rambouillet
seize ans après, en 1384, château, bois, forteresse, seigneurie,
à Renaud d'Angennes, seigneur de Laloupe, grand-écuyer, premier valet tranchant de Charles VI. Renaud d'Angennes, dont
la mort arriva en 1417, était fils de Robert d'Angennes, seigneur de Brézelles et de Marolles, descendant de Catherine de
Bourbon, comtesse d'Arcourt ; il s'était bravement distingué
sous le roi Charles V, dans les guerres contre les Anglais.

Jean Ier, fils de Renaud d'Angennes, d'autres chroniqueurs disent de Robert, sans mentionner ce premier Renaud, hérita à son tour de la seigneurie de Rambouillet, et fut gouverneur, en 1414, du dauphin et du château du Louvre. Pour en finir avec sa bravoure toujours renaissante, les Anglais, qui n'avaient pas oublié la vigueur avec laquelle il défendit Cherbourg, lui coupèrent la tête, après l'avoir tenu prisonnier à Rouen.

Chez toutes les nations, l'histoire du droit est en grande partie dans l'histoire de ses coutumes : avant de se réduire à une formule courte, serrée, sentencieuse et sèche, la loi passe par l'image; et avant même d'être une image, elle est un drame, une action gaie ou sérieuse; elle a vécu. On dirait difficilement le pays le plus riche en coutumes; cependant l'Allemagne et la France paraîtraient, au premier coup d'œil, l'emporter sur les autres, tant par le nombre que par la bizarrerie, bizarrerie au point de vue de notre temps, hâtons-nous de dire, car les peuples du moyen-âge ne croyaient nullement se moquer d'eux-mêmes en se prêtant à ces coutumes qui les accompagnaient pendant toute leur vie. La naissance, l'exposition, l'adoption, le mariage, le douaire, le serment, la prise de possession, le contrat, la guerre, la paix, les fiançailles, la mort, n'avaient lieu que sous l'autorité de la coutume, pouvoir étrange dont le droit ne se justifie pas, car il est le droit même. Je crois qu'au point de vue poétique, ces usages ont beaucoup gagné à leur éloignement qui les fait doux et voilés. A portée de nous, nous les expliquerions, nous les comprendrions; ils ne nous surprendraient plus. Nous possédons au milieu de nos mœurs, dont l'uniformité ne sera pourtant mise en doute par personne, des façons de vivre qui exerceront dans quelques siècles l'imagination érudite des philosophes du droit. Nous sommes la poésie de l'avenir. Ainsi, l'on se demandera pourquoi on exigeait à notre époque des passeports pour voyager, lorsque tout le monde pouvait en acheter sans difficulté dans le premier endroit venu. Le mot acheter éclaircira l'énigme : le symbole se trouvera expliqué par les nombreuses exigences de l'impôt. On arriverait de même au noyau rationnel des coutumes du moyen-âge, si l'on s'animait du désir de connaître leur cause. Quel livre serait plus curieux et plus instructif à la fois? Pénétrer jusqu'à la racine profonde du droit français à l'aide de quelques rameaux desséchés qui s'en vont en poussière dans nos mains! Nous saurions pourquoi les chanoines de la Sainte-Chapelle de Dijon étaient obligés d'aller l'un après l'autre baiser la joue de la duchesse de Bourgogne. Pourquoi le bourreau d'Aix prélevait deux liards par corbeilles de fruits étalées sur son passage lorsqu'il se rendait à l'endroit de l'exécution, et pourquoi, à défaut de cette redevance, il avait le privilége de souiller les fruits de son contact. Pourquoi un feudataire, nommé Arnaud de Corbin, était tenu, quand le roi passait par Tuyosse, de l'accompagner dans une charrette, conduite par des bœufs, jusqu'à un arbre désigné, et une fois parvenu à cet arbre, de mettre le feu à la charrette et de la laisser brûler jusqu'à ce que les bœufs partissent d'eux-mêmes. Ces usages et des milliers d'autres non moins singuliers cesseraient à coup sûr de paraître tels si le voile derrière lequel se cache leur origine, laissait tomber la suie épaisse que la fumée des siècles y a amassée.

Quelle que soit l'estime où l'on tienne ces temps peu favorables, il faut en convenir, au jeu de la liberté humaine, trop prise de tous côtés par des obligations fatigantes, il eût été curieux de voir la France se livrer sur chaque pied carré de terrain à ces exercices qui concouraient à sa vie journalière. Tout s'accomplit comme sur les planches d'un théâtre ; ici c'est la redevance qui accourt, une gerbe de foin sur la tête, un muid de blé sur les épaules, un faucon sur le poing; là c'est le bateleur qui chante pour se dispenser du péage ; là c'est le vassal qui danse devant le feu de la Saint-Jean ; là c'est l'évêque dont le seigneur ferre la mule ; là ce sont les armoiries qui se déploient; Montmorency crie : *Dieux, aïx!* tandis que les ouvriers déroulent leurs armes parlantes : le changeur une balance, le serrurier une clé. L'air bariolé, plein de figures tournoyantes, ressemble à la queue d'un paon. L'imagination, dont les livres ne retiennent rien, car les livres n'existent pas encore, bouillonne, éclate et se fait un passage comme elle peut ; car en tout temps il lui faut son compte. Elle chante, elle vole, elle rit, elle est papillon, jusqu'à ce que, fatiguée de cette course désordonnée, elle tombe et meurt écrasée entre les feuillets du livre. Le livre a été l'herbier où toute la couleur et le mouvement du passé sont venus se coller.

Rambouillet a eu sa place parmi ces belles galeries féeriques dont les châteaux sont les derniers murs. Dans son parc s'élevait, à l'abri des arbres et limité par des lignes d'eau vive, le fief de *Montourgueil*, dont le nom s'est adouci plus tard en *Montorgueil*. Il couvrait l'espace compris entre la faisanderie et la ferme *Bernard*, appelée alors *Malassis*. Les buttes de Moquesouris étaient non loin de là. Le prieur de Saint-Thomas d'Épernon avait acquis le fief de Montourgueil à la condition de verser dans les greniers des seigneurs dudit fief un muid de blé, et promis, en outre, bien entendu, de devoir foi et hommage.

Le lundi de Pâques, époque du renouvellement de beaucoup de transactions en France, était le jour immuablement fixé pour le cérémonial de la redevance, et faute par le prieur d'Épernon de s'y conformer avec l'exactitude convenue, il perdait droit à la redevance, et par suite, ce qui était beaucoup plus important, à l'occupation du fief. Le lundi de Pâques donc, le prieur de Saint-Thomas d'Épernon, botté, éperonné, armé d'une épée, et portant, suspendue à l'arçon de la selle, une bouteille ronde garnie d'osier, se présentait à la porte du principal manoir de Montourgueil. Il montait un cheval pie, dont le chanfrein et les quatre pieds devaient être blancs, et la selle à piquet. Il est dit dans les chroniques que la bouteille contenait une pinte. La tête du prieur d'Épernon était nue, une couronne de pervenches la ceignait, et une guirlande des même fleurs se croisait sur sa poitrine avec une nappe blanche disposée en écharpe. Sur ses deux mains cachées dans des gants blancs neufs, il soulevait un gâteau également semé de pervenches, de la valeur d'un boisseau de fleur de farine.

Ainsi paré et suivi de tous ses vassaux, le prieur de Saint-Thomas d'Épernon était accueilli par le seigneur de *Montourgueil*, duquel il demandait aussitôt la constatation publique de son acte de présence et de l'acquittement régulier de sa redevance. Avant d'accéder à son désir, le sellier et le maréchal ferrant, requis à cet effet, et choisis par l'une et par l'autre partie, examinaient le cheval et l'équipement. L'absence ou le

défaut d'une seule pièce du harnais enlevaient au prieur le revenu de l'année, et faisaient passer son cheval dans les écuries
du seigneur. Si, au contraire, tout se trouvait en règle (et les
infractions étaient rares), le procureur fiscal, après avoir dressé
acte de la cérémonie, rompait le gâteau qu'il mangeait avec ses
acolytes ; il donnait le vin à qui bon lui semblait ; il gardait
les gants blancs, symboles de courtoisie.

De siècle en siècle, les seigneurs étant devenus moins rigoureux et les tenanciers moins exacts, comme on sait, la fête de
la redevance n'était plus, avant la révolution, que la grimace
d'une chose naïve. Le sens en étant perdu, la conservation en
devenait ridicule.

Faut-il croire, comme le veut un de ces écrivains dont la pers-
picacité laborieuse doit rendre indulgent pour leurs hardiesses,
que la nappe en écharpe signifiait servitude, le gâteau dîme sur
les biens, les gants courtoisie, les fleurs bienveillance et bonne
grâce dues au seigneur ? Mieux vaut partager avec cet écrivain
une opinion douteuse que de supposer que tous ces attributs
n'entraînaient aucune signification sensée.

Six siècles de vénérable vieillesse n'ont pas sauvé le fief de
Montourgueil, déjà mentionné dans des actes de 1275, de l'oura-
gan révolutionnaire. Des fossés circulaires baignés par *l'étang
de la ferme,* autrefois *l'étang de Montourgueil*, et trois rangées de caves superposées, qu'on aperçoit là où s'élève la faisanderie, sont tout ce qui reste du vieux manoir de Montourgueil.

Le *fief de la Motte*, enclavé également dans la seigneurie de
Rambouillet, a encore moins laissé de traces que celui de Montorgueil. Il a disparu sous des constructions nouvelles, ainsi
que le four banal et les moulins dépendant du domaine. On sait
qu'un de ces moulins, sorte de propriété dont on se figure mal
aujourd'hui l'importance extraordinaire, était mis en mouvement par un étang d'environ cent arpents ; un titre le prouve, à
la date du 16 novembre 1399. D'autres moulins, tant à vent
qu'à chevaux, sont mentionnés dans des actes de partage et de
succession passés au XVIe siècle dans la famille d'Angennes.

S'il est un fait à l'abri de la controverse, et il en est peu de
cette généreuse nature, c'est la mort de François Ier à Ram-

bouillet, dans le château de ce nom. On ne conteste pas non plus le genre de maladie dont il mourut. Il y a la même unanimité sur un dernier point : c'est qu'il exhala le suprême soupir, après de cruelles douleurs écrites avec ses dents sur son oreiller, dans la grosse tour appelée souvent de son nom. Nous n'aurions plus qu'à donner une description de cette mémorable pièce que nous avons eu soin de mouler lentement dans notre cerveau afin d'en garder longtemps l'empreinte, si nous admettions sans discussion avec tous les historiens qu'il y est réellement mort.

Nous allons la décrire, mais toutes réserves faites d'émettre ensuite nos doutes.

Elle est située à la partie supérieure de la tour, à l'étage qui correspond au second corridor du château et qui s'y lie par des travaux d'assimilation dont la violence est manifeste. On y arrive par un chemin de jonction indépendant des marches établies dans la tour même. En passant par cette communication, on aperçoit à distance, sous des voûtes surbaissées dont la vétusté transpire à travers la pâleur des pierres, les degrés moisis du vieil escalier. C'est un escalier mort, car les pierres meurent.

On pénètre dans la chambre de François Ier par une entrée dont la porte, en ignoble bois gris, n'a aucune prétention, je pense, à se croire une relique du temps. La véritable était sans doute en cœur de chêne frappée de lames de fer, semée de clous, telle qu'étaient les portes des tours, cylindres défensifs et offensifs dont aucune partie ne présentait de côté faible, car une tour était un canon debout.

L'ouverture de l'entrée est petite, mesquine, indigne, mais elle prépare admirablement l'esprit à supporter le spectacle de la disposition intérieure. Pourtant on est encore surpris. Une énorme poutre non équarrie, peinte, repeinte avec du gros ocre jaune ou emplâtrée de papier de cette couleur, coupe la chambre dans toute sa longueur et peut se considérer comme le diamètre de la tour. Elle n'est pas à hauteur d'homme. François Ier a pu mourir dans un tel réduit, mais le géant de Marignan ne s'y est à coup sûr jamais tenu debout. Comme si l'endroit n'était pas déjà assez lugubre de lui-même, il est divisé en deux parties par une cloison pareillement barbouillée en jaune blafard et si étrangement placée, qu'elle ne prête aucune figure géométrique aux deux cabinets qu'elle forme. S'étranglant l'une l'autre, la première partie, d'abord carrée, s'en va en décroissant sans prendre le parti de finir en pointe; la seconde, encore plus étroite, se termine comme une gaîne. Huit pas dans tous les sens, voilà à peu près l'espace compris entre les murs de la pièce, réduite encore par des boiseries mal plaquées, enflées par l'humidité. Ajoutez un jour triste, avare, jauni par ce jaune tombant sur un carrelage pâle, et vous n'aurez encore qu'une imparfaite idée de ce caveau suspendu entre la terre qu'on n'entend plus et le ciel qu'on ne voit pas. A égale distance des deux bières qui composent ce tombeau, il existe une cheminée assez mal faite pour appartenir à une époque où l'on construisait mieux les tours que les cheminées. L'alcôve où était le lit du roi n'a subi acun changement. Mais comment se tenait François Ier dans son lit, puisque le lit tenait dans l'alcôve ? Le roi avait six pieds, et certes l'alcôve ne les a ni en longueur, ni en hauteur, ni en profondeur. C'est un trou carré propre à recevoir un de nos petits lits en fer. Et l'on sait pourtant si les lits étaient hauts et volumineux au xvie siècle.

La chambre, je ne dois pas l'oublier, reçoit du jour par une des quatre fenêtres de la tour, laquelle en avait deux seulement au xvie siècle et beaucoup moins hautes qu'elles ne le sont aujourd'hui.

Exposons maintenant nos motifs pour douter que François Ier, mort assurément au château de Rambouillet, ait rendu son âme chevaleresque dans la chambre de la tour. Qu'en apprenant la mort de Henri VIII, il ait été surpris, au milieu de la chasse, d'une douleur plus vive et causée par le mal dont il ne devait pas guérir; qu'il se soit fait transporter aussitôt du fond des bois de Chevreuse et de Dampierre à Rambouillet, contrairement à son projet de se rendre après la partie de chasse à son château de Saint-Germain-en-Laye, il n'y a rien à relever à ces assertions indifférentes; mais qu'arrivé malade, dangereusement malade au château de Rambouillet, il ait été relégué, lui, le roi, au dernier étage d'une tour et dans la pièce que j'ai esquissée, je ne le crois pas. Admettons que Jacques d'Angennes, premier du nom, gentilhomme de la chambre du roi, pos-

sesseur alors et seigneur de Rambouillet, fût ce jour-là absent
fût même hors du royaume, n'y avait-il pas un gouverneur au
château, un intendant, des officiers, des domestiques, pour
offrir respectueusement au roi le plus bel appartement ? Et, à
défaut, comment supposer que les compagnons du roi auraient
souffert qu'il fût porté dans l'abominable cachot de la tour ?
Voilà de ces objections grosses comme des montagnes. Qu'y répondre ?

On répond ceci : La maladie du roi avait un caractère très re-
douté au XVIe siècle; on la croyait contagieuse; il aurait été
jugé prudent d'isoler le malade dans un endroit écarté. Ces
raisons sont pleines d'impossibilités. Abandonne-t-on un roi ?
Pourquoi n'aurait-on pas fui François Ier beaucoup plus tôt ?
Ignore-t-on ensuite que, lorsqu'il mourut, il était entouré de
médecins, de prêtres, de compagnons d'armes, et que son fils,
Henri II, était penché sur son oreiller? Résolument, ou
François Ier n'est pas mort dans la tour, ou la pièce qu'il nous
répugne tant d'admettre était autrement disposée, et nous le
croyons. Elle a pu être, sinon beaucoup plus large, du moins
plus haute et meublée avec quelque luxe. A ces conditions, il
ne devient plus que très difficile d'accepter la tradition reçue;
quant à nous, nous l'adopterons toujours avec une extrême défiance.

Pourquoi François Ier n'y aurait-il pas été déposé après sa
mort ?

Au surplus, et pour prouver notre impartialité dans la question, nous dirons que, lorsque le comte de Toulouse fit réparer
le château, il exigea qu'on laissât la tour dans l'état où elle était
par déférence envers la croyance universelle que François Ier
y était mort.

Quoi qu'il en soit, ici se place naturellement la cérémonie des
obsèques de François Ier; nous en emprunterons les détails à
une relation du temps, écrite par Pierre du Châtel, évêque de
Mâcon, ne nous permettant que d'en approprier le style à notre
époque, à l'aide d'une simple épuration grammaticale. Si le mérite
de cette pièce eût résidé dans l'originalité de la forme, ou si
elle fût venue jusqu'à nous sous la protection d'un grand nom,
nous l'aurions textuellement citée, sans prendre la peine sou-

vent maladroite de la dérouiller. Il nous a paru impossible de la faire sortir de la médiocrité utile d'un document. Le fond seul méritait d'être respecté.

Ce fut le dernier jour du mois de mars 1546, que François Ier mourut au château de Rambouillet. Après avoir appelé près de lui le dauphin, son fils unique, pour l'instruire des affaires du royaume, et lui recommander ses officiers et ses serviteurs, il expira, entre une et deux heures de l'après-midi. Une confession *quasi publique* de ses fautes, dit son panégyriste, avait précédé le moment suprême. Le lendemain matin, qui était un vendredi, le corps fut livré aux chirurgiens chargés de l'embaumer.

Scellé dans le chêne et le plomb, il fut ensuite porté à peu de distance de Rambouillet, à l'abbaye de Haute-Bruyère, où, entouré des principaux officiers et domestiques de la maison royale, il resta jusqu'au lundi de Pâques, 11 avril. De là il fut conduit au pont de Saint-Cloud et déposé dans la maison de l'évêque de Paris. On l'étendit sur un lit de satin cramoisi couvert d'une riche broderie. Autour du catafalque, quarante-huit religieux des quatre ordres de cordeliers, jacobins, augustins et carmes, priaient continuellement. Quelques jours après, ces religieux passèrent dans une autre pièce où l'effigie du roi, comme il était alors d'usage, avait été exposée. Cette effigie « faicte après le vif et le naturel » fut couchée sur un lit de parade de neuf pieds carrés, paré d'une grande couverture de drap d'or frisé, laissant traîner, par dessus et au-delà des trois marches du lit, une ample bordure d'hermine. Le simulacre royal avait les mains jointes ; une camisole de satin cramoisi, et une tunique azurée semée de fleurs de lis, cachaient le buste et la moitié du corps. A la droite de l'effigie, le sceptre royal reposait sur un coussin somptueux ; à la gauche, pareillement sur un coussin, s'élargissait la main de justice.

Au-dessus de ce lit mortuaire et de cette effigie funèbre, se déployait, comme une tente orientale, un ciel de tapisserie ouvré de soie, d'argent et d'or ; les pentes de ce dôme étaient faites de riches cannetilles d'or, embarrassées de grosses perles.

Devant le lit s'élevait un autel revêtu d'un drap brodé, sur lequel on avait posé deux chandeliers d'or portant deux cierges

de cire blanche. Les cardinaux, prélats, seigneurs, gentilshommes et officiers, chargés de veiller autour de l'effigie, avaient
pris place autour du catafalque, sur des siéges en drap d'or.
Pendant les onze jours que dura la cérémonie, l'étiquette du
service fut observée auprès du roi comme s'il eût été vivant et
au milieu de sa cour. On dressait la table au bord de son lit ;
un cardinal bénissait les mets, un gentilhomme présentait l'aiguière au simulacre du roi défunt, un autre lui offrait la coupe
pleine de vin, un troisième lui essuyait les lèvres et les doigts.
Ces fonctions et d'autres encore avaient lieu en silence et à la
lueur étouffée des torches funéraires. Au bout des onze jours
indiqués, la salle changea d'aspect ; elle passa du deuil splendide au deuil sombré. On la tendit de satin noir, parfilé d'or ;
le lit de parade fut remplacé par un cercueil couvert de velours
noir et la grande croix blanche.

Le 21 mai, le corps fut porté, de Saint-Cloud à Paris, à
l'église de Notre-Dame-des-Champs dans l'ordre suivant :

Il était précédé de cinq cents pauvres vêtus de deuil, portant
chacun une torche de quatre livres de cire jaune aux armes du
roi ; ils étaient guidés par vingt conducteurs aussi habillés de
deuil et tenant chacun un bâton noir à la main.

Suivaient les chevaucheurs d'écurie, à cheval et en habits de
deuil.

Les deux prévôts de l'hôtel et leurs archers.

Les gentilshommes aussi à cheval.

Les cent suisses portant leur enseigne dans le fourreau.

Les deux cents gentilshommes de la maison du roi.

Les officiers de bouche.

Le maître de la chambre aux deniers, contrôleurs, clercs
d'office, à cheval.

Les valets de garde-robe, chirurgiens, valets de chambre et
médecins du roi.

Les huissiers de salle.

Les gentilshommes servants, pannetiers, échansons, valets
tranchants.

Les maîtres d'hôtel, le premier écuyer tranchant et son pa-
non de velours bleu aux fleurs de lis d'or.

Douze pages vêtus de velours noir, avec le chaperon de drap

montés sur douze grands chevaux couverts et houssés de velours noir traînant à terre avec la grande croix en satin blanc.

Les archevêques, évêques et prélats, au nombre de quarante.

Les rois d'armes.

Les vingt-quatre archers du corps, en robe longue, portant hoquetons d'orfèvrerie.

Un écuyer à cheval portant les éperons du roi enveloppés dans un crêpe noir.

Un autre portant l'écu, un autre la cotte d'armes, un autre le heaume et le gantelet.

Le cheval d'honneur entièrement houssé et caparaçonné de velours violet azuré et semé de fleurs de lis.

Venaient ensuite :

Le grand-écuyer monté sur un cheval revêtu de velours noir coupé de la grande croix blanche.

Le chariot d'armures, où se trouvait le corps du roi, disparaissait sous le velours mortuaire, tout pesant d'armoiries, de croix, de fleurs de lis et d'hermine.

Six grands chevaux caparaçonnés de velours tiraient le chariot, tandis que quatre écuyers du roi, éperonnés, mais à pied, soulevaient le coin du drap mortuaire, et que vingt-quatre religieux, portant chacun un cierge de dix livres de cire blanche, priaient autour du cercueil.

Derrière le char funèbre venaient l'amiral, et aux deux côtés des princes du grand deuil les cardinaux de Ferrare, de Châtillon, d'Amboise, d'Annebault, d'Armagnac, de Meudon, de Lenoncourt, du Bellay, de Givry et de Tournon. Les princes du grand deuil étaient M. d'Anguyan, Loys M. de Vendôme, M. de Montpensier, M. de Longueville, M. le marquis du Maine.

Suivaient encore :

Les chevaliers de l'ordre et autres seigneurs notables.

Les gentilshommes de la chambre.

Les quatre cents archers de la garde.

Près de Vaugirard, on vit venir vers le convoi, les vingt-quatre crieurs de la ville de Paris, qui prirent rang devant les cinq cents pauvres.

Peu après les états de la ville de Paris, précédés des présidents de la cour et d'une grande partie des conseillers, se présentèrent et s'alignèrent nu-tête et en haie jusqu'à l'entrée de l'église de Notre-Dame-des-Champs.

Arrivé à l'église, le convoi se sépara, et il ne resta auprès du corps que les officiers, serviteurs et domestiques du roi. L'église était tendue de noir aux armoiries royales.

Henri II, le roi régnant, ayant arrêté immédiatement après la mort de son père de faire venir le corps de son frère aîné le dauphin, mort en 1536 au château de Tournon, et celui de son frère puîné, duc d'Orléans, de Bourbonnais et de Clermont, mort en 1545, à l'abbaye de Forêt-Montier; ils furent l'un et l'autre déposés auprès du cercueil de leur père, dans l'église de Notre-Dame-des-Champs.

De Notre-Dame-des-Champs, les trois cercueils furent dirigés en grande pompe sur l'église Notre-Dame-de-Paris, et à peu près dans l'ordre observé dans les translations des restes de François Ier, de Saint-Cloud à Notre-Dame-des-Champs.

La cérémonie funèbre était finie. Pierre Du Châtel, dont la relation officielle nous a fourni les principaux détails de cette cérémonie, y figure lui-même en sa qualité d'orateur chargé par la cour de prononcer les deux oraisons funèbres de François Ier, et qui furent dites l'une à Notre-Dame de Paris, l'autre à Saint-Denis. L'histoire littéraire doit conserver ces deux morceaux d'éloquence sacrée afin de mesurer la distance qui sépare les prédicateurs du XVIe siècle des prédicateurs du XVIIe, Pierre du Châtel, l'évêque de Mâcon, ville pourtant lettrée, de Bossuet, évêque de Meaux. Entre plusieurs fragments, nous citerons celui où François Ier est jugé par le panégyriste comme le restaurateur des lettres en France :

« O lettres, que je m'adresse un petit à vous; il faut que vous gardiez à reconnaître les grands biens, les grands honneurs que vous avez reçus de lui. Car, si par toutes les espèces de vos écritures, il n'est célébré et exaucé perpétuellement, il se dira de vous, qui êtes les maîtresses et proceptrices d'honnête vie et libérale, que vous devez désormais être estimées, vilaines et ingrates. Encore est de cette liberté un grand ornement et enrichissement de son royaume, que pour avoir fait mouler, acheter et chercher partout les ouvrages excellents de statues antiques et images en quoi la mémoire de l'antiquité se conserve, toutes les exquises peintures, il a restitué en son royaume l'art statuaire, la sculpture et la peinture. L'étude et la volonté de savoir lui étaient telles que dès le commencement de son jeune âge il n'a jamais cessé de faire lire devant lui les livres sacrés, les histoires, faire translater, faire disputer continuellement à sa table, en buvant, en mangeant, à son lever, à son coucher, des plus intérieures choses et plus difficiles de l'érudition grecque, latine, hébraïque. Premièrement il savait et parlait la langue française mieux que homme qui fût vivant en son royaume. La chorographie et cosmographie de tout le monde, et mêmement de son royaume, savait-il mieux que homme à qui il parla jamais. La philosophie disputative, et la morale, et la politique, et la naturelle, avait-il si bien compris, que le plus savant homme du monde ne savait-il rien davantage. Aux mathématiques, il avait si grand jugement que pour la situation des lieux, pour le project et regard des vues, pour la perspective, pour la raison des bâtiments (dont il a commencé et laissé les exemples et patrons de l'architecture en son royaume), pour les fortifications des places, pour la construction de toutes machines et artilleries, il fut jamais peu d'hommes comparables à lui. Il avait l'éloquence si merveilleuse qu'il n'a été de son temps, ni ne sera, comme je pense, du nôtre, qui l'approche. De ce qu'il a laissé par écrit en poésie française, assurez-vous que d'abondance et grandeur d'invention, de gravité et magnificence de style, de dignité et majesté de son élocution, n'avons rien, ni grec, ni latin qui le surpasse. »

Le second corridor du château, car le mot étage conviendrait peu ici à une superposition de planchers taillés en voûtes, ce second corridor, qui correspond à la tour où mourut François Ier, contient les appartements qu'occupaient sous la restauration la duchesse de Berri et la duchesse d'Angoulême. Il est à peu près hors de doute que c'est là où de tout temps ont été placés les appartements des femmes; on en juge par la difficulté de les loger au-dessous, partie réservée aux salles et aux salons, et au-dessus, dernière division affectée aux chambres d'officiers, d'amis, et, sur d'autres points, à la domesticité. On n'aurait pas besoin de recourir aux fictions du roman pour égayer les murs sournois de ce corridor, beaucoup plus à l'épreuve de la bombe que de la médisance, si l'on savait ressusciter quelques-unes de ces dames célébrées par Brantôme. Combien en verrions-nous glisser en simple peignoir dans le clair obscur du matin ? Car combien ne sont pas venues à Rambouillet, à la suite de François Ier, avant qu'il s'y rendît pour mourir ? On descend de ce second corridor aux salles basses par des escaliers dont la tortuosité trahit encore la fortification seigneuriale. Ces salles basses sont fort belles ; elles ont dû subir moins de transformations à la suite des temps que les salles supérieures, à cause de la solidité de leurs murs, faits pour soutenir le reste du bâtiment en s'asseyant sur les fondations. Dans leur développement, elles prennent toute la longueur du château, et contiennent, outre plusieurs pièces dont la destination privée a changé bien des fois, la cuisine, conçue dans des proportions gigantesques, où la cheminée est si élevée qu'on écumerait le pot à cheval, et la *salle des marbres*, pièce magnifique, qu'occupaient les grands officiers lorsqu'ils étaient de service. Elle est toute revêtue de marbre rouge. Plusieurs portes la mettent en communication avec les terrasses du jardin. Toutes les pièces qui succèdent attestent le caractère des seigneuries du temps d'Henri III. Le marbre italien commence à se faire place ; la cuisine absorbe plusieurs arcs de voûte : le bain réclame aussi un angle tranquille et frais. Le cabinet de bain, situé à l'extrémité de la galerie, est une fantaisie originale ; son revêtement se compose de petits carreaux en faïence historiée qui rappellent, sans les égaler, ceux de Palissy qu'on voit au château d'Écouen, ou qu'on y voyait, car la révolution a fait changer dans beaucoup d'endroits les temps du verbe *voir*.

Jacques d'Angennes, autre seigneur de Rambouillet, fort estimé du roi François Ier, eut neuf fils et deux filles ; ces fils furent :

Jacques d'Angennes, deuxième du nom, mort sans postérité ; il avait été maréchal de camp sous Henri II.

Charles, évêque du Mans, et ensuite cardinal.

Renaud, cornette de la cavalerie légère du roi, tué en Piémont.

Nicolas, seigneur de Rambouillet, vidame du Mans, gouverneur de Metz et du pays messin, ambassadeur en Allemagne et à Rome sous Henri III ; c'est lui qui fut chargé de précéder ce prince dans les États de Pologne, lorsqu'il y fut si étrangement appelé à régner.

Charles d'Angennes, en faveur duquel la seigneurie de Rambouillet fut en 1612 érigée en marquisat. Ambassadeur en Espagne, négociateur politique sous Louis XIII, il épousa Catherine de Vivonne, la célèbre duchesse de Rambouillet. Sa plus belle illustration fut d'avoir pour femme cette noble personne, et pour fille Julie d'Angennes, la muse de l'hôtel qui prit le nom impérissable de sa famille, dans nos souvenirs littéraires. Comme il sera longuement question de l'une et de l'autre dans cette histoire, et quelquefois aussi des autres enfants de Charles d'Angennes, nous ne chargerons pas cette simple énumération chronologique de faits nombreux dont la place est plus loin.

Devenu marquisat, le domaine de Rambouillet cessa de devoir foi et hommage au comté de Montfort, pour ne plus dépendre que de la tour du châtelet de Paris, la première seigneurie de France depuis Hugues Capet.

Les autres enfants de Jacques d'Angennes furent :

Claude, évêque de Noyon, puis du Mans.

Louis, baron de Meslay, seigneur de Maintenon, ambassadeur en Espagne.

François, ambassadeur en Suisse.

Jean, seigneur de Poigny et de Boisereau, ambassadeur près de plusieurs cours.

Philippe, seigneur de Fargis, dont la postérité finit en Charles d'Angennes, mort de ses blessures à l'attaque des lignes d'Arvas.

Les armes de la famille d'Angennes étaient de sable au sautoir d'argent.

Ce fut sous un des fils de Jacques d'Angennes que le château de Rambouillet se lia de nouveau par un fait mémorable aux annales du pays. On était en pleine ligue. C'était en mai 1588. Il importe de se rappeler souvent ce mois et cette date pour ne pas les confondre avec juillet 1830.

Comme la confiance de Charles X est exactement celle de

Henri III! comme le peuple de Paris est le même sous les deux règnes! comme la chute se prépare et se réalise avec des circonstances semblables! comme les choses et les hommes, qui entrèrent en lutte en 1830, avaient le même titre, la même valeur et presque le même nom que les hommes et les choses en collision, il y a deux siècles et demi! On croirait, en vérité, à considérer ces airs de famille particuliers à ces deux faits, pourtant si exceptionnels dans la vie des peuples, que l'humanité reproduit sans cesse les mêmes événements.

Les deux révolutions, celle de 1588, qui ne fut, à la vérité, comme résultat, qu'une révolte, et celle de 1830, devant projeter chacune son ombre sur les murs de Rambouillet, on jugera de la ressemblance sans le secours de l'historien. Il n'aura qu'à dire.

Dans la nuit du 13 au 14 mai 1588, tandis que Jean d'Angennes, deuxième du nom, seigneur de Rambouillet, achevait de célébrer le mariage de sa fille, il lui fut annoncé qu'un mauvais carrosse, suivi des gens à cheval, mais de fâcheuse mine, était arrêté à la porte de son château. On vivait dans des temps de malheur, de surprise et de suspicion; à Henri II avait succédé François II, à François II Charles IX, à Charles IX Henri III, c'est-à-dire que les émeutes avaient régné après les assassinats, le poison après les émeutes, quand ils n'avaient pas régné ensemble. Le seigneur de Rambouillet jugea donc prudent d'aller lui-même examiner ses hôtes par la poterne, avant de les recueillir, la loi de sûreté personnelle passant devant la loi de l'hospitalité. On ne lui avait pas exagéré le piteux état du cortége; mais sa mauvaise opinion s'évanouit en reconnaissant les voyageurs qui se pressaient à sa porte et attendaient que son bon plaisir leur ouvrît. Dans le carrosse, se trouvaient MM. de Montpensier et de Longueville et Henri III, roi de France; monsieur le chancelier, placé à côté du carrosse, montait un cheval qui ne valait pas 10 francs, selon un mémoire contemporain; M. de Bellièvre ployait de fatigue sur un cheval d'Espagne, M. l'avocat d'Espesse avait à sa botte un ridicule éperon de bois taillé par madame de Fréluc un moment avant l'évasion des Tuileries; le secrétaire Brulart, contraint de suivre le roi, sans pouvoir se rendre préalablement chez lui, n'avait emporté que trois testons dans sa bourse; quant aux autres, ils n'avaient non-seulement ni testons ni éperons, mais pas même de bottes. Le seigneur Jean d'Angennes crut plutôt voir, dans cette confusion haletante, poudreuse et bruyante, une troupe de bohémiens qu'une suite royale.

A peine eut-il pris connaissance du haut rang des visiteurs, qu'il courut ouvrir ses portes pour les faire entrer chez lui avec un empressement respectueux, ainsi que le devait un des membres de cette famille d'Angennes où, sur huit frères, pas un n'avait trempé dans la ligue, en cela plus royaliste que le roi lui-même qui, dans un moment de prétendue profondeur politique, s'en était déclaré le chef.

Henri III fuyait alors Paris comme, quatorze ans auparavant, il fuyait Cracovie, avec cette différence notable qu'il s'était évadé de Cracovie pour n'être plus roi de Pologne, et qu'en 1588, lorsqu'il frappait à la porte de la seigneurie de Rambouillet, il ne pouvait plus être roi de France.

Quand le roi et sa suite se furent rafraîchis, le seigneur de Rambouillet les pria de passer la nuit dans son domaine, afin de prendre les forces nécessaires au voyage du lendemain, puisqu'ils allaient à Chartres établir le siége du gouvernement. Henri III y consentit avec sa légèreté accoutumée; du reste, il s'était amusé sur tous les incidents de son voyage, — chevaux rétifs, soif de ses compagnons, accoutrement de chacun d'eux, terreur des habitants témoins de leur passage, — avec l'égoïsme d'un observateur désintéressé. Il colportait, à petites journées, la royauté à Chartres; et, à la même heure, son cousin, le duc de Guise, gouvernait Paris, malgré Catherine de Médicis, dont la fine politique finissait toujours par un assassinat, ainsi que finissent des systèmes moins habiles, moins sournois et surtout moins difficiles à mener. Henri III, on le sait, quittait Paris parce que, ami douteux de tous les partis, aucun ne lui offrait un bras assez solide pour résister au duc de Guise, qui s'appuyait d'une grande partie de la noblesse, de toute la bourgeoisie et de la plus brave partie de l'armée. Que voulait le duc de Guise? En apparence, venger son père et, d'accord avec son frère le cardinal de Lorraine, exterminer les protestants qui avaient survécu à la Saint-Barthélemy: en réalité, régner à la place de Henri III, et il l'eût pu si la volonté ne lui eût manqué à l'époque de la fuite du roi à Chartres et jusqu'à la convocation des états d'Amboise. Sans cette ambition trop haute pour un chef de parti ordinaire, mais à la taille d'un Guise, de maison souveraine, on ne devine pas le mobile de ses actions, quelque large qu'on veuille faire la part du fanatisme religieux: car, après tout et malgré ses monstrueux écarts de libertinage, Henri III était catholique, apostolique et romain au même degré que le duc de Guise. S'il donna en gros, au commencement de son règne, beaucoup de libertés aux protestants, depuis il sut les leur retirer en détail et de manière à faire maudire sa première générosité, comme à rassurer son cousin le duc de Guise sur ses bonnes intentions envers les catholiques. C'est que le fond de leur haine n'était pas la religion. Les Guises voulaient régner sur la France, et les Valois le savaient bien. C'était une comédie qui, de loin en loin, tournait au drame.

Tout le monde étant couché chez l'hospitalier Jean d'Angennes, seigneur de Rambouillet, excepté lui et le roi, celui-ci, très confiant avec raison en son hôte, lui raconta l'état dans lequel il avait laissé Paris, situation critique contre laquelle il n'avait trouvé d'autre parti à prendre que la fuite.

Rien ne se compare au calme qui suit et précède le départ du roi. Veut-il rester à Paris? on l'y laisse; s'en va-t-il? on ne le poursuit pas. Il est effrayant de penser que la royauté, bien relevée, il est vrai, depuis, en est déjà à rencontrer cette atonie, cette insensibilité parmi la nation.

Le 9 mai, le duc de Guise, accompagné de sept hommes seulement, était parti de Soissons vers onze heures de la nuit, et le lendemain, à huit heures, il arrivait à Mortrives, une dépendance de Saint-Denis. Il dîna dans cet endroit, et il le quitta aussitôt pour aller à Paris. A la porte Saint-Martin, un gentilhomme de sa troupe lui leva, par arrangement convenu, le manteau avec lequel il se cachait le visage, et montra aux passants que le duc de Guise était dans Paris. En moins d'une heure tout Paris en savait la grande nouvelle. La naine de la reine-mère était à cette heure-là à la croisée de l'hôtel de sa maîtresse. Elle a cru reconnaître le duc: elle descend vite, vite

vite, avec ses jambes de mouche, pour l'apprendre à la reine-mère, qui dit à la naine : « Tu mens! Le duc est à Soissons! le duc n'oserait venir à Paris, paraître ici! Tu mens! naine, tu mens! Je te ferai bailler le fouet, prends garde! » Mais bientôt elle frissonna, se troubla, changea de couleur, car le duc était debout devant elle. Quelques minutes après ils se dirigeaient ensemble, comme deux bons amis heureux de se revoir, vers le Louvre, où l'on avait fait avertir le roi de la venue de son bon cousin de Guise. Ils s'introduisirent par la petite porte attenante au jeu de paume.

Les premières paroles du roi furent pour s'informer du motif qui amenait le duc à Paris. Celui-ci répond que c'est pour se justifier des calomnies répandues contre lui à la cour et pour répondre aux pressantes invitations de ses amis en danger. On en resta là le premier jour. Toutefois, le président de Nully et La Chapelle, son gendre, qui penchaient pour le Guise, ne furent pas pendus haut et court devant le Louvre ce même jour, ainsi qu'il avait été arrêté la veille en conseil. Le lendemain, meilleur accueil encore; le surlendemain, des taches se montrèrent sur cette blanche amitié. Quand le roi vit entrer le duc de Guise, il tourna la tête du côté opposé, pour amuser son regard avec les arabesques des boiseries, et si manifestement que le duc, indigné, s'assit sur un coffre et se plaignit, en cette attitude, de méchants propos qu'on avait tenus contre lui à Sa Majesté. M. d'O fut, à cette occasion, appelé renégat pour avoir prêté serment à la Ligue et s'en être ensuite retiré.

Dans l'après-midi du même jour, les Suisses entrèrent par la porte Saint-Honoré, tandis que les compagnies bourgeoises, fort peu dévouées, étaient commandées pour garder les quartiers du Petit-Pont et de la porte Saint-Antoine. M. le président de Thou, malgré son grand âge, alla au cimetière Saint-Innocent, et y demeura jusqu'à deux heures après minuit.

Le peuple s'échauffait au mouvement de toutes ces précautions, qui ne pouvaient être prises que contre lui. Plusieurs rues de la ville se trouvèrent aussitôt barrées, et, ni la menace ni la prière, rien ne persuada les bourgeois de rendre les armes et de rester chez eux. Le président Tambonneau, colonel des

quartiers de la Cité, pria le roi de faire retirer les Suisses, afin
d'empêcher peut-être par là les bourgeois de se barricader. Le
roi refusa. Sa confiance était excessive, et on ne saurait trop
dire où il la puisait.

Il opposa successivement le même refus au sieur d'Aubray
et à l'archevêque de Lyon, qui s'était présenté en dernier lieu
au nom du duc de Guise. A huit heures les présidents Brisson
et Séguier prévinrent le roi que les marchands, dans leur mauvais vouloir, s'obstinaient à tenir leurs boutiques fermées.
Henri III ordonna sur-le-champ au gouverneur de Paris de
monter à cheval et de forcer les habitants à rouvrir et à vendre comme de coutume. Il fut répondu à l'injonction par la
construction d'une barricade au cimetière Saint-Innocent, malgré le capitaine Bonouvrier et les bravades de ses soldats. De
part et d'autre on se tâtait avec une étrange défiance. Cependant
les marchands de la rue Saint-Denis, au nombre de soixante
ou quatre-vingts, voyant l'état sérieux des choses, allèrent en
masse se confesser et communier avant d'endosser la cuirasse.
Ce devoir accompli, ils s'armèrent et multiplièrent les barricades autour du cimetière Saint-Innocent.

Pendant ce temps les troupes, commandées par M. d'O et le
capitaine Cossin, allèrent stationner devant l'Hôtel-de-Ville,
afin de tenir en respect la place de Grève, et ils y demeurè-
rent contre l'avis des conseillers dudit hôtel et celui de quelques honnêtes marchands du quartier. Il advint en cet endroit
comme au cimetière Saint-Innocent ; mille ou douze cents habitants s'assemblèrent au charnier Saint-Germain, après avoir
barricadé toutes les avenues de la place. Leur intention était
de charger, la nuit venue, les compagnies du roi, auxquelles
ils enlevèrent dans la journée deux barriques de poudre et
autres munitions. Comme on demandait au capitaine Cossin
s'il était commodément sur la place de Grève, il répondit avec
humeur que non. Le prévôt des marchands tenait mal sa promesse ; il avait promis au roi trente mille défenseurs pris
parmi les habitants, et le capitaine Cossin commençait à connaître que les trente étaient pour lui et les mille pour M. de
Guise.

Déjà privées d'une partie de leurs munitions, les troupes se virent encore enlever le pain et le vin de leurs rations par les gens des barricades.

La première escarmouche eut lieu sur le pont Saint-Michel, entre les gardes du roi et les bourgeois. Les soldats se défendirent vaillamment ; mais du haut des croisées de toutes ces maisons bâties nez à nez sur le pont, gueules de loup, meurtrières chassieuses, yeux crevés qui y voyaient fort bien, enfin par tous ces trous, tant de bras de chenets, tant de marmites, tant de pierres, tant de cendres et d'eau plurent et grêlèrent sur eux, et là comme au *Petit-Pont* et au *Marché-Neuf*, qu'ils déguerpirent incontinent.

Tout en reculant, ils protestaient de leur attachement à la religion catholique et montraient leurs patenôtres ; plusieurs demandaient grâce à genoux. M. de Tinteville se rendit à discrétion à M. de Brissac. Le vent soufflait du bon côté pour la Ligue. Les barricades qu'elle avait enlevées étaient si drues qu'elles s'enchaînaient de dix pas en dix pas et formaient mastic.

— Si le roi touche à mes amis, répondit M. de Guise à M. de Bellièvre, envoyé vers lui pendant la lutte par Henri III, il aura horreur lui-même du sang répandu, et je n'entrerai à la Bastille, faites-lui-en part, que de ma propre volonté.

Au second message du roi, dont M. de Biron se chargea cette fois, M. de Guise répondit : « Vous le voyez, je n'ai bougé de céans, encore que j'aie été fort sollicité de sortir. » Cependant, sur les instances de M. de Biron, le duc sortit pour dégager les Suisses et les soldats des gardes.

Le duc descendit dans la rue, revêtu d'un pourpoint de satin blanc ; il n'avait pour armes que son épée au côté. Les deux pages qui le suivaient portaient, l'un sa rondache, l'autre son coutelas. Quelques gentilshommes l'accompagnaient, n'ayant comme lui que leurs épées, qu'ils portaient sur l'épaule. Partout où il se montra, les barricades furent ouvertes sur son passage aux cris enthousiastes de : *Vive Guise!* à quoi il répondait · « Mes amis, vous me ruinez ; criez ; Vive le roi! » Cependant, en voyant les barricades du pont Notre-Dame si bien établies, il ne put s'empêcher de dire aux bourgeois : « Vous avez merveilleusement bien fait. » Quant au roi, il ne fut pas moins offensé d'apprendre qu'on en avait élevé une contre la chapelle de Bourbon[1], que de l'acclamation de *vive Guise*, dont il fut aussitôt instruit.

« Ce jour, dit l'historien contemporain notre guide, enseigna aux Parisiens le vrai moyen de se fortifier, chacun en son quartier, beaucoup plus fort et assuré par telles barricades, que par les chaînes bandées et tendues; et quand même les portes seraient toutes ouvertes, cent mille hommes ne sauraient forcer la ville, barrée et accommodée de la façon qu'elle était. » L'affaire générale se réduisit pourtant à trente-six morts et quatre-vingts blessés.

Le duc de Guise, qu'on tenait le matin pour perdu, fut appelé le soir le sauveur de la ville, quoiqu'il fût resté chez lui tout le temps. Son habileté fut merveilleuse ce jour-là; son triomphe ressortit avec d'autant plus d'éclat, que le soir, le roi ayant voulu se rendre à la Sainte-Chapelle, et l'on ne devine pas trop dans quel but de reconnaissance envers Dieu, le peuple répondit qu'il y consentait, mais que, pour cela, les barricades ne seraient pas détruites sur son chemin.

Henri III et la reine-mère se rendirent donc à la Sainte-Chapelle, à pied et à travers les décombres, les tonneaux remplis de gravats, sous des poutres chargées de pavés. On ôtait une barrique, ils passaient, et l'on remettait la barrique; Catherine de Médicis riait. Quel rire! quel présage!

Dans cette journée de vendredi, M. de Brissac eut du mal à contenir l'insubordination des écoliers assemblés devant le charnier Saint-Séverin, que commandaient trois docteurs en théologie . Péginard, Martin et de Guische; on leur prêta des fardeaux de piques, à la charge de les rendre, la besogne faite. Il en fut aussi porté une grande quantité, le même jour, à l'hôtel de Guise.

Un instant ralentie, la fièvre reprit les habitants de Paris, sur le bruit qui fut répandu partout, que le roi faisait venir le régiment de Picardie, et rentrer les Suisses. On courut de nouveau aux armes, les barricades se hérissèrent une seconde fois de piques; le roi protesta inutilement : sa parole mourait

[1] Remplacée par la colonnade du Louvre, où tant de Suisses furent tués en 1830.

sans écho contre les murs du Louvre. Se voyant ainsi dépouillé de toute autorité, il se décida à ne plus rester dans une ville où un autre était plus roi que lui ; il promit à sa mère de ratifier tout ce qu'elle ferait en son absence, et il se disposa à partir. De Guise fut prévenu de ces préparatifs ; et, lorsqu'on lui demanda s'il ne voulait pas mettre obstacle à ce voyage, il répondit énergiquement que non ; que le roi, son maître, avait la liberté d'aller où il lui convenait.

Pendant qu'on attelait les chevaux à son carrosse de voyage, Henri III s'adossa tout en pleurs contre une pierre du jardin des Tuileries, la tête dans ses deux mains, et s'écria : « Oh ! ville ingrate, je t'ai plus aimée que ma propre femme ! »

Le peuple n'imita pas absolument la conduite politique du duc de Guise ; il eut l'audace de couper la corde du bac où étaient les chevaux que M. de Montpensier avait envoyé chercher au faubourg Saint-Germain pour accompagner le roi à Chartres, et le bac descendit jusqu'aux Bons-Hommes.

Il a été dit dans quel état ils se présentèrent chez le seigneur de Rambouillet.

Henri III passa une grande partie de la nuit à écrire à plusieurs seigneurs, tant en France qu'à l'étranger, et le lendemain, 14 mai, accompagné de son hôte, le seigneur de Rambouillet, il prit de nouveau la route de Chartres, où il arriva vers onze heures du matin.

A Paris, le duc de Guise, resté maître, suspendait le cours de la justice des parlements ; il se faisait remettre, à la faveur d'une lâcheté et d'un guet-apens, les clefs de la Bastille, de l'Arsenal et de Vincennes ; et, quelques jours après, les forteresses voisines de Paris faisaient leur soumission : le pont de Charenton, Saint-Cloud, Poissy, Corbeil, Lagny, Meulan, Pontoise.

Dans un très long et très adroit manifeste, adressé par le duc de Guise à ses partisans, le 13 mai 1588, le jour même du départ du roi pour Chartres, on voit toute la conduite qu'il tint pendant les journées des barricades, et ses intentions en disposant d'un pouvoir dont il s'emparait. Ce que nous supprimons de cette pièce, une des plus curieuses de l'histoire moderne, ne contient que les faits déjà exprimés, mais présentés toutefois par le duc de Guise, à ses partisans, avec une adresse perfide ; en voici la fin textuelle :

« Je ne puis vous céler combien de contentement m'apporta cette grâce immense de Dieu : premièrement, pour voir si clairement mon honneur dégagé de ces soupçons de sac et de massacre qu'on avait essayé de persuader à tant de gens de bien en cette ville ; car pour avoir vu tout cela et l'avoir si heureusement empêché, je rendais muets tous mes ennemis ; secondement, encore donner preuve de mon zèle au service et à l'honneur de mon roi, jusqu'à faire rendre les mêmes armes qu'on avait portées contre moi, faire reconduire les prisonniers et renvoyer les drapeaux dans son Louvre, dégager les assiégés et ne perdre le respect, me trouvant dans un état où les plus constants en eussent pu manquer. L'on fit que l'on persuada au roi de s'en aller hors de Paris : j'eusse pu mille fois, si j'avais voulu, l'arrêter ; mais à Dieu ne plaise que j'y aie jamais pensé. Depuis le partement de sa majesté, j'ai reçu l'Arsenal et la Bastille entre mes mains ; j'ai fait sceller les coffres de ses finances pour remettre le tout entre les mains de sa majesté pacifique, telle que nous l'espérons rendre par nos prières envers Dieu, par l'intercession de sa sainteté, de la reine, mère du roi, et de tous les princes chrétiens, et pour cette signalée et non commune preuve de fidélité de la ville de Paris, qu'il lui a plu me laisser entre les mains, où si le mal continue, j'espère, par les mêmes moyens, conserver ensemble et la religion et les catholiques, et les dégager de la persécution que leur préparaient les confédérés des hérétiques auprès du roi. Voilà ce que j'ai jugé devoir écrire, qui est au vrai comme les choses se sont passées.

« C'est

« Henry de LORRAINE, duc de GUISE. »

Une pacification eut lieu entre le roi et le duc de Guise à des conditions exclusivement à la charge du roi, telles que promesse par lui d'expulser, d'exterminer, d'anéantir les protestants, cruautés aussi éloignées du caractère de Henri III que des intérêts du duc de Guise, et avec engagement pris de tenir le plus tôt possible des états à Blois, afin de terminer tous les différends. « Je m'en vais à Blois, écrivait le roi à M. de Pisani, son ambassadeur à Rome, tant pour y tenir mes états généraux que pour être plus près du Poitou, où le roi de Navarre fait d'infinis ravages, et où j'ai délibéré d'employer mon cousin le duc de Mayenne, et retenir auprès de ma personne mon cousin le duc de Guise, pour me servir de l'un et de l'autre avec honneur et confiance (Rouen, 20 juillet 1588). »

Le duc de Guise, qui était maître de Paris, roi de France, le 13 mai 1588, était assassiné à Blois, ainsi que son frère le cardinal de Guise, moins de huit mois après. L'un fut massacré le 23 décembre 1588, l'autre le 24 du même mois.

Parmi les femmes du xviie siècle, madame la marquise de Rambouillet est une des plus illustres par l'élévation de la naissance, le charme d'un naturel intelligent et le bonheur qu'elle eut de réunir autour d'elle l'élite des beaux esprits de son temps. Née en 1587, sous Henri III, elle vit commencer et finir le règne de Henri IV, celui de Louis XIII, et elle ne mourut pas sans jouir des premières splendeurs du règne de Louis XIV. Son père se nommait Jean de Vivonne, il était marquis de Pisani ; sa mère, de la famille de Savelli, d'origine romaine, lui fit enseigner de bonne heure (car elle fut mariée à douze ans à Charles d'Angennes, marquis de Rambouillet, alors vidame du Mans) la langue italienne et la langue française, dont elle posséda promptement les beautés et les finesses. Arrêtée au milieu de ses études du latin par une maladie, elle voulut connaître l'espagnol qui entrait alors, avec l'italien, dans l'éducation littéraire des personnes de qualité. Il est permis d'attribuer au goût de la marquise de Rambouillet pour ces deux langues méridionales, riches en poésie d'une extrême prétention, son penchant à vouloir plier le français, plus rebelle, à des caprices difficiles, peu dans les habitudes de sa correcte nation et de sa correcte époque. Éprise des voluptés tranquilles de la pensée, elle accepta le mariage comme une condition d'ordre, et dans l'unique but de délivrer ses parents du souci de leur laisser la charge d'une vieille fille. Elle s'émancipa par l'acte qui enchaîne d'ordinaire la liberté des autres ; elle se maria à un honnête gentilhomme, tout glorieux de partager son nom avec une femme d'une rare distinction, ennemie de la coquetterie au point, belle et jeune comme elle était, de renoncer à paraître à la cour dès l'âge de vingt ans. Son organisation fine, exacte, cultivable, préférait une causerie instructive aux propos si vides du Louvre, et son bonheur était de passer ses journées d'été à lire sous les arbres du jardin de son hôtel, qui fut plus tard le Palais-Cardinal, plus tard encore le Palais-Royal, et ses soirées d'hiver, couchée dans son lit qu'entouraient comme un trône les écrivains les plus renommés. Par une destinée bizarre, elle fut l'architecte de cet hôtel qui devait prendre place dans l'histoire des lettres uni intimement à son nom. Elle fit détruire l'hôtel Pisani, incommode et vieux, et sur le même emplacement s'éleva sous ses ordres, et d'après ses propres plans, le fameux hôtel de Rambouillet. On lui doit d'avoir, la première en France, rejeté l'escalier sur le côté, au lieu de lui laisser prendre, comme cela avait été pratiqué jusqu'alors, le milieu de la construction. Cette innovation fut suivie d'autres réformes aussi essentielles dont le mérite lui revient : elle éleva les planchers, agrandit les croisées, et elle osa, hardiesse inouïe alors, faire sortir le décor des appartements de l'éternelle couleur rouge ou tannée ; elle eut la témérité de peindre une chambre en bleu. Tant de nouveautés lui valurent une flatteuse récompense : lorsque la reine-mère ordonna la construction du Luxembourg, elle voulut que ses architectes allassent étudier, afin de les répéter sur une plus grande échelle, les innovations de l'hôtel de Rambouillet. Plusieurs passages de la correspondance de Voiture attestent le talent de la marquise dans le dessin ; il lui écrivait de Nancy, sous le nom de Callot (car c'était l'usage alors de s'écrire des galanteries infinies sous des noms d'emprunt), une lettre dont voici quelques fragments. Il envoyait à la marquise de Rambouillet un recueil des dessins exécutés par Callot :

« De tant de différentes imaginations que mon esprit a produites, la plus raisonnable que j'aie vue, est celle de vous présenter ce livre, à vous, madame, qui excellez sur tout autre en cette partie de l'âme qui fait les peintres, les architectes et les statuaires. En effet, il est arrivé beaucoup de fois qu'en vous jouant vous avez fait des dessins que Michel-Ange ne désavouerait pas. Et, de plus, on peut vous vanter d'avoir mis au monde un ouvrage qui passe tout ce que la Grèce et l'Italie ont jamais vu de mieux fait, et qui pourrait faire honte à la Minerve de Phidias. Il n'est pas difficile d'entendre que c'est de mademoiselle votre fille dont je veux parler. »

C'est en 1600 que l'hôtel de Pisani prit le nom d'hôtel de Rambouillet.

Quoique en France l'esprit de conversation n'ait jamais manqué, il prit toutefois un essor extraordinaire entre la fin du XVIe siècle et le commencement du XVIIe. Plus de quarante ans de guerre civile amenèrent une lassitude générale, et ce repos donna naissance à des intimités douces où les femmes apportèrent leurs grâces, leur délicatesse, les hommes la gravité, la science et l'émulation. La cour de Louis XII et celle de François Ier avaient laissé des traditions de galanterie dont l'autorité n'était pas éteinte. Il fut réservé à la marquise de Rambouillet de grouper sous son patronage les premiers éléments d'une société choisie et qui représentât tout ce qu'il y avait en France d'imagination, de goût, de savoir, de prud'homie parmi la noblesse soumise alors à l'oisiveté domestique.

Une assez forte obscurité s'étend sur les noms des premiers familiers du célèbre hôtel. On citerait cependant avec certitude Ogier de Gombault, pensionné par Marie de Médicis, Vaugelas, Malherbe et Racan, son élève. Ce que nous nommons aujourd'hui la publicité, se composait, au temps où nous nous transportons, de l'opinion émise par ces hommes supérieurs dans ce cercle ouvert par une femme illustre; on attendait, on répétait leurs jugements; on se les transmettait de ville en ville, de contrée en contrée, par la voie épistolaire. L'éloquence de la chaire, la discussion de la tribune, la spontanéité du journalisme, toutes les formes essayées depuis deux siècles, travaillaient dans ce germe curieux; mademoiselle de Scudéry couvait Fontenelle, comme Fontenelle couvait Voltaire, qui couva un siècle. L'affection établie entre toutes ces belles âmes s'élevait parfois jusqu'aux plus tendres erreurs. Racan aima passionnément la marquise de Rambouillet; toute genèse commence par l'amour.

Un roman, dont la vogue étonne et vous laisse incrédule quand on l'a lu : *l'Astrée* de d'Urfé, fut le premier gage littéraire de la société de la marquise. Ce livre est en partie l'histoire de l'auteur. Homme de qualité, allié à des princes, beau, brave, aimable, passionné, d'Urfé fut tour à tour prisonnier de guerre pendant la Ligue, amant de Marguerite de Valois, femme de Henri IV, de la célèbre Diane de Châteaumorand, qu'il épousa plus tard, chevalier de Malte ; merveilleux événements qui remplirent tous les romans du siècle d'événements et de merveilleux !

Dans l'espace de dix ans, de 1610 à 1620, l'hôtel de Rambouillet élargit son cercle pour faire place à Balzac, à Chapelain et à Voiture. Le premier avait alors vingt-cinq ans, le second vingt-quatre, Voiture environ vingt-deux. Admis aussi vers cette époque à l'hôtel de Rambouillet, Armand Duplessis, qui était à peu près de l'âge de Voiture, se livrait au milieu de ces hommes, dont il devait être plus tard le protecteur envieux, à ses goûts pour la poésie. Quelles étaient les femmes mêlées aux littérateurs de cette première période? C'est ce qu'on ignore ; on nommerait volontiers cependant Madeleine de Scudéry, âgée de treize ans, du même âge que son amie et compagne, la charmante, la divine Julie de Rambouillet, la fille de cette immortelle marquise qui fit passer les hommes de lettres sans naissance de l'état de domesticité à une condition où ils ont eu de la peine à se maintenir, tant elle était élevée. Jean Marot, le poète d'Anne de Bretagne ; Clément Marot, celui de Marguerite ; Ronsard, poète de Charles IV ; Baïf, de Henri III ; Malherbe, Racan et Mainard, attachés à la cour de Henri IV ; Malleville à Bassompierre, Théophile à M. de Montmorency, Boisrobert à Richelieu, Sarrazin au prince de Conti, Benserade au duc d'Orléans, étaient, quoique heureux à beaucoup d'égards, loin de l'indépendance à laquelle parvint Voiture, indépendance si haute, que M. le Prince disait, en parlant de lui : « Si Voiture était de notre condition, on ne le pourrait souffrir. »

Les jugements portés par les écrivains du temps sur le caractère de la marquise de Rambouillet ne sont pas indifférents à recueillir, ne fût-ce qu'afin de se convaincre de l'injustice de certaines médisances propagées contre elle comme étant le soleil de la secte des précieuses. Demeurée mère de sept enfants, entre 1600 et 1610, elle comblait ses heures de loisir avec la peinture, le dessin ou la lecture. Sa cinquième fille, la célèbre

Julie, naquit en 1607. Ménage disait, en parlant de madame de Rambouillet : « C'était une femme admirable. » Voiture la qualifie de divine en plus d'un endroit, et Segrais s'exprimait ainsi : « Elle était bienfaisante et accueillante, et elle avait l'esprit droit et juste : c'est elle qui a corrigé les méchantes coutumes qu'il y avait avant elle. Elle a enseigné la politesse à tous ceux de son temps qui l'ont fréquentée. Elle était aussi bonne amie et obligeait tout le monde. »

En 1620, c'est-à-dire vingt ans après sa fondation, le cercle de l'hôtel de Rambouillet avait uni pour toujours les hommes de cour et les hommes d'esprit, poli les mœurs de ces deux catégories de noblesse, créé de nouveau le règne de la conversation, du style épistolaire, celui de la critique et de la controverse, et produit une société supérieure à celle de la cour, peu digne, il est vrai, à cette époque d'entrer même dans la comparaison.

A une seconde période de son existence, la société de l'hôtel de Rambouillet comptait la marquise de Sablé, l'amie de l'auteur des *Maximes*, la princesse de Condé, cette beauté si grande par sa résistance à Henri IV ; elle avait alors un peu moins de quarante ans, ainsi que la marquise de Sablé et la marquise de Rambouillet ; mademoiselle de Scudéry était âgée de dix-huit ans, Malherbe de soixante-cinq, Vaugelas et le cardinal de Richelieu de trente-cinq, Racan de trente-un, Ogier de Gombault de vingt-huit, Balzac de vingt-six, Chapelain de vingt-cinq, Voiture de vingt-deux.

L'histoire littéraire, sauf une douteuse épitaphe, n'a pas une seule ligne à citer de la marquise de Rambouillet, réserve qui doit la mettre peut-être à l'abri du reproche d'avoir apporté de la préciosité dans son style.

La sévérité de mœurs était poussée si loin dans la maison de la marquise, que Voiture manqua perdre pour toujours ses grandes entrées pour avoir voulu une fois baiser le bras à la poétique Julie, après l'avoir conduite par la main d'un appartement dans un autre.

On veut que Corneille, en écrivant *Mélite*, ait transporté au théâtre le ton et les manières de l'hôtel célèbre, et par là commencé le premier dans le dialogue une révolution qui profita moins à sa gloire qu'à celle de Molière. Dans la préface de cette charmante comédie, Corneille s'exprime ainsi : « Avant *Mélite*, on n'avait jamais vu que la comédie fît rire sans personnages ridicules, tels que les valets bouffons, les parasites, les capitans, les docteurs, etc. Celle-ci (*Mélite*) a fait son effet par l'humeur enjouée de gens d'une condition au-dessus de ceux qu'on voit dans les comédies de Plaute et de Térence. » Le succès fut immense ; le genre fit école ; Molière l'agrandit en le copiant ; et lui, qui devait tant se moquer un jour des précieuses, leur doit les principes de goût, de convenance et d'urbanité répandus dans ses meilleurs ouvrages.

De grossière, la cour était devenue sanglante. Le petit poète de l'hôtel de Rambouillet, nommé Armand Duplessis, avait fait son chemin autrement que par les sentiers fleuris du Parnasse. Cardinal, connétable, grand amiral et premier ministre, il tuait pour quatre. Il tue Chapelle et Boutteville, parce qu'ils avaient voulu se tuer en duel ; il tue Marillac, il emprisonne la reine, il tue Montmorency, De Thou et Cinq-Mars : tout cela en dix ans ; et son affaire faite, il meurt faute d'ouvrage.

On avait besoin de calme. L'hôtel de Rambouillet ouvrit ses frais asiles aux victimes de la politique meurtrière du cardinal. Ses salons s'élargirent, ses bosquets se peuplèrent d'hôtes nouveaux qui auraient bien voulu n'avoir jamais connu d'autres luttes que celles auxquelles ils venaient prendre part, l'olivier à la main, une pensée au front, quelque livre sous le bras.

De 1630 à 1640, on vit aussi accourir au savant portique mademoiselle de Bourbon-Condé, sœur du grand Condé et du prince de Conti, plus tard la fameuse duchesse de Longueville. A côté de mademoiselle de Condé, âgée seulement de dix-sept ans (1635), s'assirent mademoiselle de Coligny, depuis comtesse de Suze, et madame de Scudéry, femme de George Scudéry, beaucoup plus jeune que sa belle-sœur, Madeleine, installée depuis longtemps sur la colline, au sommet du premier groupe des précieuses, quoiqu'elle n'ait écrit que sous le règne de Louis XIII, vers 1643. Dans la même période, l'illustre société acquit George Scudéry, Costar, Sarrazin, Conrart, Mairet, Patru, Godeau, tous âgés de vingt-cinq à trente ans. Malherbe avait laissé un grand vide par sa mort, arrivée en 1626 : Corneille seul pouvait le remplir. Corneille, alors âgé de dix-neuf ans, Rotrou, Scarron, Benserade, Saint-Évremont, Charleval et Ménage, parurent ensemble à l'hôtel de Rambouillet, précédant de peu le duc de la Rochefoucauld, âgé de dix-huit ans, et le marquis de Salle de vingt-un. Ce dernier fut depuis le duc de Montausier, et mari de Julie de Rambouillet, homme extraordinaire, il faut bien le croire, puisque Boileau, si difficile, Molière, si inquiet, Fléchier, Bossuet, les plus grands poètes, les plus profonds penseurs, les gens les plus probes, ne mettaient rien au-dessus de ses suffrages, soit en matière d'art, soit dans les questions de goût, soit dans les choses d'honneur et les hautes spéculations religieuses. Il fit à Louis XIV l'honneur de vouloir bien être le gouverneur de son héritier.

Cette maison, qu'on a voulu représenter à la postérité comme un nid de ridicules, ne nous semble pas fort mal fréquentée jusqu'ici.

On lui doit l'incontestable honneur d'avoir produit l'Académie française, dont les premiers membres, presque tous sortis de l'hôtel de Rambouillet, furent Antoine Godeau, Jean Ogier, sieur de Gombault, Jean Chapelain, Claude de Malleville, Valentin Conrart, Jean Desmarets, sieur de Saint-Sorlin, Guillaume Bautru, comte de Serran, le marquis de Racan, Guillaume Colletet, Balzac, Vaugelas, Voiture et Henri-Louis-Hubert de Montmor.

Si l'Académie, excitée par le cardinal de Richelieu, publia comme premier signe énergique de son existence la critique du *Cid*, n'oublions pas que l'hôtel de Rambouillet fut pour Corneille, contre Scudéry et l'Académie. Au reste, Corneille répondit à la critique comme on devrait toujours y répondre. En 1639 il écrivit *Horace* et *Cinna*, en 1640 *Polyeucte*, en 1641 *la Mort de Pompée*, en 1642 *le Menteur*, en 1645 *Rodogune*.

C'est en 1641 que parut la fameuse *Guirlande de Julie*, hommage poétique offert par le duc de Montausier à celle dont il devait faire sa femme trois ans après. On sait que cette politesse exquise consiste en une guirlande dessinée et enluminée (car l'ouvrage existe encore) sur vélin par Robertet, et expliquée à l'aide d'un texte écrit de la main de Jarry, le seul calligraphe dont le nom soit venu jusqu'à nous. Chaque fleur de la guirlande, reproduite isolément, est accompagnée de vers faisant allusion à la fraîcheur, à la grâce, à la beauté, enfin à toutes les qualités de Julie. Au milieu de la guirlande du frontispice, on lit : *La Guirlande de Julie, pour mademoiselle de Rambouillet, Julie Lucine d'Angennes.*

Dix-huit auteurs tressèrent la guirlande : le duc de Montausier, les sieurs Arnault d'Andilly, père et fils, Conrart, madame de Scudéry, Malleville, Colletet, Hubert, Arnaut de Corbeville, Tallemant des Réaux, Martin, Gombault, Godeau, le marquis de Briote, Montmor, Desmarets et deux anonymes. A la vente des livres curieux de M. de la Vallière le volume où se trouve la guirlande fut vendu 14,510 fr. à madame de Châtillon. Sa fille, madame d'Uzès, l'a aujourd'hui en sa possession.

« Il est relié, dit Tallemant des Réaux, de maroquin du Levant des deux côtés. Il y a une fausse couverture de frangipane. »

Il n'y avait pas alors de bonne fête sans l'assaisonnement de la mythologie, mine d'allusions, prétexte à costumes, langage parlé et parfaitement compris par tout le monde, aimé des femmes surtout dont il constituait la moins douteuse érudition. Quels vers de Malherbe ou de Chapelain, quel discours académique, quel roman, quelle cérémonie au Louvre ou à Fontainebleau eût été intelligible sans la connaissance exacte et minutieuse de la théogonie païenne? Entre le roi et la noblesse se plaçait la langue du blason, entre l'aristocratie et les lettres la langue de la mythologie. C'était comme un pays idéal, une terre chimérique où l'homme de haute naissance et l'homme issu de la bourgeoisie ou l'homme de rien se rencontraient sans affront, se coudoyaient sans répugnance. Dès que chacun a le droit de se dire dieu, nul n'a à souffrir de l'inégalité. Au haut et au bas de l'échelle, les différences sont nulles.

Dans le cercle de l'hôtel de Rambouillet, la mythologie, il va sans dire, florissait comme en pleine Grèce, au temps des jeux olympiques. On jurait par Saturne, par Mercure et Vulcain; on sacrifiait aux Grâces, on s'inspirait de toutes les Muses, on s'enivrait d'ambroisie. Aussi, lorsque Voiture, après son voyage d'Espagne et de Barbarie, entra dans ses pénates chéris, ou pour parler comme aujourd'hui, revint à Paris au milieu de toutes ces dames dont il avait été tant regretté pendant son absence, on imagina d'inaugurer son retour par une solennité digne des dieux de l'Olympe et de lui. L'Olympe fut le château de Rambouillet. Les déesses femmes, filles ou sœurs des dieux, furent la marquise de Rambouillet, mademoiselle de la Trémouille, madame la comtesse de Brancas, madame Aragonets, madame de la Calprenède, la duchesse de Chevreuse, madame Deshoulières, mademoiselle de Monbazon, madame de La Fayette, mademoiselle de Scudéry, madame la comtesse de Fiesque, madame la marquise d'Humières, mademoiselle Paulet, et beaucoup d'autres divinités des eaux, des bois, du ciel et de l'enfer. Sous la direction de madame de Rambouillet et de ses deux filles qui furent, plus tard, l'une madame de Montausier, l'autre madame de Grignan, toutes ces habitantes du Pinde et du Parnasse arrangèrent à l'heureux Voiture une réception comme celle qui fut faite à quelques-unes de ces dames le jour où elles allèrent au château de La Barre goûter à la collation de madame du Vigean. Cette fête, à laquelle Voiture lui-même avait assisté et qu'il raconta dans une lettre d'une obséquiosité amphigourique au cardinal de La Valette, était digne de servir de modèle. Rien n'était plus susceptible de flatter l'amour propre olympien de l'écrivain chéri des ruelles.

On l'attendait à Rambouillet où il se rendit de bonne heure, comme un poëte qu'il était, et accompagné du marquis de Pisani, un fils de madame de Rambouillet, comme un vrai gentilhomme qu'il prétendait être, quoique, au fond, s'il faut en croire Tallemant des Réaux, il ne fût que le fils d'un marchand de vin. « Le soleil se levait dans une nuée d'or et d'azur, et ne donnait de ses rayons qu'autant qu'il en faut pour faire une lumière douce et agréable; l'air était sans vent et sans chaleur, et il semblait que la terre et le ciel voulaient festoyer le plus grand poëte du monde[1]. »

Claude, un domestique de madame la marquise de Rambouillet, auquel Tallemant des Réaux, dans ses cancans historiques, a daigné consacrer une belle place, conduisit le marquis de

____

[1] Voitures, ses *Lettres*.

Pisani et Voiture non loin du château, au milieu d'une grande prairie. Cet endroit, ainsi que nous l'indiquerons plus tard, a reçu une immortalité moins authentique du caustique et spirituel curé de Meudon. Voiture distingua des lueurs de feu et de longs reflets d'argent entre l'herbe de la prairie, qui semblait plus verte de l'ombre répandue par les arbres pressés en rond et leurs premières branches artistement taillées en écrans. Des étoiles scintillaient dans l'air calme d'une belle matinée. C'est un prestige, pensa le glorieux poète, émané d'un monde enchanté : allons vers l'enchantement. « Nous trouvâmes une fontaine qui jetait toute seule plus d'eau que toutes celles de Tivoli. A l'entour étaient rangés vingt-quatre violons, qui avaient de la peine à surmonter le bruit qu'elle faisait en tombant. Quand nous nous en fûmes approchés, nous découvrîmes, dans une niche qui était dans une palissade, une Diane à l'âge de onze ou douze ans, et plus belle que les forêts de la Grèce ne l'avaient jamais vue. Elle portait son arc et ses flèches dans ses yeux, et avait tous les rayons de son frère à l'entour d'elle. Dans une autre niche auprès était une de ses nymphes, assez belle et assez gentille pour être de sa suite. »

— Moi, je suis Aganippe, s'écria mademoiselle de Scudéry, la fille du fleuve Permessus. Mon père serpente au pied de l'Hélicon. Je fus changée en fontaine, et mes eaux, aimées des neuf sœurs, inspirent les poètes. Valère, vous avez bu de mon onde.

Valère était le nom donné à Voiture par les précieuses.

— Et je m'abreuverai toujours à votre fontaine, s'écria Voiture en baisant la main de mademoiselle de Scudéry, qui, pour ressembler à la fille d'un fleuve, avait du cresson artificiel à ses pieds, des cailloux et de la mousse dans un tablier de soie d'argent, et les cheveux défaits sur ses épaules. On ne pouvait ressembler davantage à une fontaine.

Malgré lui, le marquis de Pisani se souvint en ce moment du quatrain de Blot, gentilhomme de M. d'Orléans :

Quoi ! Voiture, tu dégénères !
Sors d'ici, maugrebieu de toi.
Tu ne vaudras jamais ton père,
Tu ne vends de vin, ni n'en bois.

— Moi, je suis une hamadryade ; les forêts sont sous mes lois : j'habite un chêne et je fournis les feuilles qu'on attache à ton front, ô Valère !

La galante hamadryade n'était pas moins que mademoiselle Deshoulières, parfaitement vêtue en chêne : souliers bruns, couleur de tan, longs gants verts, des glands artificiels mêlés aux cheveux, une ceinture jouant le gris des jeunes branches, du reste ornée de dentelles du menton jusqu'au milieu de la taille ; un vrai chêne.

Voiture posa ses lèvres avec enthousiasme sur le bout des pieds du chêne. Se retournant ensuite vers mademoiselle de Monbazon, il prononça tendrement ces paroles :

— Je vous reconnais à votre grâce plus qu'à vos ailes ; vous êtes Iris, la messagère de Junon. Pour combien de vers adressés à votre aérienne personne n'ai-je pas à vous demander grâce ! Vous ne me pardonneriez jamais, belle Iris, s'il ne vous était défendu d'annoncer de mauvaises nouvelles.

— Continuez, répondit Iris, de vous servir de mon nom pour chanter les rigueurs et les charmes de toutes les beautés qui vous ont séduit. Nous n'avons pas d'autre punition à vous infliger.

Ces vers partirent de la bouche de Voiture :

> Quand Iris aux beaux yeux
> Paraît en quelques lieux,
> Il n'est cœur qui ne tremble ;
> C'est l'honneur de la cour,
> C'est la gloire d'amour,
> Et des vertus ensemble.

Les ailes bariolées d'Iris frémirent à ce compliment que toutes les autres divinités parurent trouver d'un goût exquis. Madame la marquise de Rambouillet faillit tomber de son piédestal, lorsque Voiture ajouta :

> Jamais l'œil du soleil
> Ne vit rien de pareil,
> Ni si plein de délice,
> Rien si digne d'amour,
> Si ce ne fut le jour
> Où naquit Arthénice.

Dans la société des précieuses, madame de Rambouillet avait reçu le nom d'Arthénice; quelquefois on l'appelait aussi Roselinde.

Quand Voiture arriva devant le trône de fleurs et de verdure au haut duquel siégeait la marquise de Rambouillet, vêtue en Diane, une lance d'une main, une branche de tilleul de l'autre, Rambouillet ne possédant pas d'olivier, l'illustre poète plia le genou et dit d'une voix émue, qu'il mettait aux pieds de la maîtresse de l'Olympe tous ses vœux et toutes ses pensées de retour.

— Cela ne suffit pas, interrompit mademoiselle Paulet, sous la figure de Galatée, fille de Nérée et de Doris. Votre absence ne vous sera pardonnée que lorsque vous nous aurez raconté les plus belles aventures galantes de votre séjour en Espagne, en Portugal et en Mauritanie.

— Parthénie sera obéie, répliqua Voiture en se relevant; ma modestie aura peut-être à souffrir, mais je confesse d'avance que, comme Clovis, je désirerais brûler ici ce que j'ai adoré là-bas.

— Nous n'en doutons pas, ajouta mademoiselle Paulet ou Parthénie, qui faisait une petite guerre sourde à Voiture, son amant épistolaire, pour s'être montré jaloux plus que ne le doit un amant de ce caractère inoffensif.

Pour faire cercle autour du narrateur, mademoiselle de Scudéry ou la fille de Permessus, l'hamadryade Deshoulières, l'Iris madame de Monbazon, mademoiselle Paulet ou Galatée, descendirent de leur tertre, suivies de mademoiselle de la Trémouille, sous les traits d'une néréide, de madame la comtesse de Brancas, vêtue en Psyché, de madame Aragonets en Cérès, de madame la duchesse de Chevreuse en Clytie ou sous la forme d'un héliotrope, car elle portait une fleur de ce nom à sa ceinture, de mademoiselle de la Fayette en Discorde, coiffée de serpents en taffetas moiré, de madame la comtesse de Fiesque en Junon, et de la marquise d'Humières en Amphitrite, balançant sur l'épaule un trident en bois doré.

Quand les divinités du ciel, des eaux, des enfers, se furent assises sur des pliants fort commodes, Voiture commença ainsi:

— En dix jours, s'il vous en souvient, dit-il en regardant

mademoiselle Paulet, l'objet de ses plus vifs épanchements épistolaires, je me rendis de Madrid à Grenade, après avoir traversé la Sierra Morena, où Cardenio et Don Quichotte se rencontrèrent, et soupé dans la *venta* où s'achevèrent les aventures de Dorothée. Je vis *El Alhambra*, la place de *Vivarambla* et le *Zacatin*. J'étais logé dans la *calle de Abenamar, Abenamar Moro de la Moreria*; je considérais chaque jour à votre intention les allées et les fontaines du *Généralife*, en souhaitant d'y voir Galiane, Zaïde et Daxare. Quoique je fusse à la source de la galanterie, j'arrêtai le projet de me rendre à Gibraltar, et de Gibraltar à Ceuta, en Barbarie, afin de voir le lieu de votre naissance et vos parents qui règnent dans les déserts de ce pays-là.

— Vous ne m'épargnez pas, monsieur de Voiture : me comparer à un lion ! s'écria mademoiselle Paulet.

— A une lionne de grâce et d'amabilité, répliqua le narrateur qui poursuivit ainsi :

— Enfin, je sortis de l'Europe, mais la mer que je mis entre vous et moi ne put rien éteindre de ma passion ; et, quoique tous les esclaves de la chrétienté se trouvent libres en abordant cette côte, je ne fus pas moins à vous pour cela.

Ici, Voiture laissa flotter si adroitement son regard et ses paroles, qu'aucune des dames qui l'écoutaient ne savait au juste s'il faisait allusion à elle ou à sa voisine, incertitude tout à fait dans le caractère du personnage, amoureux de toutes les femmes, aimé de beaucoup.

Il continua :

— L'air de ce pays (de Ceuta) me donna je ne sais quoi de félon, qui faisait que je vous craignais moins, et que j'étais désormais en mesure de traiter avec vous de Turc à More. Il ne devait pourtant pas vous déplaire que l'on vous parlât d'amour de si loin; et quand ce n'eût été que par curiosité, vous deviez être bien aise de voir des poulets de Barbarie. Je gravai vos chiffres sur une montagne qui n'est guère plus basse que les étoiles, et de laquelle on découvre sept royaumes.

— Que c'est furieusement intéressant! murmurèrent toutes ces dames en redoublant d'attention.

— J'envoyai le lendemain des cartels aux Mores de Maroc

et de Fez, où je m'offrais à soutenir que l'Afrique n'a jamais rien produit de plus rare ni de plus cruel que vous. Pendant que j'attendais la réponse des Rodomont et des Agramant, il m'advint ceci :

Un jour que l'aimable éclairant lançait tous ses feux sur la ville de Ceuta, je faisais ma sieste auprès de ma croisée qui s'ouvrait sur un agrément rustique. Laissez-moi vous dire en passant que, si Athènes[1] a ses monuments, Thèbes[2] ses arènes, Argos[3] son aréopage, Corinthe[4] ses eaux chaudes, Acaris[5] son fleuve, Césarée[6] ses fruits exquis, Narbis[7] son miel, Lacédémone[8] ses jeux pindariques, Ceuta a ses Africaines qui n'ont rien de barbare que le nom, et lesquelles, malgré le soleil qui les brûle, sont plus belles et plus brillantes que lui. Elles sont toutes amoureuses, pleines de feu et d'esprit, et (ce que quelqu'un y estimera davantage) elles ne vont jamais à confesse. A peine étais-je endormi, qu'une voix semble m'appeler. Ce n'est point un rêve ; j'ouvre les yeux et j'aperçois, cachée sous un voile mystérieux, la femme du gouverneur espagnol de la ville de Ceuta. Je quitte ma pose horizontale, et j'offre avec respect un siége à la belle et tout émue visiteuse. Peu à peu, ma vue s'éclaircit ; ma langue se dégage des pesanteurs du sommeil, et je cherche à établir la conversation sur le terrain d'une politesse respectueuse, quoique le costume placé sous mon regard fût bien transparent. A travers la *modeste*[9], j'apercevais la *friponne*[10], et derrière la *friponne* il n'était pas impossible de soupçonner la *secrète*[11]. A mes propos révérencieux, la belle, qui n'était pas Espagnole pour rire, m'accable en pur castillan des éloges les plus pompeux. Ma renommée était parvenue aux colonnes d'Hercule, et, à l'en croire, mon beau langage l'avait charmée, quoiqu'elle fût fort difficile à l'endroit du style épistolaire. Nous ne naviguions pas, comme vous le voyez, sur le fleuve du Tendre ; seulement, tandis que ses compliments coulaient comme miel de ses lèvres, je comparais en silence ses bras plongés dans un gant du *de-*

[1] Paris. — [2] Arles. — [3] Poitiers. — [4] Aix. — [5] Bordeaux. — [6] Tours. — [7] Narbonne. — [8] Toulouse. — [9] La jupe de dessus. — [10] La seconde jupe. — [11] La jupe de dessous.

nier fendu avec vos bras, ses yeux ouverts en amende avec vos yeux, et toute sa personne avec la vôtre.

Pour la seconde fois, Voiture laissa ces dames indécises de savoir à quelle femme parmi elles il comparait la femme du gouverneur espagnol de Ceuta.

— Ma comparaison, qui n'avait pas tardé à se décider, est interrompue par un grand cri, » ajoute Voiture l'Africain.

— Un grand cri ! et qui l'avait poussé ? demandent à la fois toutes ces dames.

— C'était l'Espagnole elle-même ; vous allez en savoir la cause : pendant notre entretien, elle venait de voir passer, au fond du jardin et se dirigeant vers nous, sa meilleure amie, la femme du chef de l'arsenal, comme vous diriez M. de Rosny. Elle abandonne brusquement sa place et me supplie de la cacher dans mon appartement. — Il n'est plus temps de sortir, dit-elle avec terreur, je serais rencontrée sur l'escalier. — J'ai beau lui dire en termes rapides que notre entrevue s'expliquerait sans scandale, elle me réplique que je ne connais pas les mœurs du pays, que son mari est jaloux avec férocité, et que d'ailleurs elle ne voudrait jamais rougir aux yeux de sa meilleure amie. Toute objection devenant inutile, j'ouvre une grande armoire en bois blanc où j'accrochais mes habits, et je cache la belle effrayée.

— Jusque-là, eut l'air de dire par un geste expressif le marquis de Pisani, je ne vois rien de bien surnaturel dans l'aventure de mon ami Voiture. Sans courir à Ceuta, il serait aisé d'en rencontrer de semblables en tous autres points de la chrétienté.

Le cercle de Rambouillet, qui était loin d'apporter une critique si raffinée au récit, n'y prêta pas une oreille moins généreuse.

Voiture reprit :

— L'amie, qui avait excité une si soudaine terreur dans l'âme de l'autre amie, m'était connue ; je n'ai pas eu le temps de vous le dire en son lieu. C'était une Portugaise au mari de laquelle j'avais été recommandé en quittant Lisbonne ; une dame de qualité, d'une beauté souveraine quoique d'un teint un peu foncé, comme l'ont du reste toutes ses compatriotes.

Sa mise me parut tout à fait convenir à sa taille bien prise et d'une élégance à ravir nos *alcovistes*[1]. Sans votre souvenir, mesdames, elle aurait fait dans mon âme pic, repic et capot tout ce qu'il y a de plus galant et de mieux conditionné à Paris. Un *suédois*[2] lui pressait la poitrine et la gorge, et descendait en s'arrondissant jusqu'à mi-corps. Il affectait un fond sombre semé d'étoiles d'or ; si bien que cette figure, d'un accent olivâtre, montée en diadème sur cette étoffe si bien employée, ressemblait à celle d'une belle nuit. J'ai rencontré à Séville toute la dépouille de la flotte des Indes, et l'on m'a fait voir six millions d'or dans une seule chambre ; mais je puis dire que, hormis vos lettres à toutes, mesdames, je n'ai rien connu de si étonnant que la conversation de cette dame portugaise. Comme elle parlait toutes les langues du midi et que je ne possède pas à fond la sienne, nous choisîmes d'un commun accord l'italien pour nous transmettre nos pensées. On m'a quelquefois loué pour mes faibles écrits, on a cru distinguer en moi un tour ingénieux, agréable, et cela moins pour me rendre un excès de justice que pour se mettre d'accord avec votre jugement, mesdames ; mais jamais, du moins à première vue, on ne m'avait tant encensé près du visage : Mes écrits, disait à haute voix ma Portugaise, faisaient aimer ma personne, mais aimer au point de ne pouvoir garder aucune retenue.

— Et l'autre femme entendait tout ? dit alors madame la marquise de Rambouillet.

— Vous devinez mon embarras, madame la marquise : elle entendait tout, puisque nous n'étions qu'à quelques pas de l'armoire. Que faire, que devenir ? D'abord, j'imaginai de ne pas comprendre le fond d'une intention si flatteuse ; mais d'affectueuses, les paroles de la Portugaise devinrent tendres, fort tendres ; jugez de ma position. L'Espagnole qui écoutait cette scène la rapporterait, et l'honneur de la dame Portugaise était à jamais perdu. D'un autre côté, comment avouer à la Portugaise que son amie était cachée dans l'armoire, et qu'elle était là sans mauvaise intention ? n'était-ce pas compromettre

[1] Les coureurs de ruelles. — [2] Un justaucorps.

deux femmes pour une? Je passe mille tortures, des silences pour réponse aux protestations les moins voilées ; des regards tournés vers une armoire quand ils n'auraient dû se porter que vers d'autres regards pleins de flammes, des ambiguités et des lenteurs lorsqu'il aurait fallu depuis longtemps s'être prononcé en homme digne d'un si beau hasard.

— Très bien! murmura le marquis de Pisani, dont l'interruption fut aussitôt couverte par un signe universel de ces dames, jalouses d'apprendre la suite de l'aventure.

— Sur mon salut, continua Voiture, je ne sais de quelle manière je me serais tiré de ce pas, convenez-en, assez scabreux, sans une intervention que je n'ose dire divine, vu le peu de sainteté de la conjoncture. Nous entendons retentir des cris dans l'escalier; une femme se plaignait, gémissait en invoquant mon nom. — C'est Dalila la belle Moresque, me dit avec un sang-froid menaçant la hautaine Portugaise; elle ajoute : Vous auriez dû m'avertir, monsieur de Voiture, de cet amour-là : il ne me convient pas d'avoir une esclave pour rivale. Cette jeune fille ne me pardonnerait jamais, si elle vous aime, de m'avoir trouvée ici; mon mari en aurait bientôt la nouvelle, et je serais poignardée ce soir. Vous avez manqué de générosité, monsieur ; allons! ouvrez-moi cette armoire, et m'y tenez renfermée jusqu'à ce que Dalila soit partie. — Je voudrais bien savoir s'il y a quelque astrologue qui eût pu dire, en me voyant il y a deux ans dans la rue Saint-Denis, avec ma *rotonde*, que je courrais tantôt fortune de ramer dans les galères d'Alger, tantôt d'être mangé par les poissons de la mer Atlantique, et enfin, de me voir couvert de confusion par deux femmes qu'il ne m'était plus possible de cacher l'une à l'autre, et à qui je parlais pour la première fois. La Moresque touchait aux dernières marches, et la Portugaise me lançait des regards terribles d'effroi et de jalousie. J'ouvre l'armoire : deux cris sont poussés à la fois; je mets sous clé les deux femmes, l'Espagnole et la Portugaise.

— Pas mal, interrompit encore, au grand déplaisir de ces dames, le marquis de Pisani.

— Je n'ai pas besoin de vous assurer, ajouta Voiture, que la Moresque ne se faisait pas comprendre aussi distinctement

que les deux dames dont je vous laisse à apprécier la situation
morale; mais, malgré cette difficulté, je devinai très bien le
fond de sa pensée. Dalila avait rompu sa chaîne, et son maître
en colère la poursuivait pour la punir d'une action si naturelle
à nos yeux. Le châtiment, en pareil cas, c'est la mort; je n'aurais jamais compris pourquoi la belle Moresque avait choisi de
préférence ma maison pour refuge, si depuis je n'avais été mis
au courant des lois ou des habitudes du pays. Les usages de
l'endroit veulent que, si une esclave échappée passe au service
d'un Européen, le maître n'ait pas le droit de s'en emparer par
violence; il faut cependant qu'elle déclare aussi son intention
de se faire chrétienne. Dalila n'oubliait aucune des protestations
en usage; ses gestes pleins de feu s'efforçaient de me convaincre de la nécessité de la sauver en la prenant à mon service;
elle embrassait mes pieds, me saisissait les mains qu'elle portait à ses lèvres, et courait dans l'appartement avec les mouvements d'un domestique occupé à prouver son zèle. Après avoir
touché aux meubles qu'elle déplaçait et remettait en leur lieu,
elle retombait de nouveau à mes pieds; la plus claire partie de
ses démonstrations échappait à l'Espagnole et à la Portugaise
scellées au fond de l'armoire; elles ne pouvaient entendre que
les accents d'attachement dont Dalila m'accablait. Demandez-
vous dans quelle posture se trouvait un pauvre étranger comme
moi, au milieu de trois femmes dont deux émues de la plus
terrible rivalité entre elles et contre une troisième, près d'être
mises en présence toutes trois.

Pendant ces instants d'anxiété, le maître de l'esclave, ayant
découvert la retraite de Dalila, accourait chez moi pour la reprendre; les bruits de la rue m'apprirent ses intentions; la population bigarrée de Ceuta hurlait sous mes fenêtres et dans
la cour de ma maison. Ces voix, à dire vrai, ne me réjouissaient
guère; j'étais d'ailleurs sans force pour repousser la Moresque
dont j'avais presque accepté la défense. Mon embarras était
au comble, lorsque le maître de Dalila entra dans mon appartement suivi de ses esclaves armés de cimeterres et en compagnie de plusieurs Européens parmi lesquels, à mon grand
étonnement, je reconnus sans peine le mari de l'Espagnole et
celui de la Portugaise. Que signifiait cet assemblage? J'étais

3.

peu rassuré, je le confesse. Pour Dalila, elle allait et venait comme une folle autour de moi, affirmant qu'elle était bien à moi, le nouveau maître de son choix depuis un quart d'heure; si bien, qu'avec un mouvement, dont je frémis encore, elle courut vers l'armoire, toujours pour prouver qu'elle était passée à mon service, et l'ouvrit à deux battants.

— Et les deux femmes, par la mordieu? s'écria le marquis de Pisani.

— Et les deux femmes? demandèrent toutes ensemble les nymphes de Rambouillet.

— Voyons! dites-nous : que firent les deux femmes?

Voiture sortit lentement de sa poche une petite boîte d'écaille.

L'assemblée crut que cette boîte se liait au dénoûment de l'histoire de Dalila la Moresque, et des deux femmes. Il n'en était rien. Il offrit des pastilles d'ambre à ces dames.

C'était trop se jouer de leur impatience.

Cependant il reprit :

— L'Espagnole, la Portugaise, la Moresque, le maître de la Moresque, le mari de la Portugaise et celui de l'Espagnole, se mirent à éclater de rire en me regardant. J'avais été le sujet d'une agréable plaisanterie dont je ne me fâchai nullement, car elle m'avait été faite à cause de l'immense réputation de galanterie qui m'avait précédé en pays more.

C'est ainsi que Voiture paya sa bienvenue à Rambouillet, après un voyage dans le Pays-Bas, en Espagne, en Portugal, en Barbarie. Le récit des aventures devait alimenter pendant de longs jours et de plus longues soirées le cercle fondé par la célèbre marquise. Pacifiques époques sociales, où quelques faits de la vie d'un homme suffisaient à la curiosité de la classe la plus élevée et par conséquent la plus exigeante! Des rames de journaux, des monceaux d'événements n'étaient pas nécessaires pour passer le temps et faire prendre en patience le cours de l'existence, si rapide pourtant. Beau règne du commerce épistolaire et de la conversation! deux sources taries! L'esprit, l'âme, le cœur, la passion, la joie et la douleur n'ont plus d'autre voie à suivre que le canal froidement encaissé du livre. On écrit à peine, et encore avec quelle extravagante promptitude! et la conversation est éteinte, morte. Rambouillet avait été le berceau de la conversation légère et polie en France, de même que Port-Royal avait été celui des entretiens sérieux sous les grands chênes. La grosse voix de la Révolution domina la flûte harmonieuse et tendre, et l'orgue grave; et on ne causa plus en France; triste dédommagement, on pérora!

— Madame la marquise! s'écria Claude, le domestique de madame de Rambouillet en se jetant au milieu des nymphes et des faunes, madame la marquise, il vient d'arriver au château un homme fort extraordinaire.

— Voyons, dépeins-nous-le, lui dit Voiture. Est-ce le diable, que tu as cet air effrayé?

— Je ne le jurerais pas. Il a des chausses à bandes comme en portent les Suisses, des manches de satin de la Chine, une chaîne de paille à son cou, et son pourpoint et son chapeau sont parfumés comme le boudoir de madame la marquise. Ce n'est plus un jeune homme, dà!

— Je connais le visiteur, répliqua Voiture; c'est mon ami, le poète Des Yveteaux. Permettez, belles nymphes, que je le présente à vos altesses champêtres, et que je l'introduise dans votre Olympe. Il souhaite humblement d'être reçu à la cour des précieuses, afin d'en prendre les belles manières et de s'initier au secret de leur langage exquis. J'ai promis d'être son introducteur auprès de vos grâces.

— Claude, ordonna sur-le-champ la marquise de Rambouillet, conduisez M. Des Yveteaux jusqu'ici.

— Vous savez tous, dit sommairement Voiture, quand Claude fut parti pour exécuter les ordres de madame la marquise, que M. Des Yveteaux est d'une excellente noblesse de Caen. Il a été honoré dans sa jeunesse du titre de précepteur du dauphin, aujourd'hui Louis le Juste. Il a de l'esprit, du feu, joue du luth à ravir, et il est du dernier bien avec les muses. Vous voyez qu'il est digne à tous les titres d'être une fleur dans notre guirlande.

Des Yveteaux ne tarda pas à paraître dans le costume grotesque décrit par Claude, qui, élevé à Rambouillet depuis des années, n'aurait pas dû tant s'étonner de voir tomber une bizarrerie de plus au milieu de tant de bizarreries, un arlequin dans un carnaval.

Voiture courut au-devant de Des Yvetaux, et lui dit : — Cher confrère en Apollon, souffrez que je vous désigne seulement par leurs noms, car pour leurs qualités nous n'en finirions jamais, toutes les dames réunies en votre présence. Saluons d'abord ensemble Arthénice, dans le monde ordinaire et de la prose madame la marquise de Rambouillet.

Voiture reprit :

— Cher poëte, vous avez dû souvent rencontrer sur la *place Dorique*, le soir, à vos heures de rêverie, la belle *Thessalonice* ?

— C'est possible, répondit naïvement Des Yvetaux; mais qu'est-ce que la place Dorique? Pardon pour mon ignorance.

— C'est la place Royale, et *Thessalonice*, c'est mademoiselle de la Trémouille.

Des Yvetaux s'inclina devant Thessalonice.

— Cette nymphe, c'est *Belinde*, la merveilleuse de *la petite Athènes*. Il me faut ici vous apprendre que *Belinde* est le nom précieux de madame la comtesse de Brancas, et *la petite Athènes* celui du faubourg Saint-Germain.

— Je n'aurais garde de l'oublier, répliqua Des Yvetaux, enthousiasmé de ce début.

— Saluez encore *Artémise* ou madame Aragonets, *Calpurnie* ou madame de la Calprenède, *Candace* ou madame la duchesse de Chevreuse, *Dioclée* ou madame Deshoulières, *Melinde* ou mademoiselle de Monbazon, *Féliciane* ou mademoiselle de la Fayette, *Sophie* ou mademoiselle de Scudéry, *Félicie* ou madame la comtesse de Fiesque, *Démophonte* ou madame la marquise d'Humières.

Ces dames qui, outre leur travestissement en divinités des bois, apparaissaient (autre mascarade) à Des Yvetaux sous des noms grecs et romains, lui semblaient autant d'êtres mythologiques. Dans son imagination, déjà fort peu saine, elles allaient laisser une trace des plus profondes.

— Je n'ai pas besoin de vous apprendre, si vous m'avez fait l'honneur de me lire quelquefois, que mon nom adoptif, celui que je tiens de la poésie et des grâces, n'est pas de Voiture.

celui de mes glorieux ancêtres, mais *Valère*. Ici je suis Valère.

Voiture s'étant tû un instant, Arthénice ou la marquise de Rambouillet dit au poète à la chaîne de paille :

— Maintenant, monsieur Des Yvetaux, *contentez, s'il vous plaît, l'envie qu'a ce siége de vous embrasser.*

Des Yvetaux regarda autour de lui, afin de s'assurer que c'était bien à sa personne qu'on parlait : il n'avait pas compris.

Pour augmenter son embarras, quoiqu'elle n'eût pas cette intention, Sophie, ou mademoiselle de Scudéry, ajouta en fixant les yeux sur lui :

— *Prenez figure, monsieur, s'il vous plaît.*

Le nouveau venu restait dans la même indécision.

Voiture dit tout bas à Des Yvetaux : Cela signifie : veuillez vous asseoir.

— Je ne l'aurais jamais deviné, pensa celui-ci en s'asseyant. N'importe, on s'exprime ici dans un langage tout à fait distingué.

— Monsieur, reprit Arthénice, est-il venu *à pluches?*

— *A pluches!* murmura Des Yveaux; en voilà bien d'une autre. — Il sourit d'un air confus, ne voulant dire ni oui, ni non.

— Peut-être avez-vous préféré vous rendre ici *entre quatre corniches?* La manière de voyager ainsi a son agrément dans la chaude saison.

— *Entre quatre corniches! à pluches!* Si Voiture ne vient pas me tirer de cet abîme, je n'en sortirai de ma vie.

— Puisque monsieur Des Yvetaux n'est venu ici ni à pluches ni entre quatre corniches, dit à son tour mademoiselle de Scudéry, c'est qu'il a jugé convenable de parcourir la distance d'*Athènes* au château d'Arthénice, porté par *deux mulets baptisés.*

— J'ai pitié de votre confusion, dit Voiture en se penchant sur l'épaule de Des Yvetaux; *les pluches* sont les chevaux, dans le beau style des précieuses, *les quatre corniches* un carrosse, *les mulets baptisés* les porteurs de chaise. Êtes-vous venu à cheval, en carrosse ou en chaise à porteurs? Voilà la question qu'on vous adresse. Vous avez trop de goût pour qu'il soit besoin de vous apprendre qu'*Athènes* c'est Paris.

— Charmant! charmant! dit Des Yvetaux en remerciant du geste son ami Voiture.

— Mesdames, ajouta-t-il, je ne me suis éloigné d'Athènes ni à pluches, ni à l'aide de deux mulets baptisés, mais entre quatre corniches.

— Vous n'avez peut-être pas bien fait, poursuivit la marquise de Rambouillet, car la chaise est à la fois *un admirable retranchement contre les insultes de la boue et les ardeurs de l'aimable éclairant.*

— *L'aimable éclairant*, c'est le soleil, confia Voiture à Des Yvetaux en pirouettant autour de lui.

— Je suis parfaitement de votre avis, répliqua ce dernier à Arthénice.

— Parfaitement n'est plus d'usage, souffla Voiture à des Yvetaux : c'est *furieusement* qu'il faut employer.

— On est furieusement bien en effet dans une chaise, s'écria *Calpurnie*, vulgairement connue dans le monde, et par Boileau chez la postérité, sous le nom de madame de la Calprenède ; parfois, quand les mulets baptisés s'y prennent avec soin, on se croirait mollement étendu sur *le vieux rêveur*.

Voiture se trouvait trop loin pour donner à Des Yvetaux la clé du mot employé par madame de la Calprenède, qui acheva d'embarrasser le malheureux en lui faisant cette question : — Aimez-vous à prodiguer vos faveurs les plus douces *au vieux rêveur?*

— Cela dépend, répondit Des Yvetaux sans trop savoir quoi répondre. Mais qu'est-ce donc, se demanda-t-il avec anxiété, que le vieux rêveur?

— Monsieur a raison, reprit *Feliciane,* nom donné à mademoiselle de la Fayette à la cour des précieuses ; il y a *des rêveurs* trop durs, d'autres trop hauts ; j'aime un *vieux rêveur* oriental, presque à mes pieds et flanqué de plusieurs oreillers.

— Je suis sauvé, j'ai compris, pensa Des Yvetaux : le vieux rêveur, c'est le lit. Charmant! charmant! Comme c'est bien inventé !

— Je vous ai prévenu, vint ensuite lui dire Voiture, que chaque nouvel introduit dans notre société s'engageait à payer sa bienvenue par une histoire tirée de sa vie. La vôtre abonde en miracles d'étrangetés. Nous ne sommes point en peine pour votre écot; vous l'acquitterez en seigneur généreux, en prince magnifique. Parlez donc! les muses, les grâces, les naïades et les dryades de Rambouillet font silence autour de vous.

— Jusqu'alors, se prit à dire Des Yvetaux monté sur un tertre, je n'avais aimé avec passion que le vieux cuir doré et la paille. Mon bonheur le plus vif, quand d'autres rêvaient la gloire des combats, l'illustration de la chaire, était de m'entourer de tapisseries, de meubles, de fauteuils en cuir gaufré et relevé en bosse par toutes sortes d'agréments, tels que fleurs, arabesques, palmes et oiseaux fabuleux; et je rehaussais cette fantaisie par l'accompagnement heureux de la paille tressée en guirlandes, en festons, en lacs d'amour, chargés de chiffres.

— Admirable! s'écria Voiture, le créateur en France de cette école d'apologistes effrénés dont la semence n'est pas morte en terre; claqueurs de salon, admirateurs fanatiques, ayant à leur disposition tous les genres d'éloges depuis le cri de la hyène jusqu'à l'évanouissement.

— Furieusement original! s'écrièrent à leur tour les précieuses.

— Un soir pourtant que j'étais allé voir la comédie à l'hôtel de Bourgogne...

— Que nous nommons ici *le Grand-Cirque*, interrompit Voiture avec beaucoup de courtoisie.

— Au Grand-Cirque donc, reprit Des Yvetaux, j'aperçus dans un appareil tout à fait séduisant une dame dont les yeux avaient l'éclat du soleil, de l'aimable éclairant, veux-je dire. Elle était placée sous la loge du roi.

— Relevez vite cette erreur, monsieur Des Yvetaux, s'écria Sophie (mademoiselle de Scudéry). Nous désignons ici le roi par le nom pompeux d'*Alexandre*. Tout le monde dit le roi.

Des Yvetaux un peu troublé continua ainsi :

— Elle était placée sous la loge d'*Alexandre*. Non, rien pour moi jusqu'alors n'avait paru si beau, si merveilleux en France.

— La France s'appelle parmi nous la *Grèce*. La France, c'est la *Grèce*.

— Je ne l'oublierai pas, dit le narrateur en remerciant Thessalonice.

Le récit devenait difficile avec ces substitutions commandées par le purisme des précieuses.

— La passion me monte au cerveau.

— Au *sublime*, lui souffla Voiture. Commun! ravalé! détestable le cerveau!

— Soit! mon *sublime*, poursuit Des Yvetaux, s'embrase, je ne fais plus attention à la comédie.

— Dites *aux jeux du cirque.*

— *Aux jeux du cirque.* Mes cheveux frémissent.

— Malheureux! dites *la petite oie* de la tête frémit.

— La petite oie frémit; j'aurais voulu prendre mon chapeau et sortir.

— Plus de chapeau! *c'est l'affronteur des temps* qu'on nomme la chose.

— Il me paraît malaisé, pensa Des Yvetaux, d'aller longtemps ainsi; mes incongruités de langage me font broncher à chaque pas.

Cependant, comme le précieux et le contourné le ravissaient, il reprit aussitôt :

— Mais impossible de quitter ma place; d'abord ne prévoyant pas la rencontre d'une si agréable surprise...

— Et même, dit en relevant sa moustache le quintessencié Voiture, la surprise d'une si agréable rencontre. Mais poursuivez, je vous prie.

— D'une si agréable rencontre, continue en effet Des Yvetaux, je n'étais pas ajusté, je l'avoue.

— Nous dirions ici : J'étais, je l'avoue, *nécessiteux d'agrément.*

— Je remercie Dioclée de la remarque.

Madame Deshoulières venait aussi de placer sa critique.

— En outre, près de moi étaient assises quelques personnes auxquelles mon absence eût prêté à rire.

— *Qui eussent perdu leur sérieux* figurerait mieux dans cet endroit de votre agréable récit.

— Divine observation, répliqua le parleur sans cesse inter-rompu ; vous rajeunissez mon vieil Éson de langage. Je suis donc parmi les bouches d'or de l'antiquité : Démosthène, Cicéron, Isocrate !

Toutes ces satisfactions oratoires n'empêchaient pas Des Yveteaux de chanceler à chaque pas de sa thèse trop souvent hachée et disjointe. Il ne savait plus par moment s'il était venu à Athènes ou à Rambouillet ; si c'était toujours bien la même histoire, le même fait, qu'il racontait à l'auditoire fort singulier présent devant lui.

— Je disais, je crois, que j'avais près de moi M. de Furetière, M. de Balzac, M. Chapelain, M. Colletet et M. de Saint-Amant.

— Nous ne connaissons pas ces messieurs, à moins, ce qui est probable, ajouta Voiture, que M. de Furetière ne soit Filante, M. de Balzac Bélisandre, M. Chapelain Crisante, M. Colletet Cléophé, et M. de Saint-Amant Sapurnius !

— Les beaux noms ! s'écria Des Yveteaux : on renierait ceux de ses aïeux pour les porter. Ah ! que vous les avez bien nommés !

— Vous aurez aussi le vôtre un jour, dit la marquise de Rambouillet, et aussi grec qu'il vous sera agréable, si mieux n'aimez l'avoir aussi latin qu'un bourgeois de Rome. Vous plairait-il maintenant nous achever, à nous qui avons un si *furieux tendre pour les gens d'esprit,* l'histoire de cet amour *qui vous a si terriblement défriché le cœur ?*

— Or, je ne pouvais quitter ma place pour aller admirer de près mon Iris, dans l'espoir de lui glisser quelques douceurs sur sa beauté incomparable. J'ai su depuis qu'elle m'avait aperçu, malgré le jeu continuel de son écran... Mais aurais-je eu recours à une expression indigne, que j'ai la douleur d'apercevoir un joli dédain sur les lèvres de ces dames ?

— On vous aime déjà trop ici pour vous cacher, lui dit Thessalonice, qu'un écran ne se dit plus.

— Et comment dit-on ? je vous en supplie.

— *La contenance utile des dames quand elles sont devant l'élément combustible.*

— Je m'en souviendrai : ah ! je m'en souviendrai. — Enfin, le spectacle achevé, je me débarrassai de mes serviteurs.

— De vos esclaves.

— De mes esclaves, puisque c'est de cette façon qu'on s'exprime, et j'attendis à la porte la dame de mes pensées. Je donnai quelques pistoles à ses mulets baptisés.

— Très bien !

— Et ils m'apprirent qu'elle se nommait madame du Pin, et que son hôtel était situé dans le quartier Saint-Honoré.

— Mieux encore la Normanie. Recommandez ce nom à votre mémoire.

— Je n'y manquerai pas, monsieur de Voiture. — Moi qui suis logé dans la rue du Pré-aux-Clercs[1], je n'hésite pas un instant, et quoique sans pluches et sans quatre corniches, au risque de crotter mes souliers...

— D'imprimer vos souliers en bouc.

— Très bien... je franchis à pied le Pont-Neuf.

— Vous franchissez *les Alpes d'Athènes*.

— Je traverse le Louvre.

— Vous traversez le *grand palais d'Athènes*.

— Je passe devant le palais Cardinal[2].

— *Le palais de Sénèque*.

— Après mille autres détours, je parviens, toujours à la suite de madame du Pin, jusqu'à son hôtel, et là, je suis assez heureux pour lui dire, en lui offrant la main, qui je suis et combien elle m'a inspiré une grande affection.

— Préférablement de quelle *furieuse façon elle vous a encendré et encapuciné le cœur*.

— Le reste se devine, dit Des Yvetaux, trempé de grosses gouttes de sueur pour avoir passé par la rude filière de ce nouveau vocabulaire.

— Palsambleu ! le reste ne se devine pas, interrompit Voiture; vous nous devez la fin de ce beau commencement.

— Eh bien ! de ce jour, pour me prouver à chaque instant de la vie le triomphe de mon amour, je remplaçai par des pommes de pin dans mes appartements, à cause du nom de Du

1 Aujourd'hui la rue du Colombier.
2 Aujourd'hui le Palais-Royal.

Pin, porté par cette dame, tous les culs-de-lampe dont je les avais d'abord ornés.

A ce substantif composé, toutes les précieuses se voilèrent, les unes avec leurs gros bouquets de roses, les autres avec leurs éventails ; d'autres encore, nymphes effrayées, courbèrent d'une pudique main jusqu'à leur visage les basses branches des tilleuls.

Voiture vit son ami Des Yvetaux perdu, exclu du cercle de Rambouillet. Quel mot odieux il avait prononcé !

Des Yvetaux était noyé dans sa propre confusion.

Grand pilote sur cette mer inconnue à Des Yvetaux, Voiture conjura le danger en disant avec sa faconde alambiquée :

— Si M. Des Yvetaux savait, comme il le saura bientôt pour l'honneur de son esprit, que notre langage, comparé au langage, du monde, est l'or parmi les métaux, le diamant parmi les pierres précieuses, le phénix parmi les oiseaux, il n'aurait pas appelé autrement que *le rusé inférieur* la moitié du mot qui a tant compromis le mot tout entier. Que la faute lui soit remise en faveur de son ignorance. *Ne poussons pas le dernier rude contre lui*, si nous voulons l'obliger à croire *qu'il a dix mille livres de rente en fonds d'esprit qu'aucun créancier ne peut saisir.*

— Ceci veut dire, ajouta-t-il tout bas à Des Yvetaux, ne soyons pas fâché contre vous, car vous avez furieusement de l'esprit.

La longue phrase de Voiture, si bien frappée au balancier des précieuses, les radoucit toutes. Elles tendirent la main à Des Yvetaux, qui fut gracieusement pardonné.

— Il est temps, dit ensuite madame de Rambouillet à la compagnie, *d'aller prendre les nécessités méridionales.*

Peu revenu encore de sa honte, Des Yvetaux regarda Voiture, afin qu'il lui expliquât le sens de cet ordre.

— Ceci veut dire : Allons dîner.

Des Yvetaux respira.

Et voilà comment il fut reçu parmi les membres de la société de l'hôtel de Rambouillet.

On nous trouvera extrêmement hardi sans doute d'exprimer après Molière une opinion qui ne soit pas un blâme sur la

langue inventée par les habitués de l'hôtel de Rambouillet.
Après avoir ri comme tout le monde aux dépens des *Précieuses
ridicules*, nous avons voulu connaître le côté sérieux, si toutefois il existait, de ces façons de dire établies chez des personnes
dont la bizarrerie ne pouvait résulter de l'ignorance ou de la
grossièreté de mœurs. Notre curiosité satisfaite, la petite comédie de Molière ne nous a pas paru moins gaie, mais le sujet
nous a semblé beaucoup moins risible qu'au grand écrivain,
fort mal placé, on en convient, pour juger de sang froid au lieu
de railler sans pitié comme il l'a fait. C'est toujours au temps
qu'il appartient de réduire à leur valeur réelle les hardiesses
des écrivains ou des orateurs. Contemporain des précieuses,
Molière n'était qu'en position de s'en moquer, sauf à laisser
dire de lui plus tard qu'on n'avait jamais bafoué une nouveauté
au théâtre avec plus de verve et de talent.

Deux siècles écoulés sur la tombe des illustrations littéraires
de l'hôtel de Rambouillet constituent une durée assez respectable pour qu'il soit permis d'apprécier avec impassibilité les
innovations philologiques dont Molière s'est tant diverti.

Nous tenons à rappeler d'abord au petit nombre de ceux qui
les ont oubliés les noms des personnages admis à ce célèbre
hôtel, où la renommée autant que la naissance, fait honorable
aux lettres, ouvrait les portes et disposait des fauteuils. Il nous
est facile de mettre en regard des noms réels, et la plupart fort
connus, de ces personnages les noms d'emprunt romain et
grec dont on les décorait.

NOMS RÉELS.	NOMS DONNÉS PAR LES PRÉCIEUSES.
Scarron.	*Straton* [1]
Marion Delorme.	*Licine.*
Théophile.	*Théophraste.*
Le marquis de Montausier.	*Menalidus.*
Mademoiselle de Mancini, plus tard. la connétable Colona.	*Maximiliane.*
Ménage.	*Ménandre.*
Ninon de Lenclos.	*Ligdamise.*

[1] En général, les noms *précieux* commençaient par la même lettre
que les noms réels.

NOMS RÉELS.	NOMS DONNÉS PAR LES PRÉCIEUSES.
Mademoiselle Paulet.	*Parthénie.*
L'abbé d'Aubignac	*Horace.*
Le duc de Longueville.	*Léonidas.*
L'abbé de Pure.	*Prospère.*
Scudéry.	*Sarraïdes.*
Bussy.	*Burcinius.*
Lamotte le Vayer.	*Mélisandre.*
Madame Scarron.	*Stratonice.*
La marquise de Rambouillet.	*Arthénice.*
Somaize.	*Suzarion.*
Balzac.	*Bélisandre.*
Mademoiselle de Scudéry.	*Sophie.*
Benserade.	*Bérodate.*
Madame de Calprenède.	*Calpurnie.*
Calprenède.	*Calpurnius.*
L'abbé Cottin.	*Clitiphon.*
Conrart.	*Cléoxène.*
Sarrasin.	*Sésostris.*
Brébœuf.	*Bardesanne.*
Madame Deshoulières.	*Dioclée.*
Chapelain.	*Crisante.*
Mademoiselle de la Fayette.	*Féliciane.*
Le prince de Condé et le duc d'Enghien.	*Les deux Scipions.*

On voit par cette liste, si loin pourtant d'être complète, que
ni le rang ni l'intelligence ne manquaient aux familiers de l'hôtel
de Rambouillet, très fréquenté en son meilleur temps, même
par les deux Corneille, qui employèrent une foule de tournures
poétiques pleines de la saveur de l'endroit. Or, une langue
créée, employée ou soufferte par ces esprits difficiles, pouvait-
elle n'être qu'un amas de phrases bouffonnes, qu'un vocabulaire en délire, qu'une contorsion odieuse, ainsi que Molière
est parvenu à force d'ironie à le persuader à la postérité? On
sera convaincu du contraire lorsqu'on se sera démontré par
notre travail que ces tournures, ces étrangetés, se sont natura-
lisées parmi nous dans des proportions diverses d'assimilation.
Les unes sont aujourd'hui pleinement françaises, et même d'une
physionomie déjà émoussée; les autres le deviendront dans
moins d'un quart de siècle, si le vent des idées porte vers le
rivage où elles attendent; d'autres, moins heureuses, moins

bien venues, comme celles dont il a été fait un rigoureux emploi dans la scène précédente, mourront en germe, faute d'organe.

Maintenant, à côté des formules acceptées autrefois comme les seules bonnes, irréprochables, nous allons écrire sans altération les locutions équivalentes créées à l'hôtel de Rambouillet et qui, honnies par Molière, sont aujourd'hui établies de droit **dans** notre langue d'une façon impérissable. Aucun épisode de notre langue n'est aussi curieux que celui-là.

DIX-SEPTIÈME-SIÈCLE.

LOCUTIONS CONSACRÉES.	LOCUTIONS ÉQUIVALENTES INVENTÉES A L'HÔTEL DE RAMBOUILLET.
Vous avez l'âme matérielle.	*Vous avez la forme enfoncée dans la matière.*
Cette odeur est tout à fait bonne.	*Cette odeur est tout à fait de qualité.*
Ces gens ne font pas les choses comme il faut.	*Ces gens-là ont un procédé tout à fait irrégulier.*
Les choses que vous dites sont fort communes.	*Les choses que vous dites sont du dernier bourgeois.*
Concevoir mal les choses.	*Avoir l'intelligence épaisse.*
Il danse bien.	*Il danse proprement.*
Les dents.	*L'ameublement de la bouche.*
Demeurez avec moi.	*Ne vous éloignez pas de la portée de ma voix.*
Être estimé.	*Faire figure dans le monde.*
Vous nous flattez par vos civilités.	*Vous poussez vos civilités jusqu'aux derniers confins de la flatterie.*
Se farder.	*Lustrer son visage.*
S'expliquer sans hésiter.	*S'expliquer sans incertitudes.*
Les joues.	*Les trônes de la pudeur.*
La lune.	*Le flambeau de la nuit.*
Les larmes.	*Les perles d'Iris.*
Les livres.	*Les maîtres muets.*
Être mélancolique.	*Avoir l'âme sombre.*
La mode.	*L'idole de la cour.*
Les oreilles.	*Les portes de l'entendement.*
Le pain.	*Le soutien de la vie.*
Des paroles superflues.	*Des inutilités.*
Je trouve que cette pensée est belle.	*Selon moi cette pensée est belle.*
Un procès.	*La source des chagrins.*
Rire.	*Perdre son sérieux.*
Railler.	*Dauber sérieusement.*
Je suis tout à fait surpris.	*Les bras m'en tombent.*
Les yeux.	*Les miroirs de l'âme.*

Si un peu de recherche se trahit encore dans quelques-unes de ces manières de parler, généralement usitées en France, on ne s'en étonnerait pas en songeant qu'elles ont le caractère des périphrases, toujours, comme on le sait, imagées et traînantes. Quoi qu'il en soit, telles sont, on vient de les lire, ces tournures de langage contre lesquelles Molière s'est mis si fort en dépense d'esprit et de colère. Que dirait-il aujourd'hui de les voir en honneur parmi nous, les admirateurs pourtant de son génie?

Les précieuses ont rendu en outre un important service à la langue française, en allégeant une foule de mots de consonnes pierreuses charriées par le torrent de la mauvaise latinité. Tout le monde ne sachant pas jusqu'à quel point ce travail de purisme a laissé de profondes traces parmi nous, nous donnerons un tableau sommaire des mots que les précieuses ont nettoyés et polis, et qui enfin sont restés ainsi modifiés dans notre vocabulaire, en même temps que nous citerons aussi ceux dont l'orthographe n'a été acceptée qu'à demi par l'usage, très fantasque, l'occasion prête à le dire, dans ses préférences comme dans ses exclusions :

ORTHOGRAPHE DES PRÉCIEUSES.

(Les mots écrits en caractères italiques indiquent la nouvelle orthographe qu'elles inventèrent.)

Teste.	*Tête.*	Jeusner.	*Jûner.*
Prosne.	*Prône.*	Effroy.	*Efroi.*
Autheur.	*Auteur.*	Aage.	*Age.*
Hostel.	*Hôtel.*	Paroistre.	*Parêtre.*
Extresme.	*Extrême.*	Unziesme.	*Unzième.*
S'eslève.	*S'élève.*	Tasche.	*Tâche.*
Esloigner.	*Eloigner.*	Despit.	*Dépit.*
Seureté.	*Sûreté.*	Catéchisme.	*Catéchime.*
Resjouïssances.	*Réjouissances.*	Advis.	*Avis.*
Escloses.	*Ecloses.*	Connoist.	*Connoit.*
S'esvertue.	*S'évertue.*	Souffert.	*Soufert.*
Flustes.	*Flûtes.*	Gastoit.	*Gâtait.*
Tousjours.	*Toujours.*	Quester.	*Quéter*
Goust.	*Goût.*	Aisles.	*Ailes.*
Esclat.	*Eclat.*	Aspres.	*Apres.*
Escrits.	*Ecrits.*	Vistres.	*Vitres.*
Solemnité.	*Solemnité.*	Reprend.	*Repren.*

Estale.	*Etale.*	Roideur.	*Rédeur.*
Résonne.	*Raisonne.*	Nopces.	*Noces.*
Nostre.	*Nôtre.*	Faicts.	*Faits.*
Mareschal.	*Maréchal.*	L'esté.	*L'été.*
Desjà.	*Déjà.*	Dosme.	*Dôme.*
Deffunct.	*Défunt.*	Qualité.	*Calité.*
Dis-je.	*Di-je.*	Froideur.	*Frédeur.*
Présentiment.	*Pressentiment.*	Vieux.	*Vieu.*
Treize.	*Trèze.*	Effects.	*Efets.*
Estoit.	*Était.*	Avecque.	*Avéque.*
Veu.	*Vu.*	Indomptable.	*Indontable.*
Chrestien.	*Chrétien.*	Attend.	*Atten.*
Extraordinaire.	*Extr'ordinaire.*	Triomphans.	*Trionfans.*
Grands.	*Grans.*	Advocat.	*Avocat.*
Thrésors.	*Trésors.*	Pied.	*Piè.*
Enthousiasme.	*Enthousiâme.*	Sçavoir.	*Savoir.*
Escuelle.	*Ecuelle.*		

Ce tableau, d'une orthographe aussi hardie que celle de Voltaire, et dont Voltaire et nous avons profité largement, prouve à fond qu'au commencement du xviie siècle, on prononçait le français comme aujourd'hui ; la témérité des précieuses consistait uniquement à écrire les mots comme ils étaient prononcés alors. Si chacune de ces innovations n'offre pas le même mérite, quelques-unes éloignant trop le mot du moule étymologique auquel le prestige du son ne doit jamais faire déroger, toutes attestent, par leur ensemble, une intelligence inquiète, agitée du besoin de se rajeunir, qu'a de loin en loin une langue pour ne pas manquer aux idées.

Déjà, sous Henri III, la langue avait été sur le point de subir une révolution que les circonstances limitèrent en partie aux murs du Louvre. Sous les trois régences de Catherine de Médicis et l'influence des Italiens, la diphthongue *oi* faillit se changer en *é* ; *loi* devint *lé* ; *foi*, *fé* ; *moi*, *mé* ; *roi*, *ré*.

Nous ne pensons pas que cette innovation eût tourné à l'avantage de la poésie. Que devenait ce fameux vers de Médée ?

Moi !

Moi, dis-je, et c'est as cz !

Corneille eût dit :

Mé !

Mé, dis-je, et c'est assez !

Toutefois, quelques mots gardèrent la prononciation que leur donnèrent les mignons : si on ne continua pas de dire la *paire* pour la *poire*, la *paresse* pour la *paroisse*, la *royne* resta la *reine*, la langue *françoise* pour toujours la langue *française*.

C'est à l'époque du mariage du duc de Montausier avec Julie de Rambouillet que le caractère élevé de la société célèbre commença, dit-on, à s'altérer. Il y eut probablement refroidissement et scission de la part des familiers en voyant l'astre de la maison passer dans la sphère moins éthérée du mariage. La Fronde, cette guerre des salons contre les salons, acheva de tout gâter. Le duc s'y associa, rompit à cette occasion avec ses anciens amis ; il fut même blessé en combattant pour le parti du roi : tristes événements dont la maison eut beaucoup à souffrir pendant quatre ans.

D'autres causes ébranlèrent le monument littéraire, vieux déjà d'un demi-siècle. En 1648, Voiture se laissa mourir ; en 1653, madame de Rambouillet perdit son mari ; en 1654, son fils aîné était tué à la bataille de Nortlingen ; en 1658, sa plus jeune fille la quittait pour épouser le comte de Grignan, celui qui, en troisièmes noces, donna son nom à mademoiselle de Sévigné. De 1645 à 1658 l'hôtel de Rambouillet s'assombrit et vit disparaître en un an dans l'obscurité de l'âge et de la mort ses charmants, ses gracieux, ses spirituels, ses illustres habitués. Le lit, de ruelle se fit tombeau ; une femme, la tête pensive, les mains jointes, y passait ses journées à penser à ses morts, qui se nommaient les uns Voiture, les autres Malherbe, les autres Richelieu.

On veut qu'à cette époque seulement (1645-1648) les femmes d'autres sociétés, nées de la grande société de l'hôtel de Rambouillet, aient été frappées du surnom ironique de *précieuses*. On a consommé beaucoup d'érudition dans cette question subtile où il s'agit de séparer les précieuses de celles qui ne seraient jamais tombées sous cette qualification. Madeleine de Scudéry serait le chef du schisme. On prétend, et la remarque, je l'avoue, a son prix, qu'à la dissolution de la société de la marquise, le substantif flétrissant n'existait pas encore ; on n'en trouverait pas de trace.

Nous nous sommes montré assez respectueux envers la fondation dont nous avons esquissé l'histoire, pour ne point paraître partial en croyant un peu aux abus commis dans son sein. Un écrivain, ou plutôt un compilateur d'une fine et patiente sagacité, dans un ouvrage lu très fructueusement par nous, a établi cette distinction, importante selon lui, qu'il convient de faire entre les précieuses, débris de l'hôtel de Rambouillet, et l'hôtel de Rambouillet même. L'ouvrage a pour titre : *Mémoire pour servir à l'histoire de la société polie en France;* l'auteur est M. P.-L. Rœderer. Sa version est généreuse, mais est-elle fondée? L'auteur de ce bon mémoire nous apprend lui-même qu'immédiatement après la dislocation de l'hôtel de Rambouillet, d'autres hôtels, dignes d'en continuer les traditions, s'ouvrirent à Paris, et il cite avec raison l'hôtel d'Albret, l'hôtel de Richelieu, l'hôtel Montpensier, celui de madame de la Fayette, la femme de France, selon Boileau, *qui avait le plus d'esprit et qui écrivait le mieux.* Où étaient donc les cercles secondaires qui furent le berceau des *précieuses?*

Que l'abbé d'Aubignac, dans sa comédie publiée en 1654, *le Royaume de la Coquetterie;* que l'abbé de Fare, dans son roman (1656), *la Précieuse* ou *les Mystères des ruelles;* que Somaize, dans *le Dictionnaire* et *le grand Dictionnaire des Précieuses* (1660 et 1661), aient les uns et les autres peint sous des couleurs souvent fausses, quelquefois odieuses, toujours exagérées, les mœurs et l'esprit des précieuses, cela est vrai; mais en conclure qu'ils ont voulu peindre d'autres mœurs et d'autres personnes, rien ne le prouve, absolument rien. Vouloir que Molière surtout ait cherché à ridiculiser des personnes obscures, tandis que les vrais modèles nous sont connus, c'est un paradoxe fort littéraire peut-être, mais fort chanceux.

Il n'est déjà ni si étrange, ni si nouveau de voir traîner sur la scène ou sur la claie d'un livre de fort honnêtes gens, de fort bons esprits, coupables tout au plus de singularité. Que veut défendre M. Rœderer? Les précieuses? Mais elles firent bien de prendre, de conserver ce titre; elles étaient précieuses, parce qu'elles avaient du prix. Est-ce Molière qu'il s'agit de mettre hors de cause? Mais Molière voulait être surtout comique, et il faut convenir que les précieuses avaient un côté vulnérable. Leur portrait véritable serait plutôt celui-ci, quoique aigre de contour. Il est de mademoiselle de Montpensier. « Si elles sont coquettes, je n'en dirai rien, car je fais profession d'être un auteur fort véritable et point médisant ; ainsi, je ne toucherai point à ce chapitre, étant persuadée qu'il n'y a rien à en dire. Elles sont en amitié comme elles font profession d'être sur l'amour; car elles n'en ont pour personne. Elles ont la bonté de souffrir celle des autres et d'agréer les services quand elles en ont besoin. Elles sont fort railleuses et moqueuses, même des gens qui ne leur en donnent pas de sujet. »

Molière dit bien, dans la préface des *Précieuses ridicules :* « Les vicieuses imitations de ce qu'il y a de plus parfait ont été de tout temps la matière de la comédie ; les plus excellentes choses sont sujettes à être copiées par de mauvais singes. Les véritables précieuses auraient tort de se piquer lorsqu'on joue les *ridicules* qui les imitent mal. » Mais M. Petitot et M. Taschereau remarquent l'un et l'autre : « Que Molière, pour détourner de lui la colère des personnages vivants, crut devoir déclarer qu'il n'avait point eu en vue les véritables précieuses, mais celles qui les imitaient mal. » Précaution adroite, ajoutent-ils, très adroite, ajoutons-nous, car l'abbé de Pure avait été bâtonné pour n'en avoir pas usé en traitant le même sujet.

M. Rœderer déploie encore une grande science de dates et de citations pour prouver que c'est mademoiselle de Scudéry et son cercle, et non la marquise de Rambouillet et son hôtel, que Molière a voulu railler dans sa comédie. C'est n'avoir raison qu'en partie. Mademoiselle de Scudéry fut pendant trente ans l'âme, le drapeau, la divinité du cercle de l'hôtel de Rambouillet. La faire le but presque ostensible des attaques contre cette société était une nécessité commandée au poète comique réduit à s'en prendre à quelqu'un en attaquant. Mademoiselle de Scudéry est le cercle de l'hôtel de Rambouillet tout entier parfaitement personnifié, moins l'âge, la grande distinction, la position souveraine de la marquise, toutes choses imposées au respect de Molière.

La comtesse de Grignan, la dernière fille de la marquise de Rambouillet, mourut en 1664, et un an après, la marquise elle-même s'éteignit, en emportant les dernières traditions et les dernières traces de sa célèbre réunion. Elle avait quatre-vingt-deux ans ; l'oubli l'avait depuis longtemps effacée d'un monde tout rempli autrefois de son nom et de sa gloire. La fameuse Julie, madame de Montausier, après avoir vécu de longues années dans la retraite et l'humiliation, par suite des amours du roi et de madame de Montespan, dont elle avait été injustement accusée de favoriser le scandale, mourut en novembre 1671, à l'âge de soixante-quatre ans.

Il va être question d'elle dans ce qu'il convient de dire de son mari, le duc de Montausier.

Un homme est à part dans le siècle de Louis XIV, si riche cependant en privilégiés de l'intelligence : ce fut le duc de Montausier, qui épousa Julie d'Angennes, la fille de l'illustre marquise de Rambouillet, et entra par ce mariage en possession de la terre seigneuriale de cette famille, demeurée sans héritier mâle, depuis la mort du marquis de Pisani. Sa place reste isolée ; quoique exceptionnelle, elle ne fut ni une bizarrerie ni absolument un bonheur. Si elle n'entre en comparaison avec aucune autre de l'époque, elle touche à toutes, ou plutôt toutes viennent à elle, de même que les nombreux chemins d'une forêt aboutissent à un carrefour. Il fut le centre, le résumé lumineux du grand siècle, sans qu'on puisse dire avec exactitude qu'il en fut un des rayons ; aussi n'a-t-il pas de définition précise dans les pages biographiques destinées à la glorification des hommes nés au souffle de Louis XIV. Ceux qui ne le connaissent pas, et le nombre s'élève assez haut, sont plus irréprochables que ceux qui, ayant vu passer silencieusement ce grand esprit, appuyé tantôt sur Molière et Pascal, tantôt sur Bossuet et La Rochefoucauld, ne se sont pas arrêtés afin de savoir de quoi il était fait pour ne pas se briser au contact de ses coudes d'airain. Les républiques sont plus à portée d'en posséder de semblables que les monarchies, dont la vertu n'est pas la condition d'existence ; et à vrai dire, les républiques même n'ont aucun mérite à les posséder, puisqu'elles ne sauraient s'en passer, surtout à leur origine. Washington n'est qu'un honnête homme de plus aux États-Unis, mais il est à peu près impossible de se le figurer général de Louis XIV, ou ministre sous Louis XV. Le duc de Montausier

se maintiendra au poste le plus périlleux de la grandeur, à des
conditions héroïques, et acceptera la responsabilité d'une tâche
qui ne lui assurera pas même la renommée du dernier écrivain
contemporain. Il offre le rare exemple d'un homme assez désintéressé pour travailler toute sa vie à se faire oublier après sa
mort, par modestie envers le monde, quoiqu'il fût plein de talents ; par attachement à son roi, quoiqu'il connût le prix de la
célébrité ; par abnégation pieuse, quoiqu'il fût mêlé au monde
le plus brillant de son siècle.

Une maison de Bretagne, ce pays fort, une maison de Touraine, cette contrée expansive, mêlèrent leur sang dans la personne du duc de Montausier, né le 6 octobre 1610. Son père
était un Sainte-Maure, sa mère une Châteaubriant. Ces noms
sonnent trop haut quand on les laisse tomber, pour que l'envie
n'ait pas feint de ne pas les entendre ; nous connaissons des
livres où la noblesse du duc de Montausier est complétement
niée. Aujourd'hui la question n'a aucune valeur sérieuse, aucun côté irritant ; mais au temps passé l'assertion a dû révolter
comme si l'on s'était mis à refuser le bon sens à Molière. Il est
vrai qu'on le lui a refusé. Rien n'est logique en soi comme la
méchanceté humaine. Presque tous les poisons minéralogiques
ont la base carrée.

Le duc de Montausier s'appelait marquis de Salles, quand son
père mourut, en laissant à sa jeune veuve des biens fort amoin-
dris par sa libéralité. Celle-ci vendit ses bijoux, rompit avec le
luxe des domestiques, et vêtue de la bure qu'elle filait elle-même
au fond d'une de ses terres, elle se voua à l'éducation de son
fils, le préparant de loin, et sans ménagements, aux fortes études qui l'attendaient au collége de Sedan. Point de repos : levé
avec le jour, aussitôt les courses dans la montagne, nu-pieds, nu-
tête ; au retour le déjeuner sobre et le travail ; le grec pour reposer du latin, le latin pour reposer du grec ; l'après-midi une
percée à cheval jusqu'au fond du bois ou au bord des grèves ;
le soir la prière, et la prière protestante, si longue et si austère.

Le duc de Montausier appartenait à une famille réformée :
cette circonstance explique le soin apporté à son éducation.
Forcés d'être meilleurs que les catholiques, leurs ennemis, les
huguenots se surveillaient beaucoup dans leurs mœurs privées,

et particulièrement dans l'éducation de leurs enfants. Depuis Henri III jusqu'à Louis XIV, ils ont soutenu sur ces deux points leur supériorité contre les catholiques. Leur passage a marqué. Les protestants ont traité la langue avec une clarté si vertueuse dans leur réponse aux théologiens orthodoxes, afin d'inviter ces derniers à les imiter, qu'ils ont doté la littérature d'une forme distincte, reconnaissable, souvent monotone, simple à l'excès, d'origine génevoise et de race allemande, mais conforme à la netteté, à la décence et à la pâleur des opinions réformées. C'est, en un mot, le style protestant.

C'est au collége de Sedan, savante institution calviniste protégée par les princes de ce nom, que furent envoyés le marquis de Salles et son frère aîné, le marquis de Montausier, pour y achever leurs études. Dans cette académie, les discussions théologiques prenant trop souvent la place réservée à d'autres études, les jeunes gens s'abandonnaient à la rage de la discussion. La polémique religieuse n'avait pas de difficultés pour eux. Ainsi s'expliquent les conférences vraiment lumineuses qui avaient lieu entre eux et les Bossuet, les Fléchier et les Bourdaloue, lorsque ces célèbres orateurs entreprenaient de les convertir. Les forces se balançaient. Des généraux, des maréchaux, des hommes de guerre faisaient pâlir et reculer la logique des dialecticiens par état.

Paris adoucit le caractère du marquis : il avait été théologien, il ne fut plus que duelliste; il ne lisait auparavant que Calvin et Théodore de Bèze, il se lia d'amitié avec Scudéry, Chapelain, Conrart, les pères de La Rue, Rapin et Bouhours. Son admiration pour Chapelain fut si longue et si exagérée, qu'il s'éloigna pendant de longues années de l'intimité pointilleuse de Boileau, le seul écrivain dont l'affection, subordonnée à l'orgueil, se soit fait attendre.

Il n'y avait alors en France qu'une profession pour les gentilshommes, les armes ; la magistrature n'était qu'un pis-aller honorable dans beaucoup de cas, et l'église, on le sait, était le refuge obligé des plus jeunes fils des familles nombreuses. Ce système, nécessaire d'ailleurs, éleva très haut la puissance militaire de la France, et aurait conservé à la royauté d'inébranlables appuis, si les ministres de Louis XIV n'avaient

lassé le dévoûment de la noblesse en la soumettant aux insultes des commis. Tant qu'on se borna à l'exposer à la mort,
elle se sacrifia sans hésiter ; mais du jour où on la traîna à
travers les sinuosités de la bureaucratie pour lui signer des
engagements ou lui accorder des récompenses, elle se rebuta,
se fit remplacer, et enfin se retira.

Le jeune marquis quitta Paris en 1630 pour se joindre à
son frère aîné, qui se battait contre les Espagnols dans la petite place de Rosignan, en Italie ; c'était encore sous Louis XIII
et le ministère de Richelieu. Il se distingua dans plusieurs ren-
contres périlleuses, quoiqu'il ne fût pas en vue comme son
frère et que la cour ne fournît pas volontiers aux protestants
l'occasion de sortir de la ligne obscure du devoir.

Il s'éprit de la célèbre Julie d'Angennes deux ans après, à
l'occasion d'un trait de dévoûment dont elle s'honora aux
yeux de tout Paris. Son jeune frère ayant été atteint d'une de
ces maladies meurtrières appelées improprement la peste pendant le moyen âge, quoiqu'elles n'aient jamais eu aucune analogie avec ce fléau de l'Orient, mademoiselle de Rambouillet,
malgré les prières, les avis, les menaces de ce mal subtil autant qu'implacable, s'enferma avec son frère et le veilla jusqu'au dernier moment. Toute la cour alla la saluer. Le jeune
marquis trouva l'action si courageuse et celle qui s'en était
rendue digne si gracieuse, si modeste et si belle, qu'il tomba
sérieusement amoureux. Cet amour fut un prodige d'ardeur
contenue, de constance fabuleuse, de réserve, d'inquiétude
muettes, pendant des années et des années. *La Clélie, Amadis
de Gaule* et *l'Astrée*, cessent d'être des féeries auprès de l'a-
mour du marquis pour Julie d'Angennes.

« Après Hélène, dit Tallemant des Réaux, il n'y a guère eu
de personnes dont la beauté ait été plus généralement chantée.
Cependant ce n'a jamais été une beauté. A la vérité elle a la
taille fort avantageuse ; on dit qu'en sa jeunesse elle n'était pas
trop maigre, et qu'elle avait le teint beau. Je veux croire, cela
étant ainsi, que, dansant admirablement comme elle faisait,
qu'avec l'esprit et la grâce qu'elle a toujours eus, c'était une
fort aimable personne. »

Introduit dans les réunions savantes de l'hôtel de Rambouillet

let, le marquis acheva de se laisser séduire. Mais deux immenses obstacles s'élevaient contre le dénoûment de sa passion. Il était protestant, et de plus mademoiselle de Rambouillet, en sa qualité de précieuse, envisageait physiquement et moralement le mariage avec horreur. Dans sa spirituelle comédie des *Femmes savantes*, Molière n'a pas omis de mentionner l'aversion bien prononcée de ces dames pour l'union brutale des corps. Ce trait de caractère ne pouvait guère lui échapper, et c'est le meilleur de son ouvrage.

Dans nos mœurs nouvelles, nous aimons trop la conclusion en toutes choses pour qu'il soit permis d'approuver aujourd'hui, sans la restriction du sourire, ces sentiments farouches qui finissaient toujours par se rendre, et de comprendre ces passions démesurées, longues de vingt, de trente ans, commencées avec la jeunesse, terminées en cheveux gris. Mais une fois admises, — et de fait elles ont existé, — il faut leur reconnaître la beauté idéale de la durée, celle de l'infini, la supériorité éternelle de l'esprit sur la chair. Là était aussi, et fermement constatée, l'influence des livres sur les mœurs, et si réellement que, par une réciprocité énergique, la société cherchait à ressembler aux héros de romans, et les héros de romans ne voulaient être que la copie des supériorités morales e l'époque, qui s'épuraient en s'arrêtant au milieu de la vie privée.

Par la mort de son frère aîné, tué dans la Valteline, le marquis de Salles devint le marquis de Montausier, et fut créé après deux campagnes brillantes maréchal-de-camp. Il n'avait que vingt-huit ans lorsque le roi le nomma gouverneur de la Haute-Alsace.

Fait prisonnier cinq ans après la bataille de Dutlingen, sa captivité de dix mois fut adoucie par sa correspondance avec Julie, à laquelle il avait déclaré son amour depuis treize ans. Julie marchait ainsi sans frémir sur sa trente-sixième année, moins occupée du regret de ne pouvoir offrir à son mari que des charmes déjà près de l'horizon, que des moyens de prolonger sa romanesque résistance.

Madame de Montausier, affligée de la longue captivité de son fils, paya sa rançon, qui fut fixée à dix mille écus. Libre, le marquis ne consentit à rester en France qu'après avoir racheté plusieurs de ses officiers, faits prisonniers avec lui, se conduisant, ajoute un de ses historiens, comme le grand Du Guesclin. Enfin il revit la cour et mademoiselle de Rambouillet ; de nos jours on dirait : « Il revit la France, » et cela suffirait ; mais alors, la cour c'était la France. Pour prix de ses services, la reine le nomma lieutenant-général des armées du roi ; pour prix de sa constance, mademoiselle de Rambouillet avoua hautement son estime pour lui. Elle n'alla pas plus loin ; le marquis n'avait pas suffisamment soupiré, langui sur *la roche pauvre* comme Amadis, pour qu'elle l'aimât. La proposition de mariage fut rejetée au loin. Si tôt ! Rien que quatorze ans d'attente ! Mais que seraient devenues les mœurs ?

Le marquis occupait trop l'attention pour que l'on ne cherchât pas à le rallier à la vraie religion. L'Église tressaillerait de joie à ce triomphe, et mademoiselle de Rambouillet, étant en droit de revendiquer la plus belle part de ce sacrifice, n'opposerait plus de refus à la demande de sa main. Sans descendre jusqu'au fond des causes de cette conversion, qu'il faut croire sincère (car le marquis devint un des meilleurs catholiques, même aux yeux de Louis XIV, connaisseur terrible en ces sortes de matières), il faut se borner à dire que mademoiselle de Rambouillet ne passa nullement, ainsi qu'on l'espérait, à l'occasion de ce changement de foi, de l'estime accordée à l'amour attendu. La conversion lui plut, mais le converti n'avait pas assez pâti pour ses beaux yeux. Il me faut encore de glorieux exploits, dit-elle, nous verrons ensuite. Le marquis courut en chercher en Allemagne, d'où il en revint chargé. Nouvelle faveur de la reine, qui le nomme à son retour gouverneur de l'Angoumois.

Comme la belle Julie d'Angennes, malgré la perspective de la quarantaine, résistait encore aux sollicitations de mademoiselle Paulet, de madame de Sablé et à celles du marquis, plus amoureux, plus tendre, plus pressé que jamais, la reine même, la reine ! et le cardinal de Mazarin, appelèrent en audience particulière le père et la mère de la romanesque obstinée, et les engagèrent à employer contre leur fille toute l'autorité dont la nature, la religion et les lois les armaient. La royauté intervenait, le sceptre à la main, dans la famille, magnifique négociation! pour qu'un mariage si assorti se réalisât. Mademoiselle de Rambouillet obéit. Ce difficile mariage, type des mariages décrits par mademoiselle de Scudéry et la Calprenède dans leurs romans héroïques, eut lieu à Ruel, le treizième jour de juillet de l'an 1645. Toute l'Europe lettrée s'intéressa à cette nouvelle, dernier chapitre d'un roman dont on attendait la fin avec une émotion haletante. *Je l'aurais fait,* disait mademoiselle de Rambouillet à propos de son consentement à ce mariage, *pour l'amour de lui, sans tous ses gouvernements, si j'en avais eu la fantaisie.* « Je pense pourtant, dit Tallemant des Réaux dans ses mémoires, qu'elle considéra aussi que d'une vieille fille elle devenait une nouvelle mariée. »

« Le chevalier de La Rivière disait en riant que le reste de la nuit s'était passée en beaux sentiments. Le marquis est plus jeune qu'elle ; elle avait trente-huit ans. »

La Fronde ayant éclaté, le marquis se retira dans son gouvernement d'Angoumois, inébranlable à toutes les propositions que lui fit le prince de Condé pour l'attirer dans son parti contre la cour. Déjà s'élargissait en lui, dans des proportions héroïques, cette conscience qui a tenu lieu de génie à quelques hommes.

Dans un choc avec les frondeurs, l'escadron des gendarmes d'Harcourt l'abandonne. Le marquis reste et résiste à près de cent soldats qui font feu sur lui à portée de pistolet. Si la chaleur ne l'avait pas obligé de changer sa casaque brodée contre l'habit plus léger d'un de ses gens, il était massacré sans merci. La chance ne fut guère meilleure. Il fut sillonné, déchiqueté par plus de soixante balles; on tua son page, on tua son cheval; il reçut, outre dix coups de pistolet dans le bras gauche qu'à la fin on lui brisa au coude, trois coups d'épée, dont deux à la tête, l'autre à la main, à peu près détachée du poignet. Ce brave capitaine avait acquis sans doute le droit de donner son avis sur la gloire comme il avait celui de le donner sur toutes les passions et douleurs humaines, ayant vécu prisonnier et langui d'amour aux pieds de mademoiselle de Rambouillet. Tout cela doit passer pour de l'expérience.

Longtemps malade des suites de ses blessures, qu'on crut

d'abord mortelles, il se livra de nouveau, loin du champ de bataille et de la cour, à ses doctes entretiens avec les personnes que
réunissait encore chez elle, malgré son extrême vieillesse, sa
belle-mère, la marquise de Rambouillet. Il revenait toujours
aux belles-lettres ; elles le trouvaient fidèle à toutes les époques
de sa vie. Il remplaçait, pour ainsi dire, le sang perdu et la
jeunesse envolée par la science et l'étude. La teinte sérieuse
de son caractère prenait le dessus et assombrissait ses pensées.
C'était un homme de toutes pièces. Ses affections, ses vertus,
ses opinions ne roulaient que sur des gonds solides et pris
dans le chêne. Bon avec réflexion, il passait pour dur auprès
des gens superficiels, sauvage même, quoique personne ne
fût plus que lui juste, dévoué, exact dans ses promesses. Sa
galanterie avait l'ampleur castillane ; point d'empressement ; il
riait peu, ne jouait qu'avec peine. Sa table et ses équipages
attestaient son goût pour la splendeur. Sa propreté est devenue
historique. De quatre enfants, il ne parvint à élever qu'une
fille, dont il fut le précepteur et l'ami. Cette enfant était un
ange d'esprit. « On amena un jour un renard chez son papa.
Dès qu'elle l'aperçut, elle mit les mains à son collier ; on lui
demanda pourquoi : « C'est de peur, dit-elle, que le renard ne
me le vole ; ils sont si fins dans les fables d'Esope. » Quelques
mois après on lui disait : « Venez, voilà le maître du renard ;
que vous en semble ? — Il me semble, dit-elle, encore plus fin
que son renard. » Elle devint la femme du comte de Crussol,
fils aîné du duc d'Uzès.

En 1664, le prince de Créquy ayant été insulté à Rome, on
obligea le pape à envoyer son neveu en France avec des excu-
ses. Le marquis de Montausier fut chargé par Louis XIV d'aller au devant du légat jusqu'à Marseille. Cette mission lui va-
lut, à la fin des négociations, des lettres de duc et pair, et à sa
femme le titre de dame d'honneur de la reine joint à celui de
gouvernante du dauphin, qu'elle avait déjà.

En 1668, le roi, après une rigoureuse appréciation des
hommes les plus distingués de son royaume, appela auprès de
lui le duc de Montausier, et lui annonça *qu'il le faisait gouverneur de son fils, parce qu'il croyait ne le pouvoir mettre
en de meilleures mains.* Le duc tomba à genoux, écrasé

sous le poids d'un honneur dont il ne se croyait pas digne, et dont il mesurait d'un coup d'œil, malgré sa surprise, toute la périlleuse responsabilité. Vivre à la cour! lui si heureux de l'ombre et du silence de son cabinet; plaire aux courtisans, toujours attentifs aux principes d'éducation qu'il donnerait au dauphin, lui esclave de la vérité et de la vérité absolue, despotique, orientale; d'un enfant faire un roi, et de ce roi un honnête homme! lui dont la parole, pour ainsi dire à pic, avait la fierté et l'élancement d'un rocher au milieu de la mer! Mais Louis XIV le voulut, il fallut obéir; sa volonté éloigna tous les envieux qui depuis longtemps demandaient et faisaient demander, par les galeries souterraines de l'intrigue, la place de gouverneur du dauphin. En présentant le duc de Montausier à son fils, Louis XIV dit: « Voilà, mon fils, un homme que j'ai choisi « pour avoir soin de votre éducation. Si vous suivez ses instruc- « tions et ses exemples, vous serez tel que je vous désire; si « vous n'en profitez pas, vous serez moins excusable que la « plupart des princes dont on néglige ordinairement les pre- « mières années; et moi, je serai quitte envers tout le monde, « le choix que j'ai fait me mettant à couvert de leur reproche. » Agenouillé et baisant tendrement la main du dauphin, M. de Montausier lui dit ces belles paroles: « Recevez, monseigneur, « cette marque de soumission et de respect d'un homme qui, « pendant quelques années, ne vous en donnera pas de pareil- « les, mais qui, en devenant en quelque sorte votre maître, « n'oubliera jamais que vous devez être un jour le sien, et qui « sera toujours prêt à sacrifier son repos, ses intérêts et sa « vie pour votre utilité. »

On sait comment il éleva ce prince qui ne devait jamais régner. Chargé de lui choisir un précepteur, son choix tomba sur Bossuet, alors évêque de Condom. Il alla droit au génie; et quand il l'eut fait agréer, malgré les scrupules du roi, il lui demanda d'écrire, pour l'instruction particulière de son élève, le *Discours sur l'Histoire universelle*; c'était lui commander tout simplement un des rares morceaux d'éloquence sur lesquels l'admiration de tous les peuples se rencontre. Nous devons le *Discours sur l'Histoire universelle* au duc de Montausier. Il est à remarquer que Bossuet, tout renommé qu'il était déjà pour ses prédications évangéliques, ne fut pas trouvé suffisamment versé dans les belles-lettres pour les enseigner au prince ; son titre de précepteur n'impliquait pas ce devoir. Ce fut à Huet, évêque d'Avranches, que l'on confia le soin d'orner la mémoire du prince des beautés des différentes littératures. Une pareille abnégation chez Bossuet est bien faite pour apprendre aux esprits élevés à tempérer leur ambition. Celui qui roulait dans sa tête les pensées et les magnifiques paroles du *Discours sur l'Histoire universelle* consentait sans murmurer à n'être pas un des premiers littérateurs de son temps.

Il n'y avait pas un an que le duc de Montausier remplissait sa charge de gouverneur du dauphin, lorsque la mort de sa femme vint pour ainsi dire le frapper sous la couronne.

L'immortelle Julie, la fleur du grand jardin des beaux esprits, la nonpareille de Voiture et de Balzac, la femme la plus célèbre du XVIIe siècle, après sa mère, l'amie de tout ce qui tint avec honneur la plume et l'épée, celle qui, continuant d'heureuses traditions, introduisit l'esprit dans les bonnes mœurs (les mauvaises n'en manquent jamais ; elles ont tant à se faire pardonner !) : celle qui a contribué par ses idées, par ses tentatives, par le malheur même de quelques-unes de ses tentatives, à fouetter le sang engourdi d'une langue qui ne pouvait plus être ni celle de Ronsard ni celle de Regnier, Julie d'Angennes de Rambouillet, duchesse de Montausier, mourut le 15 novembre 1671, à l'âge de soixante-quatre ans. Le roi la pleura, Fléchier prononça son oraison funèbre. On en parlera toujours.

Le duc alla de nouveau demander à ses fonctions de gouverneur des distractions au plus grand chagrin de sa vie.

Il ne quittait jamais le prince, dont l'éducation se faisait au château de Versailles. La première fois qu'ils en sortirent tous les deux à cheval, le dauphin s'arrêta avec étonnement devant les huttes de boue et de chaume construites autour du palais ; Versailles n'était pas comme aujourd'hui une ville riche et régulière. « Ce sont là les habitations des pauvres gens de la campagne, » lui expliqua son gouverneur. Le dauphin crut qu'il s'amusait de sa crédulité. Des paysans, même des paysans, ne pouvaient se loger dans ces tanières. « Descendons, lui dit alors le duc. » Ils entrèrent dans une de ces cabanes. « Voyez, ajouta-t-il, c'est sous ce chaume, monseigneur, et dans cette misérable retraite que logent le père, la mère et les enfants qui travaillent sans cesse pour payer l'or dont vos palais sont ornés, et qui meurent de faim pour subvenir aux frais de votre table. »

Voilà ce qu'était le duc de Montausier ; il parlait de cette manière au fils aîné de Louis XIV, à la porte dorée du parc de Versailles ; et voilà comment se relevaient les grands hommes après s'être mis à genoux aux pieds d'un enfant royal. Dans ce respect se cachait plus d'indépendance véritable qu'on ne le croit.

Il écrivit pour son élève un recueil de maximes à la manière de Fénelon, monument de vérités neuves dont la base était que les rois sont faits pour les peuples et non les peuples pour les rois. Ce n'est point là philosophie amère de La Rohefoucauld ; si l'homme n'y est pas aussi complétement mis à nu, il y est traité du moins avec plus de pitié.

Il est temps de dire le prix que reçut le duc de Montausier pour tant de soins et d'abnégation. Après la publication de ses maximes, les courtisans le déclarèrent incapable de former le moral d'un prince. Il traitait le dauphin trop durement ; il en ferait un moine. D'ailleurs le fils d'un roi n'était pas né pour suivre des conseils où on ne lui prêchait que l'égalité ; qu'avait de commun la morale d'un prince et celle des autres hommes ?

Connaissant cet endroit caverneux plein de serpents qu'on nomme la cour, le duc de Montausier ne se serait point ému de ces calomnies si la reine, dans sa faiblesse maternelle, n'eût partagé des craintes hypocrites. Alors il fut de son devoir d'exposer au roi lui-même le plan qu'il suivait dans l'éducation du dauphin. Sa lettre est restée comme un modèle de bon sens, de netteté et de modération. Le roi fut convaincu ; il persuada la reine, et le duc conserva ses fonctions jusqu'en 1680, époque où le dauphin se maria avec Marie-Anne-Christine-Victoire, princesse de Bavière. Ce fut vers ce temps-là aussi qu'il se lia d'une étroite amitié avec Boileau, qui avait déjà écrit de lui dans l'épître à Racine, malgré une froideur dont nous avons dit la cause :

> Et plût au ciel encor, pour couronner l'ouvrage,
> Que Montausier daignât y joindre son suffrage!

Cette noble vie descendait de ses hauteurs sereines vers la tombe; des infirmités douloureuses faisaient au duc un devoir de quitter la cour. L'asthme le fatiguait, la religion le voulait tout entier. Il quitta la cour pour mourir. On l'inhuma auprès de l'illustre Julie, son épouse, dans la chapelle des Carmélites du faubourg Saint-Jacques, le 17 mai 1690, âgé de quatre-vingts ans moins cinq mois. Ce fut encore Fléchier qui prononça son oraison funèbre.

Que reste-t-il à dire de ce beau type du grand siècle quand on se souvient que Molière le prit pour le modèle de son *Misanthrope?* — Lorsque cette comédie, ou plutôt cette sublime élégie de la probité humaine parut, on essaya, je ne sais trop par quel côté, d'indisposer le duc contre Molière. M. de Montausier répondit : « Je n'ai garde de vouloir du mal à Molière; il faut que l'original soit bon, puisque la copie est si belle. Le seul reproche que j'aie à lui faire, c'est qu'il n'a pas imité assez parfaitement son modèle; je voudrais bien être comme son misanthrope; c'est un honnête homme. »

Quelques seigneurs de la maison d'Angennes furent inhumés dans l'église de Rambouillet, que rien ne met au-dessus d'une église de village; mais les bouleversements sociaux, survenus depuis leur installation funèbre, ont fait perdre la trace des endroits où étaient déposés leurs corps. Il faut regretter principalement un tombeau que son exécution indiquait comme une œuvre d'art; il était en pierre : un homme à genoux et armé, ayant ses gantelets par terre, devant lui, signe de mort naturelle, était posé sur le couvercle; placée derrière lui, sa femme gardait la même attitude pieuse; on voyait sculpté au mur, où s'adossait le tombeau, leur écu *parti* de leurs armes. D'après de consciencieuses recherches, on a pu assurer que l'homme était Nicolas d'Angennes, seigneur de Rambouillet, de la Villeneuve et de la Moutonnière, vidame du Mans, gouverneur de Metz et pays Messin, conseiller d'Etat, lieutenant-général des armées des rois Charles IX et Henri III, et capitaine des gardes de ce dernier; la femme, Julienne, dame d'Arquenay, de Champfleuri, de Bignon et de Maisoncelle, fille unique et héritière de Claude, seigneur d'Arquenay, vidame du Mans, et de Madelaine de Bourgneuf de Cucé. En 1794, lorsqu'on remua les fondations de l'église de Rambouillet, pour en extraire le salpêtre, ce tombeau fut démembré sans qu'on ait su depuis ce qu'étaient devenues les deux statues.

Le domaine de Rambouillet fut apporté en dot à Charles de Crussol, duc d'Uzès , par Marie-Julie de Sainte-Maure, fille de Charles de Sainte-Maure, plus tard duc de Montausier, et de Julie d'Angennes. Par suite de ce mariage, le nom s'éteignit en elle, et la propriété seigneuriale passa dans la famille d'Uzès, après avoir été possédée pendant plus de trois cents ans par les d'Angennes, seigneurs de Rambouillet.

Fleuriau d'Armenonville (Joseph-Jean-Baptiste) acheta, par décret du 4 septembre 1699, le domaine de Rambouillet à la famille de Crussol, pour le revendre, le 10 février 1706, à Louis Alexandre de Bourbon, comte de Toulouse, duc de Damville et de Penthièvre, grand amiral de France, le plus jeune des fils légitimés de Louis XIV et de madame de Montespan.

La terre fut alors érigée en duché-pairie, pour lui et ses enfants, tant *mâles que femelles*, par lettres du roi Louis XIV, données au mois de mai 1711. A la mort du roi, le parlement, en récompense des services rendus au pays par le comte de Toulouse, contrairement à la mesure prise envers tous les enfants illégitimes de Louis XIV, continua à lui conserver les prérogatives dont il jouissait auparavant.

Le comte de Toulouse portait de France, à la barre raccourcie de gueule.

Ce prince, à qui Rambouillet dut des embellissements, dont les traces survivent encore, fut le troisième fils qu'eut Louis XIV de la marquise de Montespan. Il naquit à Versailles le 6 juin 1678 ; son frère aîné était le duc du Maine. Aux immenses richesses possédées par les princes légitimés, aux honneurs considérables dont ils jouirent sans interruption, eux et leurs descendants, malgré la formidable jalousie de quelques princes du sang et la haine active de la haute noblesse, si éloquemment personnifiée dans le duc de Saint-Simon, on mesure l'humanité inaltérable de Louis XIV, son amour pour sa famille, sa générosité envers elle, générosité si grande, que, tous les biens de ses enfants illégitimes ayant fait retour à la branche d'Orléans, celle-ci s'est enfin trouvée beaucoup plus riche que la branche aînée. Nommé amiral de France à cinq ans, le comte de Toulouse en avait à peine seize lorsque Louis XIV le créa duc et pair, et ordonna son installation au parlement. « Peu de pairs, dit Saint-Simon dans ses mémoires bilieux, osèrent ne pas s'y trouver. Il fut peu de jours après installé comme amiral de France à la table de marbre, par le premier président. » Qu'on juge par l'aveu si pénible de Saint-Simon, — réduit, pour ne pas déclarer que presque tous les pairs se rendirent au parlement, à dire que peu osèrent ne pas s'y trouver, — du dédain de la pairie pour cette élévation, non pas inouïe, puisque le duc du Maine était déjà duc et pair, mais si difficilement tolérée. Avant même sa nomination, le comte de Toulouse, traité en prince du sang par la volonté de Louis XIV, reçut en 1694, à Versailles, avec le cérémonial imposé, l'ambassadeur de Venise. En sa qualité d'amiral, il eut un an après le gouvernement de Bretagne, excellemment maritime, et il l'eut, il faut le dire, par une injustice du roi son père qui, pour l'en investir, l'ôta au duc de Chaulnes, au grand regret de toute la noblesse, moitié surprise, moitié indignée d'une telle spoliation. C'est en ces sortes d'actes de souveraineté que Louis XIV déployait ce despotisme dont il serait erroné de croire qu'il ne faisait usage que contre ses sujets. Il exigea encore qu'à l'étranger comme en France, ses fils légitimés fussent traités en princes du sang ; aussi, lorsque le comte de Toulouse, se promenant avec son escadre sur la Méditerranée, aborda les côtes des Etats de l'Eglise, le pape l'envoya complimenter, heureux, prétexta-t-il avec toute la subtilité romaine, heureux d'un antécédent à faire valoir. Le même honneur avait été accordé autrefois à don Juan d'Autriche. En 1703, au moment de la guerre contre les Anglais et les Hollandais, il prit le commandement de la flotte française, et l'on vit alors le maréchal de Cœuvres, un maréchal de France, hiérarchiquement placé au-dessous d'un légitimé : « Mais, s'écrie Saint-Simon, le maréchal fut subordonné non pas au bâtard, mais à l'amiral, comme si, d'un côté, le bâtard ne devait pas son grade à sa bâtardise même, et comme si, de l'autre côté, il était jamais imposé d'obéir à autre chose qu'au grade. » La haine de Saint-Simon contre les fils indirects de Louis XIV, est la plus amusante colère de l'histoire, avant même les fastidieuses, les éternelles prétentions de ce même duc de Saint-Simon à une noblesse fabuleusement immaculée, exquise, incomparable. Quel petit esprit que ce grand écrivain ! Il en dit tant contre la noblesse d'autrui et tant en faveur de la sienne, dont il est plein jusqu'à l'hébêtement de l'ivresse, que la sienne serait volontiers celle en qui l'on croirait le moins.

Cependant sa répugnance envers les princes légitimés, sauf exagération, est un sentiment précieux à étudier, car il cache au fond une connaissance exacte des principes conservateurs de la monarchie. Pour peu que Louis XIV, et le cas a été imminent, n'eût laissé après lui que des bâtards pour héritiers, je ne vois pas par quelles raisons l'un d'eux ne lui eût succédé, puisqu'en 1714 il les déclara habiles à régner, et pourquoi ce successeur n'eût mêlé son sang rien qu'à demi royal avec le sang d'une nouvelle La Vallière ou d'une nouvelle Montespan ; ceci ayant lieu, il arrivait qu'à la troisième génération seulement, la nuance bourbonnienne se trouvait absorbée ; et, pour nous aider d'une comparaison, de blanche qu'elle était avec Louis XIV, et de mulâtre qu'elle était devenue avec ses enfants naturels, le comte de Vermandois, la princesse de Conti, le duc du Maine, etc., etc., elle arrivait à être complétement noire avec les fils de ces enfants naturels. Saint Simon comprenait, en l'outrant, le droit de l'aristocratie à ne pas souffrir cette dégénérescence de la légitimité royale, de tout temps uniquement fondée sur l'inaltérable perpétuité du sang. Devait-on souffrir sur le trône ce qu'on regardait comme une indignité dans la plus obscure famille de gentilhomme ? Avec un peu plus d'égard envers les personnes, Saint-Simon parviendrait souvent à faire partager son opinion ; mais sa méchanceté est si profonde, si noire, si recherchée, qu'on se prend d'un attachement infini pour les princes légitimés, à cause même de ses brutales attaques. Qui ne préférerait un duc de Penthièvre, fût-ce sur le trône, particulièrement sur le trône, à la place d'un Louis XV ?

La plupart des fils naturels de Louis XIV ne manquèrent ni d'intelligence ni de courage. A une grande bataille navale livrée le 24 août 1704, devant Malaga, et où prirent part les escadres de France, d'Angleterre et de Hollande, le comte de Toulouse combattit vaillamment pendant dix heures les deux flottes étrangères; il démâta le vaisseau amiral anglais, coula le vaisseau amiral hollandais, tua trois mille hommes, et non dix mille, comme l'avance Saint-Simon, sans perdre un bâtiment français, sans perdre, dit-on, un mât seulement, dernière circonstance qui prouve plutôt le bonheur que la bravoure. Les boulets emportèrent quatre de ses pages à ses côtés, et, sans l'avis de l'espèce de gouverneur que le roi lui avait imposé, affirme Saint-Simon, contredit et réfuté sur ce point comme sur beaucoup d'autres se rapportant à cette glorieuse journée, il prenait Gibraltar, loin d'être défendu comme aujourd'hui. Quand, quelques jours après, les Espagnols, soutenus par nos vaisseaux, allèrent mettre le siége devant cette fortification, il était trop tard. Gibraltar est un Polyphème de canons qu'on ne prendra jamais qu'endormi. Cette belle campagne navale est la seule où le comte de Toulouse ait eu l'occasion de justifier son titre d'amiral.

Le ministre de la marine, Pontchartrain, que Saint-Simon appelle tout nettement un monstre, eut peur de ce courage remuant et heureux. Il l'amortit, le découragea, l'éteignit; en sorte que, dans sa vie destinée aux grandes choses, le comte de Toulouse n'eut que cette affaire de Malaga, de même que son fils, le duc de Penthièvre, n'eut que Fontenoy. Le roi d'Espagne, Philippe V, lui écrivit de sa main une lettre flatteuse en lui envoyant le collier de la Toison-d'Or. On peut dire qu'il en fut étranglé et non décoré, car sa carrière finit là. Réduit à n'être plus qu'un prince heureux, il chercha à se créer près de la cour des loisirs dignes de son rang. « Il acheta d'Armenonville, dit Saint-Simon (1705), la terre de Rambouillet, à six lieues de Versailles, près de Maintenon, dont le comte fit un duché-pairie, érigé pour lui, et une terre prodigieuse par les acquisitions qu'il y fit dans la suite. Armenonville, qui ne vendait que par respect, eut en pot-de-vin, pour lui et pour son fils après lui, l'usage du château et des jardins de la Muette et du bois de Boulogne, que le roi détacha de la capitainerie de Catelan en dédommageant celui-ci. »

En cinq ans le comte de Toulouse réunit à Rambouillet les propriétés, terres, seigneuries, forêts, étangs, prairies nécessaires à son développement. C'est lui qui changea la figure du château par des additions nombreuses. Il fit combler les fossés et recula considérablement les limites du parc, que Le Nôtre fut chargé de dessiner, tâche dont le fameux jardinier s'acquitta avec son habileté accoutumée. Les vastes et faciles eaux de Rambouillet s'encaissèrent dans des canaux qui étonnent par leur étendue et la diversité des points de vue qu'ils offrent.

Naturellement silencieux, méditatif, — il avait plus d'un sujet de tristesse, — le comte de Toulouse se plut à vivre derrière les bois épais qui le séparaient de Versailles, lisant beaucoup, chassant, s'enfonçant dans l'étude de la navigation, qu'il ne se décida pas tout de suite à regarder comme une carrière fermée pour lui. Il apprit avec beaucoup d'indifférence l'édit du mois de juillet 1714, qui l'appelait, ainsi que le duc du Maine, son frère, à la succession de la couronne, et les autorisait, eux et leurs descendants, à prendre le titre de princes de sang royal. Cette qualité l'enorgueillit si peu, qu'il se maria obscurément avec madame de Gondrin, une veuve, sœur du duc de Noailles. Quelque grands qu'on fasse les Noailles, en les élevant, si l'on veut, d'alliance en alliance jusqu'au XIIIe siècle, il y avait loin de là à un comte de Toulouse, prince de sang royal, capable de succéder au trône. Aussi, son mariage fut-il tenu secret jusqu'à la mort du duc d'Orléans, en 1723.

Au reste, cette noble dame de Noailles a laissé un souvenir impérissable dans la mémoire des hommes, un diamant sans prix, et un monument plus respectable même que le château de Noailles, dont on ne sait pas l'origine. Le diamant est une pierre noire, usée, rongée aux angles, où on lit : Hospice fondé par la Comtesse de Toulouse. 1731. Le monument, c'est l'hospice. Il fait face au château de Rambouillet.

Chéri de Louis XV, le comte de Toulouse était destiné, dans la pensée de ce roi, à succéder au premier ministre, le cardinal Fleury. La mort arrêta un si beau projet. Ayant déjà subi une première opération de la taille, il ne survécut pas à une seconde, dont il souffrit cruellement pendant vingt-deux heures.

Louis-Alexandre de Bourbon, comte de Toulouse, dont nous avons sommairement indiqué la participation aux embellissements de Rambouillet, y mourut le 1er décembre 1737. Ayant exprimé le désir modeste, dans ses dernières volontés, d'être inhumé dans l'église de la paroisse du château, son corps y fut porté le 4 décembre 1737. On écrivit sur le marbre du caveau :

CI-GIST

TRÈS HAUT, TRÈS PUISSANT ET TRÈS EXCELLENT PRINCE,

LOUIS ALEXANDRE DE BOURBON,

PRINCE LÉGITIMÉ DE FRANCE, DUC DE PENTHIÈVRE,

DE CHATEAUVILLAIN ET DE RAMBOUILLET,

MARQUIS D'ALBERT, COMMANDEUR DES ORDRES DU ROI,

LIEUTENANT-GÉNÉRAL DE SES ARMÉES,

CHEVALIER DE LA TOISON-D'OR,

GOUVERNEUR ET LIEUTENANT-GÉNÉRAL POUR SA MAJESTÉ

DANS SA PROVINCE DE BRETAGNE,

PAIR, AMIRAL ET GRAND VENEUR DE FRANCE ;

DÉCÉDÉ EN SON CHATEAU DE RAMBOUILLET,

LE PREMIER DÉCEMBRE 1737,

AGÉ DE CINQUANTE-NEUF ANS SIX MOIS ET VINGT-QUATRE JOURS.

PRIEZ DIEU POUR LUI.

Le fils du comte de Toulouse, le duc de Penthièvre, illustra sa constante résidence à Rambouillet par des bienfaits dont on ne sait qu'une faible partie, tant il y mit de la chasteté. Le duc de Penthièvre naquit à Rambouillet, le 16 novembre 1725. Si quelque chose pouvait relever dans l'estime du monde la déviation de l'illégitimité, en matière de race royale, ce serait à coup sûr l'exemple du comte de Toulouse, fils naturel de Louis XIV et de madame de Montespan, et l'exemple plus concluant encore du fils du comte de Toulouse, le duc de Penthièvre. Celui-ci hérita de la beauté de sa grand'mère, la royale favorite, et de la générosité de Louis XIV, dont il n'eut aucun des vices brillants. Quoiqu'il ait payé, comme tous les hommes, sa dette au malheur, puisqu'il fut père à son tour et qu'il vécut

4.

longtemps, on peut le considérer comme une rare réalisation de l'utopie populaire qui met le bonheur dans l'extrême opulence jointe à l'extrême grandeur. Peu de princes vinrent au monde avec autant de biens ; aucun, j'imagine, n'en acquit autant pendant sa vie. L'étendue extraordinaire de ses richesses explique celles de la famille d'Orléans, devenue à sa mort son unique héritière.

A sept ans, à l'époque où il était d'usage de retirer des mains des gouvernantes les jeunes princes de sang royal pour confier aux hommes leur éducation, le duc de Penthièvre fut tenu sur les fonts baptismaux par le roi Louis XV et la reine, dans la chapelle de Versailles. Son gouverneur fut le marquis de Pardaillan, officier-général dans la marine, et ses deux autres sous-gouverneurs, également pris dans l'armée navale, furent MM. de Lizardet et de La Clue, l'un et l'autre gentilshommes du comte de Toulouse. On lui donna pour précepteur l'abbé Quénel, et plus tard, pour professeur de physique, l'abbé Nollet, une des plus vives lumières du xviiiᵉ siècle.

La monarchie ancienne a emporté avec elle ces solennelles éducations portées si haut par Bossuet, Fénelon et Fleury, œuvres graves et patientes, souvent poursuivies depuis le premier âge de l'élève jusqu'à son couronnement, enseignements si vastes que le peuple en avait sa part, comme lorsque l'évêque de Meaux écrivait pour son royal écolier l'*Histoire universelle*, et que Fénelon dictait au sien les pages suaves de *Télémaque*.

Il avait environ douze ans lorsque son père, le comte de Toulouse, mourut à Rambouillet, dans sa soixantième année, le 1ᵉʳ décembre 1737. Ses consolations ne lui vinrent point de la charge de grand veneur, ajoutée à celle de grand amiral et de gouverneur de Bretagne, dont Louis XV lui avait déjà assuré la survivance, mais de la tendresse de sa mère.

Comme le grand amiral n'avait pas encore vu la mer, et que la mer est fort loin de Paris, on construisit à Brest une petite flottille destinée à naviguer sous ses ordres, dans les eaux de Rambouillet. Quand les vaisseaux à trois ponts, les frégates, les gabarres, les bricks, les goëlettes, les galères, furent achevés, on les transporta pièce à pièce à Rambouillet, où, reconstruits de nouveau, ils furent lancés dans les canaux du royal domaine. On simulait tantôt un voyage autour du monde, tantôt un combat, tantôt un incendie, afin de développer l'adresse et le courage de l'élève, qui, selon le caractère de l'exercice, grimpait aux mâts, mettait le feu au canon ou se sauvait à la nage, son épée d'amiral à la main.

En grandissant, le prince prit un caractère sérieux que l'âge et des habitudes ascétiques rendirent mélancolique à l'excès. Son immense affection pour les pauvres commença de bonne heure. Tout enfant encore, il donna, un jour qu'il se promenait dans le bois de Vincennes, cinquante louis à une mendiante, se croyant libre de disposer de la pension que sa mère lui faisait compter chaque mois par son trésorier. Effrayée de la somme, la mendiante voulut la rendre; mais la comtesse de Toulouse refusa de la recevoir; elle se borna à faire observer à son fils combien la charité consistait moins à prodiguer l'or qu'à le répartir avec intelligence autour de soi; car la charité tient de la lumière; elle est douce et féconde, parce qu'elle est universelle. Sa mère exerça une grande influence sur sa vie, en formant son esprit de bonne heure. Dans une condition moins élevée, on a vu également tout ce que le duc de Montausier dut d'excellents principes à sa mère. On n'a pas assez remarqué l'ascendant glorieux des mères aux XVIIe et XVIIIe siècles sur la famille noble. Elles accompagnent l'enfant jusqu'au moment de la première émancipation; elles lui donnent le lait, la religion, la politesse, la galanterie; elles ne s'en séparent que lorsqu'il va monter sur son cheval de guerre. Leurs empreintes sur ces chairs tendres ne s'effaçaient jamais. Aussi étaient-elles plus longtemps aimées qu'aujourd'hui. Il est peu de grandes familles dans les deux derniers siècles qui n'aient autant de gloires de mère à citer que de gloires filiales. Il y a des mères souveraines parmi les Boufflers, les Villeroi, les Luxembourg, les Créqui, et mille autres. Ce sont des figures colossales de femmes portant sur leurs fortes épaules l'entablement de la monarchie: on ne peut mieux les comparer qu'à ces cariatides placées par Jean Goujon autour des murs du Louvre pour en soutenir les corniches.

A dix-sept ans le duc de Penthièvre servit en qualité de volontaire à côté du duc de Chartres dans la campagne des Pays-Bas. Le volontaire avait à mériter la croix de Saint-Louis qu'il portait comme grand-amiral, et la Toison-d'Or. Voici en quels termes parlait de lui le maréchal de Noailles après la bataille de Dettingen : « Il s'est trouvé dans le feu le plus vif, et plusieurs fois dans la mêlée, avec le sang-froid et la tranquillité que Votre Majesté lui connaît. » Sur cette recommandation, Louis XV envoya à son neveu le brevet de maréchal-de-camp.

Que ne devait pas souffrir une âme comme celle du duc de Penthièvre des cruautés obligées de la guerre ! Aussi la faisait-il sans l'aimer, par obligation pour son rang, et s'épuisait-il à réparer tous les maux qu'elle entraîne. En 1744, il fut fait lieutenant-général, et quelques mois après il épousa la fille du duc de Modène et d'Aglaé d'Orléans, femme douce et bonne, triste, chérissant l'ombre que font les murs domestiques, rêvant toujours de religion comme lui.

A peine était-il marié qu'il fut appelé à figurer à la plus mémorable bataille qui se soit livrée sous Louis XV, à Fontenoy. Le jour même il avait été commis, en sa qualité de lieutenant-général, à la garde de la tranchée devant Tournay. Le petit-fils de Louis XIV s'élança un des premiers à la tête de Fitz-James cavalerie sur la colonne anglaise, après avoir, selon l'usage qui allait bientôt se perdre, entendu la messe et communié. Ce fut, pour le dire à cette occasion, une de ces dernières cérémonies pieuses qui prêtaient un caractère si solennel aux préludes des batailles. Tête nue sous le ciel, tous ces jeunes et brillants officiers, la bride de leur cheval à la main, posant un genou en terre, écoutaient, humbles, contrits, la voix du prêtre qui implorait du haut d'un autel dressé au milieu du camp la miséricorde divine pour les vaincus, pour les vainqueurs, pour tout le monde. Vingt mille, trente mille hommes tombaient à ras du sol, pour se relever au son des trompettes, fiers, confiants, braves, résolus à mourir pour leur roi, car le roi était alors la patrie. On sait le résultat de cette rencontre entre les Français et les Anglais. La victoire resta aux Français. Dans le même poème de Fontenoy, le poète officiel, Voltaire, a aligné en vers de gazette une énumération nationale où le jeune prince est ainsi désigné :

Penthièvre, dont le zèle avait devancé l'âge.

Les flatteries de la gloire le séduisaient moins que son château de Rambouillet, où l'attendaient sa mère et sa femme, ces deux moitiés de sa vie, faite pour le cloître des affections privées.

De 1745 à 1754, la duchesse le rendit père de six enfants, dont nous rapportons plus loin les noms et les titres, en rappelant la translation des restes de cinq d'entre eux de la chapelle de Rambouillet aux caveaux de l'église de Dreux. Un seul de ces enfants survécut; ce fut mademoiselle d'Ivoy, depuis mademoiselle de Penthièvre, plus tard duchesse d'Orléans, mère du roi Louis-Philippe.

Il ne fut pas donné aux enfants légitimés de Louis XIV d'être heureux. Ceux qui ne vécurent pas misérablement entre le mépris de la cour et des infirmités sans nombre éprouvèrent dans leur famille des peines morales infinies. Le duc de Penthièvre ne dérogea pas à l'exemple. Le sixième accouchement de la duchesse la lui enleva, ainsi que l'enfant qu'elle mit au monde. Ce coup frappa le bon duc au cœur. Sa piété n'en fut pourtant pas ébranlée. Il se retira à la Trappe pour s'entretenir plus austèrement de Dieu, qui l'avait éprouvé en le privant de la compagne de ses méditations, de l'écho de ses prières. Dans chaque dynastie et presque à chaque génération dynastique, on remarque qu'un membre semble se charger pour les autres de demander grâce des erreurs, des fautes, des folies ou des crimes dans lesquels son propre sang est tombé. Dernier produit des fantaisies adultères de Louis XIV, le duc de Penthièvre se crut condamné à porter la plus lourde charge de repentir.

Quand il eut versé dans la solitude de la Trappe les plus amères larmes de sa douleur, il alla, sur les vœux de sa mère, exiler à Rome les tristesses de son veuvage. A Rome, le duc de Penthièvre reçut l'accueil le plus flatteur du spirituel Benoît XIV et de l'ambassadeur français, le comte de Stainville, plus tard duc de Choiseul. Il passa par Modène, la patrie de sa femme, en rentrant en France, où il sembla arriver à temps pour fermer les yeux à sa mère, la comtesse de Toulouse, qui mourut le 30 septembre 1766. Un fils lui restait. Ce seul héritier mâle du duc de Penthièvre donna, en 1767, son titre fatal de prince de Lamballe à Marie-Thérèse-Louise de Carignan, charmante fleur, moitié italienne, moitié française, si belle encore lorsqu'elle fut fauchée au commencement de la grande moisson révolutionnaire.

Un an après, ce fils mourut : sa mort fut plus exemplaire que sa vie, quoique celle-ci ait été bien courte. Il n'avait que vingt ans lorsqu'il laissa le titre de veuve à la belle princesse de Lamballe. Tout l'espoir du bon et malheureux duc de Penthièvre reposa désormais sur la tête de son dernier enfant, mademoiselle de Penthièvre, qui fut mariée, le 1er janvier 1769, au duc de Chartres, celui qui devait éterniser, je n'ose dire immortaliser le titre de duc d'Orléans.

Ce serait sortir d'une voie tracée et sûre à parcourir, pour se jeter sans nécessité dans un sentier bordé de périls, que de s'occuper avec une intention qu'éloigne la simplicité de mon sujet, du caractère et de la vie du duc d'Orléans. Ici je ne dois voir en lui qu'un prince dont le mariage termina le cours de l'illégitimité créée par Louis XIV parallélement à la grande ligne dont il découlait. L'union du duc d'Orléans avec une Penthièvre eut cette importance historique. L'extinction de la descendance indirecte de Louis XIV fut un des rares bonheurs de l'histoire de France.

S'il n'est pas sûr que Louis XV n'ait jamais demandé au comte de Toulouse de lui vendre Rambouillet, on ne peut douter, sur trop de nombreuses preuves, de l'extrême persistance qu'il apporta, foulant bien des délicatesses, à posséder ce domaine. Repoussé timidement par le père, il renouvela auprès du fils, le duc de Penthièvre, la même proposition, qu'il adoucit en la présentant sous une autre forme. Il laissa voir en toute occasion l'extrême désir de créer à Rambouillet un centre pour ses chasses, large prétexte à la faveur duquel, on le sait, d'autres plaisirs moins susceptibles d'être avoués s'arrangeaient un asile mystérieux. Il offrit au duc de lui donner, en contre-valeur de sa terre et de son château, une propriété du même prix ; l'échange fut refusé. Des souvenirs vénérés recommandaient trop haut la conservation de la propriété au pieux prince. Averti par ce double refus de l'inutilité de ses prétentions,

Louis XV cessa de les reproduire de peur de froisser à la fin
l'indépendance de son parent. Mais les gentilshommes de sa
suite se plaignirent si souvent et d'un accord si bien concerté
de la difficulté de chasser dans un endroit où ils n'avaient ni
refuge convenable pour la nuit, quand le mauvais temps les
retenait, ni logements pour leurs domestiques, ni écuries pour
leurs chevaux, que le duc, touché de leurs réclamations, fit
élever, à quelque distance du château, un bâtiment spacieux,
uniquement destiné au roi et à ses compagnons de chasse.
Cette utile et belle construction reçut le nom usité de *commun*.
Long de deux cents mètres, le commun offre une rangée de
cinquante croisées à chaque étage, et renferme des logements
pour la plus vaste domesticité. Parmi les nombreuses écuries,
il y en a une qui peut contenir cent chevaux. Ainsi tout s'ar-
rangea momentanément à la satisfaction du roi et du duc de
Penthièvre, qui ne se plaignit pas du détour adroit imaginé par
les courtisans pour occuper Rambouillet. Cependant, la concession, ainsi que toutes les concessions de ce monde, ne présenta pas la tranquillité constante d'un droit. A défaut de la
possession du château, auquel il n'aspirait plus, le roi souhaita
plus tard d'acquérir la forêt; il fut aussitôt invité par le duc à
bâtir dans telle place de son choix un pavillon de chasse; c'é-
tait presque lui céder en propre la forêt, si ce n'était absolument la lui vendre, que de souffrir dans la forêt même une
construction indépendante. Dans la pensée des architectes, le
pavillon accordé par le duc de Penthièvre se transforma en un
château, et ce fut véritablement un château digne de ce nom,
qui en 1755 prolongea son ombre colossale sur les eaux de
l'étang de Saint-Hubert. Des chemins ouverts dans l'épaisseur
du bois y conduisirent; des marbres taillés en statues sortirent
de tous les carrefours, dessinés par les successeurs du célèbre
Le Nôtre, créateur des premiers alignements de la forêt; l'intérieur du nouveau palais fut meublé comme on meublait
alors, comme on n'a plus meublé depuis. Les maîtres du goût en
matière de mobilier savent que le château de Saint-Hubert
réunissait les chefs-d'œuvre de l'ébénisterie et de la ciselure
au XVIIIe siècle, le plus original de tous les siècles comme raffinement de jouissances privées. Les Gobelins, la Chine, Wat-

teau avaient paré les murs, revêtu les escaliers, drapé les croisées de ce château, où madame de Pompadour se fit lire les contes de Voltaire, et où madame Dubarry planta de ses mains de Cléopâtre des cerisiers que Louis XV greffa avec une serpe d'ivoire; la *cerisaie Dubarry* a eu sa célébrité. Tandis que toutes ces choses se passaient, le duc de Penthièvre ne franchissait pas le seuil de son vieux manoir, semblable à ces hommes sérieux qui, enveloppés de leurs manteaux bruns, regardent, l'hiver, avec un pacifique dédain, la jeunesse folle qui court au bal. Cependant, il n'avait guère que trente ans alors, tandis que Louis XV courait sur ses quarante-six.

Or, un jour que le roi était venu au château de Saint-Hubert, en écrasant les pâquerettes sous les roues dorées de ses équipages; le roi et sa suite bruyante de chasseurs, et ses trente ou quarante chevaux, et ses piqueurs, et la reine de la fête, madame Dubarry, nymphe bocagère dont le cou et les bras étaient en vérité trop blancs pour être exposés au hâle des moissonneuses; ce jour-là, les vivres, auxiliaires ruraux de première nécessité, n'arrivaient pas. Tous les phénomènes mythologiques s'accomplirent, et rien ne se montrait; Phébus s'endormit dans le sein de Thétis; les dryades rentrèrent dans le cœur des chênes; la Nuit, fille du Silence, couronnée de pavots, étendit ses ailes sur la terre, et pas de provisions de bouche. Dans les cuisines, le feu flambait inutilement; point de grosses poulardes à faire cuire, point de succulentes entrées sur les fourneaux. Qui causait donc ce retard? pourquoi les fourgons n'étaient-ils pas arrivés? On vit alors combien était léger le sentiment pastoral des roués; ils auraient donné toutes les églogues de Théocrite pour un pâté de jambon. Rentrer à Versailles pour souper, il était déjà si tard! recourir au garde-manger du village; mais le village n'offrait pas, comme aujourd'hui, des hôtelleries réparatrices de ces sortes de contre-temps. Après avoir ri de la famine répandue dans chaque estomac, on s'irrita, on désespéra de la nuit, une nuit passée sans souper! Le roi fut calme, comme il convient à tout roi de le paraître au moment du danger. Madame Dubarry fut sans doute spirituelle; car, dans quelque rang qu'elles soient placées, les femmes supportent incomparablement mieux que les hommes la douleur et les contrariétés.

Ce fut elle qui ouvrit cet avis triomphant : « Si nous allions frapper au château de notre cousin le duc de Penthièvre? » C'était un radeau, tous les naufragés y sautèrent. « Chez le duc de Penthièvre! répondit-on en agitant les cravaches. — Oui! chez le duc de Penthièvre! » Malgré son vif désir de souper, Louis XV fit une petite grimace de doute et presque de refus. Le devoir de l'hospitalité ne serait pas un fardeau pour le duc, le roi le pensait bien; mais comment, en quels termes, dans quel appareil la lui demanderaient ses compagnons? Il avait appris à se méfier de leur conduite dans plus d'une circonstance grave. Tout bien pesé, il leur refusa la permission d'aller au milieu de la nuit déranger le duc de Penthièvre; mais ceux-ci revinrent avec tant d'instance sur la proposition de madame Dubarry, ils mirent si adroitement la comtesse dans leurs intérêts, et d'ailleurs elle avait faim aussi, que le roi se laissa entraîner à une démarche qu'il blâmait au fond du cœur. Il était onze heures quand ils sortirent tous du château de Saint-Hubert, pour se rendre au château de Rambouillet. Le roi avait recommandé le silence pendant la route, et un maintien respectueux en présence du duc.

En peu de temps, le trajet était fait, et la compagnie s'introduisait dans les sévères appartements du duc, qui accourut et s'excusa auprès du roi et de ces messieurs de paraître devant eux dans un état un peu étrange.

Le duc portait un tablier de cuisine et tenait à la main une cuiller à pot.

A la vue de ce costume, les compagnons du roi oublièrent la réserve promise, et se félicitèrent bruyamment de trouver le duc de Penthièvre dans la meilleure des dispositions, puisqu'il recevait en cuisinier des gentilshommes affamés.

Quoique d'un caractère fort sérieux, le duc n'était pas un esprit chagrin, ennemi de la joie chez les autres. Il rit même avant de savoir pour quel motif il était si unanimement question de viandes, de poulets, d'entrées autour de lui. Quand il le connut, il parut fâché d'avoir causé une telle illusion à ses hôtes : « Sire, dit-il au roi, je n'ai pas la passion de la bonne chère au point de mettre moi-même la main à l'œuvre de mes cuisiniers ; combien je suis fâché, messieurs, de vous l'avoir laissé soupçonner! S'il vous plaisait de m'accompagner jusqu'à la salle basse d'où je viens, vous connaîtriez la tâche qui m'occupait lorsque vous m'avez fait appeler. »

Le roi et ses compagnons descendirent avec le duc de Penthièvre dans une des salles de l'office.

Madame Dubarry avait été priée de rester au château de Saint-Hubert pendant cette expédition, d'où l'on avait promis de lui rapporter quelque pièce froide.

Que virent les gentilshommes fort préoccupés des paroles du duc de Penthièvre ? Ils virent bouillonner sous la cheminée deux énormes chaudières en fer.

Le duc les tira vite de l'incertitude pénible où ils étaient.

« Voilà le potage de mes pauvres, leur dit-il en leur montrant une chaudière, et voilà le ragoût de mouton dont je les régalerai demain à leur dîner, ajouta-t-il en désignant l'autre chaudière. Je fais apprêter moi-même ici, sous mes yeux, une fois par mois l'ordinaire de mes pauvres, afin que les cuisiniers de l'hospice s'y conforment. »

De l'étonnement, les visages qui écoutaient passèrent à l'admiration, et de l'admiration à la bonté fraternelle, qui lie tous les hommes mis en rapport par le spectacle d'une belle action.

« Nous nous invitons à la table de vos pauvres, mon cousin ; un peu de leur potage, un peu de leur ragoût à chacun de nous. A table, messieurs. »

Une trentaine d'assiettes à soupe s'étalèrent sur les longues tables de l'office, et le potage fut dévoré avec un appétit de voyageurs par les convives. Ils le trouvèrent excellent ; ils y revinrent ; honneur qu'ils rendirent pareillement au ragoût de mouton. Ils mangèrent enfin comme des pauvres, car, comme des pauvres, ils avaient gagné leur souper, ils l'avaient même pour ainsi dire obtenu d'une hospitalité généreuse.

En partant, ils étaient pensifs et émus ; le roi n'eut pas besoin de leur défendre, comme en allant, de plaisanter sur la simplicité du duc de Penthièvre.

J'ignore, par exemple, ce que madame Dubarry mangea à son souper.

Quant aux fourgons de vivres, au lieu d'être dirigés de Paris sur Rambouillet, un ordre mal donné leur avait désigné Trianon.

Le comte et la comtesse de Toulouse fondèrent en 1731 l'hôpital dont il vient d'être question, et il resta sous la protection de leur fils, le duc de Penthièvre, jusqu'à sa dépossession du domaine par Louis XVI. Louis XVI, à son tour, soutint l'hôpital, et Napoléon le dota, par brevet du 24 mars 1809, d'une rente annuelle de 8,000 fr., se réservant toutefois le doit de disposer de vingt lits en faveur des personnes de sa maison.

Asile de voluptés royales, le château de Saint-Hubert n'existe plus, la révolution l'a brisé en passant. Des ruines informes, des tas de pierres indiquent la place qu'il occupait près de l'étang. L'hospice fondé par les Penthièvre existe encore.

En montant sur le trône (mai 1774), Louis XVI, qui avait à cœur de rétablir les parlements, cassés par le chancelier Maupeou, envoya à Rennes le duc de Penthièvre avec le titre de gouverneur de Bretagne. Il y ouvrit les états, et les travaux des membres, dirigés par ses conseils, produisirent tout le bien qui était possible à une époque placée entre Louis XV et la révolution de 89. A son retour à Paris, la cour, en récompense de ses services politiques, nomma sa belle-fille, la duchesse de Lamballe, surintendante de la maison de la reine.

On a vu que la carrière militaire du prince ne s'ouvrit jamais sur mer, quoiqu'il fût grand amiral et que ses services dans l'armée s'arrêtèrent à la brillante affaire de Fontenoy. Sa véritable existence, celle dont il sentit le prix, il faut la chercher en lui. Elle était simple, sérieuse, régulière. La prière et l'aumône étaient le double fermoir de ses journées, ce qui en liait le commencement à la fin. Il se levait, il priait; il passait ensuite à sa toilette, où il avait un grand charme à se livrer à ces mille détails de propreté qu'on peut passer sans trop d'indulgence au petit-fils de Louis XIV, un des hommes les plus délicats de son règne. De là il se rendait à son cabinet pour examiner les affaires de sa maison. Les seigneurs du canton avaient audience et faisaient leur cour jusqu'à midi, l'heure de la messe. A une heure et demie, il dînait; son repas achevé, il s'enfermait chez lui et s'y recueillait dans de pieuses lectures. A cinq heures et demie, accompagné des personnes de sa maison, il se promenait à pied ou en voiture. De huit heures à neuf heures et demie, il priait encore. Le prince se couchait à deux heures précises du matin. Comme à tous les hommes d'ordre, le temps lui paraissait si précieux, qu'il remplissait rigoureusement la tâche affectée, une fois pour toujours, à chaque heure de la journée, sans admettre d'excuse. De là était née chez lui sa passion pour les montres, les pendules, les horloges, de toutes les formes, de toutes les dimensions. A chaque instant, il allait voir si elles marchaient d'accord. On raconte de lui à ce sujet un mot charmant de naïveté. Étant passé sans précaution trop près d'une table chargée de montres, il la renversa sur le parquet. Son secrétaire, qui connaissait sa faiblesse, se hâta de ramasser les montres, en s'assurant avec beaucoup d'intérêt de la gravité plus ou moins grande des blessures reçues dans la chute. « Ne vous inquiétez pas trop, monsieur, lui dit le duc ; c'est la première fois qu'elles seront allées d'accord toutes ensemble. »

A ses immenses propriétés, il ajouta, par la mort du comte d'Eu, arrivée en 1775, le domaine d'Anet. Florian écrivit alors ces jolis vers :

> Enfin de ces beaux lieux Penthièvre est possesseur ;
> Avec lui la bonté, la douce bienfaisance,
> Dans le palais d'Anet habitent en silence,
> Les vains plaisirs ont fui, mais non pas le bonheur.
> Bourbon n'invite point les folâtres bergères
>   A s'assembler sous les ormeaux ;
> Il ne se mêle point à leurs danses légères,
>   Mais il leur donne des troupeaux.

Nous avons nommé Florian. Le duc de Penthièvre rencontra en lui un formidable rival en bonnes œuvres. Page d'abord, capitaine de dragons ensuite auprès du prince, qui avait un régiment de cavalerie sous son nom (les dragons de Penthièvre), il devint l'ami du duc en remplissant dans sa maison des fonctions analogues à celles de secrétaire des commandements. Il portait discrètement les aumônes aux pauvres désignés par le prince, et découverts par lui avec joie au milieu de ses

courses à travers les villages et les hameaux soumis à sa seigneurie de Rambouillet. On peut dire que le duc allait à la
chasse aux bienfaits, et que Florian ramassait le gibier. Mais il
en fut des bienfaits, au bout d'un certain temps, comme il en
est du gibier quand on chasse trop. Le grand seigneur et le
poète dépeuplèrent leurs forêts, leurs parcs et leurs réserves. Le
pauvre devint rare dans les limites pourtant peu restreintes de
Rambouillet. Enfin, plus de pauvres, plus de nécessiteux sous
le regard du château. Ils allèrent les chercher plus loin ; ils les
trouvèrent d'abord, puis les pauvres manquèrent de nouveau.
Ils braconnèrent alors où ils purent ; mais, obligés de faire
usage d'adresse pour ne pas revenir, non les mains vides, mais
pleines, il se turent l'un à l'autre les bons endroits, chacun
d'eux mettant une espèce d'orgueil maintenant à les exploiter
le premier. L'hiver surtout, la rivalité s'élevait à un degré inimaginable entre les deux amis : l'un profitait du sommeil de
l'autre pour sortir sans bruit et consommer sa divine charité ;
et l'autre, le poète, cherchait de son côté à devancer le jour,
afin d'être aussi le premier à l'œuvre de bienfaisance, qu'il ne
remplissait, du reste, avec tant de zèle, qu'au nom et avec
l'argent de son maître et de son ami. S'ils se rencontraient
hors du château de si bonne heure, ils inventaient de mauvais
prétextes, comme en usent les honnêtes gens forcés de men
tir. Leur santé était le motif de leur sortie si matinale ; c'est
le secret de vivre longtemps, celui de se lever de bonne heure.
Quant à la véritable cause de leur absence du château, pas un
mot. On rentrait en parlant d'objets éloignés, étrangers à leu
pensée présente, des dernières coupes de bois, de la néces
sité d'indemniser les paysans et les petits propriétaires dont
les blés ou les vignes avaient considérablement souffert des
dernières chasses du roi. Le prince n'apprenait guère qu'à la
fin du mois, en jetant un coup d'œil sur ses dépenses particulières, les avantages qu'avait remportés sur lui son secrétaire Florian, quand ce n'était pas à Florian à s'avouer
vaincu par l'habileté du prince.

A l'époque où la France glissait rapidement vers le gouffre
de la révolution, il vint s'établir dans une petite maison de
Rambouillet, tout près de la forêt et du parc, entre des arbres

et des arbres une petite famille composée d'une mère et de ses
deux enfants. Tous les trois ils allaient chaque soir, suivis d'un
domestique, se promener dans la partie de la forêt abandonnée par le prince aux habitants. La mère s'adossait à un arbre et lisait jusqu'au moment de la nuit, tandis que la domestique faisait jouer sur le gazon du bois les deux enfants, l'un
petit garçon de sept ans, brun, joyeux comme un oiseau, tur-
bulent comme un moucheron ; l'autre blonde, petite fille, res-
semblant à sa mère, mais comme une blonde petite marguerite
ressemble à un héliotrope.

Un nouveau venu est bientôt remarqué dans les petites localités, même près de Paris. Encore très jeune, la beauté de
la dame inconnue frappa l'attention ; on s'entretint de son isolement, de la simplicité de ses goûts. Quitter Paris (elle ne
pouvait venir que de Paris) pour habiter un bourg de province ; elle élevait donc ses enfants elle-même, puisqu'on ne
voyait avec elle ni gouvernante, ni demoiselle de compagnie.

Un regard non moins exercé que celui de tous les habitants
ensemble s'arrêta aussi sur cette dame, mais avec plus d'intérêt
encore que de curiosité. Surpris tout à la fois de la grande
distinction de sa physionomie et de sa mise pâle et presque fanée, le duc de Penthièvre, après une foule de doutes
et d'excessives précautions mentales, osa conclure qu'elle
était venue à Rambouillet pour cacher quelque revers de fortune dont elle aurait eu trop à rougir, trop à souffrir à Paris.
Cette pensée ne le quitta plus, et cette pensée, il se garda bien
de la communiquer à son secrétaire contre lequel il avait plus
d'une revanche à prendre. Florian ne saurait rien qu'au dénoûment. Jusque-là on agirait mystérieusement, on irait à petits pas et dans l'ombre, de peur d'éveiller le fabuliste, beaucoup moins endormi que son illustre maître La Fontaine. De
même que les rois ont leur police pour surveiller la police
proprement dite, le duc avait des émissaires que ne connaissait pas Florian, ou qu'il faisait semblant de ne pas connaître.
Par l'intermédiaire de ses organes officieux, le duc apprit que
le logement de la personne autour de laquelle sa générosité
rôdait était fort simple ; c'était un intérieur qui, par sa délicate
propreté même, annonçait moins le commencement d'une ai-

sance heureuse que le déclin d'une grande opulence. On ne prati-
que pas pendant quarante ou cinquante ans la charité sans connaître à fond tous les déguisements que prend le cœur humain,
ce mendiant espagnol, pour paraître ce qu'il n'est pas. Décidé-
ment, cette femme avait besoin d'appui, de secours; elle avait
deux enfants à élever. C'était à lui, à lui seul, de relever une
position dont il devinait si bien la faiblesse, par les conseils de
son expérience et tous les moyens dont le ciel lui avait mé-
nagé l'emploi. Le difficile était d'arriver, par des transitions
douces, jusqu'à la petite famille. Un jour le duc lui envoyait
des corbeilles de fruits; quelques semaines après, les clés des
endroits du parc interdits aux promeneurs publics : gracieuses attentions auxquelles on répondait par des lettres parfaitement écrites, mais où l'on marquait au prince tous les regrets qu'on éprouvait de ne pouvoir accepter. A quelque temps
de là, la petite fille de cette dame étant tombée malade, la pauvre mère, effrayée de l'ignorance des médecins de campagne,
écrivit au duc pour le prier de lui envoyer son médecin ; rien
n'égalerait sa reconnaissance. Le soir, le médecin du prince
voyait l'enfant et indiquait comme moyen de guérison infaillible, nécessaire, un traitement des plus dispendieux, et entre
autres immédiatement les bains de sable de la côte d'Italie.
C'est à cette difficulté que le bon seigneur de Rambouillet attendait la discrète indigente. Le voyage d'Italie, une longue
résidence, dans quelles dépenses n'allait-elle pas être entraî-
née! En se disposant à entreprendre ce voyage, ou bien elle se
montrerait encore assez riche pour se passer de l'aide d'autrui, ou bien elle s'ouvrirait au duc de Penthièvre, et alors la
générosité de celui-ci se répandrait sans contrainte.

Elle ne fit aucun préparatif de départ, et elle ne s'adressa
nullement au duc à qui la pensée pénible vint alors, mais trop tard,
que le cœur de cette mère affligée était peut-être partagé entre
le désir de conduire sa fille aux bains de mer de l'Italie et la
fierté de ne pas vouloir confier l'impossibilité où elle était de
s'y rendre faute d'argent. Dans quelle affreuse situation l'avait-
il mise, pensa-t-il avec remords, car il est tout à fait inutile de
dire que son médecin faisait partie de cette police particulière
de sa maison, et que l'ordonnance, les bains de sable étaient les

combinaisons inventées par le médecin même dans son zèle d'agent secret. La maladie de l'enfant était sans gravité.

Comment le duc aurait-il vécu sous le poids de ce chagrin qu'il s'était créé pour avoir plutôt écouté son cœur que sa raison? avoir exagéré à une mère la maladie de sa fille! Rien ne le retint plus; il lui importait de la désabuser, de tout lui avouer sans détour. Il s'achemina donc vers la maison de celle dont il se reprochait si amèrement d'avoir troublé l'obscurité et le repos.

Tout pensif et tout triste, il arrive, il monte, il se présente, et que voit-il près d'elle? Florian, qui sortait des pièces d'or du fond d'une bourse. Florian m'a encore devancé, se dit le prince en lui-même, et il ne se trompait pas; Florian avait aperçu la jeune mère depuis son arrivée à Rambouillet, Florian avait pris des informations; mieux faite, sa police avait surpris les secrets de celle du duc de Penthièvre, et ayant eu connaissance de l'ordonnance du médecin; il apportait à la famille au milieu de laquelle il s'était introduit depuis longtemps, à l'insu du prince, la somme d'argent nécessaire au voyage d'Italie.

Pourtant le poëte et le noble seigneur s'étaient trompés tous les deux. La jeune mère, qui n'avait perdu aucun de leurs mouvements depuis son installation à Rambouillet, leur dit en souriant que leur généreuse conduite la forçait à confier à leur discrétion un secret dont elle avait cru jusqu'alors ne devoir la révélation à personne. Elle était par sa naissance et par son mariage alliée aux premières familles de France ; elle était marquise de V... Son mari était mort depuis deux ans en lui laissant quatre-vingt mille livres de rentes qu'elle possédait encore. Prévoyant confusément les malheurs dont la France était menacée et la part qui en reviendrait aux familles titrées, elle avait vendu ses propriétés et placé l'argent sur les banques étrangères. Elle se fit ensuite passer pour ruinée; afin qu'on crût dans le monde qu'elle l'était réellement, elle avait congédié ses domestiques, retiré ses deux enfants des mains des précepteurs, des gouvernantes, et elle était venue vivre à Rambouillet, désormais tranquille pour elle-même, sans inquiétude sur l'avenir de sa petite famille.

Florian et le duc de Penthièvre, après avoir écouté ce récit, se regardèrent avec étonnement. Ils parurent heureux d'avoir commis la même erreur en cherchant à s'enlever l'un l'autre l'occasion de compter une bonne action de plus dans leur vie.

On n'énumérerait pas les bienfaits qu'on connaît de ce bon duc de Penthièvre, et ceux qui sont restés dans le silence sont encore plus nombreux. Si on lui raconte que trois octogénaires ne pouvant plus travailler sont réduits à la misère : — Rien n'est plus simple, répond-il, comptez d'abord une somme à chacun d'eux, et constituez en leur faveur une pension viagère reversible au dernier vivant. — Un homme copiait ses thèmes lorsqu'il était encore enfant. — Qu'on le cherche, dit-il un jour, il faut qu'on le trouve ! — On le trouve, il lui donne un emploi à vie chez lui. Une personne qui avait placé 80,000 livres en rente viagère sur sa maison, meurt au bout de six mois : le duc rend la somme aux héritiers. Il agit de la même manière envers la famille d'un gentilhomme anglais qui lui avait vendu à viager un magnifique service d'argent. La somme intégrale fut comptée aux parents.

On aura une idée approximative de l'argent qu'il dépensait en aumônes par le relevé suivant, document officiel mais fort incomplet, on peut le croire. 8,000 francs étaient distribués tous les mois aux pauvres du domaine, 3,000 à des indigents indiqués par lui, et outre ces deux sommes, s'élevant annuellement à 132,000 francs, il se faisait compter 3,000 francs en or tous les mois pour subvenir à ses menus plaisirs. Ces menus plaisirs, savez-vous quels ils étaient ? Donner dans les promenades, au coin d'un bois, à la porte d'une chaumière, d'une église. Ce n'est pas tout : il signait encore chaque mois des ordonnances de 600, de 1,000, de 4,000 francs destinées au soulagement de pauvres gentilshommes ; homme divin dont il faudrait écrire l'histoire, non pas avec la main, la mienne est lasse, mais avec le cœur. En donnant aux pauvres, il leur disait tout bas : *Je vous remercie*, et au bas de l'ordonnance qui affectait des secours à ses pauvres gentilshommes, il mettait *pour acquit*. Ah ! ceci est beau. Louis XIV a passé par là, Dieu aussi.

Il lui était aisé de faire le bien, pensera-t-on, puisqu'il était riche. Quand donc la générosité est-elle résultée de la richesse et a-t-elle suivi la progression? Où sont nos millionnaires qui jettent des pannerées d'or aux pauvres? Au contraire, et plus que jamais, ils s'éloignent du royaume où il leur est interdit d'entrer. Le duc fonda, en 1775, un hôpital à Crécy; il le transporte au château de Saint-Just, qu'il achète, et il soigne lui-même les malades, humiliant tout à la fois le château et le seigneur, plaisir qui lui coûtait 300,000 francs par an. Son poète, son fabuliste, celui qui le fait sourire avec *le Singe qui montre la lanterne magique*, avec *l'Aveugle et le Paralytique*, Florian veut-il être de l'Académie : le duc quitte ses chers malades, se poudre, se boucle, visite les académiciens, et obtient que son protégé soit nommé. Puis il s'étonne, il tremble, il rougit lorsque Florian lui dédie son poème de *Ruth*.

> Pieux comme Booz, austère avec douceur,
> Vous aimez les humains et craignez le Seigneur.
> Hélas! un seul soutien manque à votre famille;
> Vous n'épousez pas Ruth, mais vous l'avez pour fille.

Sa fille, un des plus fermes caractères, un des plus nobles cœurs qui aient passé sur la terre, fut la duchesse d'Orléans, la mère du roi Louis-Philippe. Après l'exil, un long exil, elle revit, en 1814, la France. Elle débarqua à Marseille. De nombreux prisonniers qu'elle avait soulagés sur la terre d'exil avec son or, qu'elle avait délivrés par sa protection, se trouvaient alors à Marseille par où elle entra en France.

Au moment de son débarquement, ils attachèrent deux cordons à sa voiture, et Français, Napolitains, Espagnols, tous encore amaigris par la famine des pontons, brûlés par le soleil de Malte, leur prison, ils promenèrent à travers la ville pavoisée, par les rues jonchées de myrthes, l'amie des prisonniers, leur sainte protectrice. La chaîne était superbe. Point de distinctions : capitaines de vaisseaux, lieutenants, matelots, hommes noirs, bronzés, tiraient le char, et leurs fronts ruisselaient de sueur, leurs joues de larmes.

C'était là la fille du duc de Penthièvre.

Le duc passe à Tréport, il y fait construire une écluse; il

ouvre les jardins de Sceaux aux Parisiens; c'était une propriété de famille, de son frère, il l'abandonne. A Andely, il fait cadeau de 400,000 francs à un hospice ; Gisors, grâce à lui, a une halle, Château-Villain un château. Aucun roi de France n'avait autant fondé avant lui ; il n'est pas roi, il ne veut rien être. A Paris, des femmes de la halle l'arrêtent au milieu d'une procession, il les embrasse et leur dit : « Dans l'ordre de la religion et devant Dieu je suis votre frère, autrement je serai toujours votre ami. »

Sauvé de la convoitise de Louis XV, le château de Rambouillet excita, quelques années plus tard, l'envie de Louis XVI, épris de la chasse comme presque tous les Bourbons. Il aimait Rambouillet plus que Versailles, palais d'étiquette et d'ennui, plus que Fontainebleau, trop loin des Tuileries, plus que Saint-Cloud, beaucoup trop près de Paris ; et peut-être éprouvait-il aussi, sans se l'expliquer, cette secrète jalousie de légitime à légitimé, quelquefois contenue, jamais éteinte depuis Louis XIV, le tronc de cette rivalité. Sceaux appartenait au duc de Penthièvre, ainsi qu'Anet, ainsi que Vernon, Armenvilliers, la ville d'Eu, et presque un sixième du gouvernement de la Bretagne ; quel tort lui porterait-on en détachant Rambouillet de ses vastes richesses immobilières ?

La demande fut donc adressée au duc de Penthièvre, déjà chargé du refus que son père, le comte de Toulouse, avait opposé à Louis XV, et se souvenant en outre avec amertume de la répugnance qu'à son tour il avait montrée lorsque ce monarque lui avait exprimé le même vœu de posséder Rambouillet. Cependant, il osa répondre que si Anet, Sceaux, Vernon et d'autres propriétés ajoutées à ses biens par la mort de son frère le duc du Maine, lui constituaient en effet la première fortune de France, il n'était pas moins attaché pour cela au domaine de Rambouillet, où son père, le comte de Toulouse, avait vécu et y était mort ; où sa mère, après un long séjour, y avait trouvé un tombeau ; où sa femme et six de ses enfants, presque tous nés à Rambouillet, y reposaient aussi en attendant qu'il allât prendre place auprès d'eux. Il avait tous ces morts à garder, il était cruel de l'en séparer, lui toujours si réservé envers les droits de ses parents légitimes, si exempt d'ambition, ayant passé sa vie à répandre de l'or sur des larmes, des larmes sur de l'or, dans ce coin de terre trop envié.

Louis XVI persista.

Le duc de Penthièvre n'eut plus qu'à obéir. *Eh bien! Rambouillet n'est plus à moi!* s'écria-t-il; prenez-le, sire! permettez-moi seulement d'emporter les ossements de ma famille.

Alors le duc de Penthièvre et Florian, cet ingénieux fabuliste à qui il a été donné de prouver que le second rang dans un genre honorait comme le premier, firent ouvrir les tombes de l'église de Rambouillet, et en tirèrent les cercueils destinés à une douloureuse translation; on en comptait neuf : ils contenaient les restes du comte de Toulouse, mort en 1737, de la comtesse de Toulouse, Marie-Victoire-Sophie de Noailles, morte le 30 septembre 1766, de la duchesse de Penthièvre, morte le 30 avril 1754. Les six autres cercueils renfermaient six enfants du duc de Penthièvre, tous morts entre 1749 et 1768 : le duc de Rambouillet. le duc de Châteauvillain, le comte de Guingand, mademoiselle de Penthièvre, Louise-Marie-Félicité, et le prince de Lamballe, le mari de cette belle et touchante victime de la sanglante révolution.

Quand les neuf cercueils eurent été exhumés, les experts estimèrent que la propriété, avec les morts ou sans les morts, valait seize millions, ce qu'en réalité elle fut vendue, à titre privé, à Louis XVI, par acte du 29 décembre 1783, passé en l'étude de Mᵉ Momet, notaire à Paris.

Enfin, la race légitime en était venue à ses fins contre la race légitimée. Le haineux Saint-Simon dut se réjouir au fond de son sépulcre.

Ce fut une journée de larmes, celle où les neuf cercueils se mirent en marche, suivis des voitures du château, que suivaient les habitants de Rambouillet, des environs et de bien loin, tous vêtus de deuil, nu-tête malgré le froid de novembre, deux à deux, orphelins, veuves, pauvres, petits enfants, tous élevés de père en fils, tous nourris de père en fils, tous chauffés depuis plus d'un siècle de père en fils, par les Penthièvre, qui, de leur village avaient fait une ville, de leurs chaumières des maisons, et leur avaient donné le lait des métairies, le fruit des vergers, le blé des plaines, le bois des forêts. Avec les neuf cercueils s'en allaient le fruit, le lait, les métairies et les forêts. Les cercueils emportent toujours plus qu'ils ne contiennent. De distance en distance, on arrêtait les neuf cercueils, les voitures du cortége, et celle où était le duc et celle où était Florian, et l'on pleurait en famille au bord du chemin. Un père qui, rappelant ses vieilles et ses jeunes douleurs, accompagne six de ses fils, son père, sa mère et sa femme à de nouvelles tombes! qu'il faut de piété dans le cœur pour qu'il surnage au-dessus de tant de larmes. A mesure que les gens d'un village quittaient le convoi pour rentrer tristement chez eux, d'autres venaient, remplissaient les vides, et la prière des morts et les ruisseaux de larmes ne tarissaient pas sur la route de Rambouillet à Dreux.

C'est à Dreux, dans les caveaux de la collégiale de Saint-Étienne, qu'on transporta ainsi solennellement les neuf cercueils des Penthièvre.

Le bon duc souffrit tellement pendant ce voyage, qu'il inspira de sérieuses inquiétudes sur sa vie déjà fort affaiblie, et pourtant destinée à bien d'autres épreuves, car les neuf cercueils entrèrent dans les caveaux de Dreux; mais le dixième, celui de sa belle-fille, de la princesse de Lamballe, n'y vint jamais. Depuis 93, on cherche son corps dans les ruisseaux de Paris.

Son bon sens qu'illuminait et agrandissait un amour immense pour l'humanité, lui découvrit de bonne heure les sombres percées où allait s'engager la France, qui préludait à la révolution par d'inquiètes remontrances. Il prend les devants; partout où il avait des droits seigneuriaux il se hâte de les abolir. Liberté sur ses terres. La révolution commence, grossit, lance ses éclairs aux pieds du trône; elle éclate; il n'émigre pas. Au contraire, il se rapproche de Paris, de Versailles, où le roi a été déjà insulté; il rentre aussi souvent qu'il le peut à Rambouillet. Mais enfin on les arrête, lui et sa fille, au château d'Eu, par un ordre révoqué presque aussitôt. C'est alors qu'il dit, en se débarrassant de tous les ordres dont il était décoré : « Si la suppression de tout cela peut rendre la France heureuse, que Dieu soit glorifié. » Il passe un habit bourgeois, et ne pense plus à ses croix ni à sa Toison-d'Or, qu'il appelle *tout cela*.

C'est à Anet qu'il fut rejoint, le 14 novembre 1791, par sa belle-fille, la princesse de Lamballe, qui rentrait en France sur l'invitation fatale de son amie Marie-Antoinette. « Je loue fort l'attachement de ma belle-fille pour la reine, dit le bon duc le soir du même jour à son valet de chambre au moment du coucher; elle a fait un bien grand sacrifice de revenir auprès d'elle; je tremble qu'elle n'en soit victime. » Cette crainte n'était-elle pas une prophétie?

Délicat, affaibli, sensible, le don de prévoir les crises lointaines semblait lui devenir familier. Le 10 août, il ne put ni prier ni dormir. Les échos de Paris lui avaient appris à Vernon l'arrestation de la duchesse de Lamballe, comprise dans la captivité de la famille royale. Le 3 septembre, à quatre heures du soir, un exprès annonçait au château l'assassinat de la duchesse. « J'aurais cru, dit-il en levant les yeux au ciel, que le peuple qui m'a toujours témoigné de l'amitié aurait eu des égards pour ma belle-fille : respectons et adorons les décrets de Dieu. » Au moment même il se transfigura, son corps perdit ses forces, toute la vie monta à son visage illuminé de sainteté.

Avec les apparences du respect, on le tourmenta de mille manières; on planta un arbre de la liberté sous les croisées de son château ; on le fit présider des repas fraternels ; on le harangua dans ce style assez peu respectueux créé par les maires de 93. Il eût mieux fait d'émigrer. Un petit-fils de Louis XIV au milieu de la France de 93 : quel terrible paradoxe!

Du reste, il mourut de la révolution aussi bien que si elle lui eût tranché la tête. Le 21 janvier acheva d'anéantir le vieillard illustre. En apprenant la mort de Louis XVI, il fut envahi par les progrès de son hydropisie; il ne s'effraya pas pourtant. « Croyez-vous, répondit-il le 2 mars, veille de sa mort, à son secrétaire qui l'engageait à ne pas continuer de dicter des lettres, exercice fort dangereux dans l'état où il était; croyez-vous que je puisse attendre à demain? »

Le lendemain fut un jour extraordinaire dans la vie de ce prince de sang royal. Il allait mourir après avoir prononcé ces belles paroles avec un accent d'une douceur inimaginable : « Sortez de ce monde, mon âme, partez, » lorsqu'un grand bruit se fit dans la rue : c'était la population de Vernon, c'é-

tait le peuple tout entier ; que venait demander le peuple de
93 ? — La bénédiction de Jean-Louis-Marie Bourbon Penthièvre ! On soutint les bras du mourant, qui les bénit et expira.
Saint Louis pardonnait à Robespierre.

Le duc mourut le 4 mars 1793, un peu avant quatre heures
du matin. Son corps fut transporté à Dreux et déposé dans le
caveau de sa famille le 6 du même mois.

Il faut maintenant avoir le courage d'ajouter que le 1er frimaire an II, les dix corps de la famille du prince, le sien compris, furent arrachés de leurs cercueils de plomb et jetés dans
une fosse. Les révolutions ont leurs vampires. Quelques personnes qui n'avaient pas besoin de professer des opinions mo-
narchiques pour comprendre l'impiété d'une telle action, mar-
quèrent d'une pierre l'endroit de la seconde sépulture ; et ils
purent le désigner à la duchesse d'Orléans, lorsqu'elle alla à
Vernon, le 19 septembre 1816, inaugurer le monument expia-
toire élevé aux mânes outragés de sa famille.

La fille honorait la mémoire du père, et la princesse réhabi-
litait le peuple.

Les soins dispendieux apportés par Louis XVI au domaine
de Rambouillet, couvrent d'un large pardon les moyens qu'il
employa pour l'acquérir. Pendant les dix années d'une possession arrêtée par une mort tragique, il consacra 3,064,000 fr.
à des constructions nouvelles : outre trente remises, des magasins, des ateliers, des forges et d'innombrables logements, les
deux grilles qu'on remarque à l'une des grandes avenues en-
ferment des écuries pour cinq cents chevaux. Ce groupe de
bâtiments a gardé le nom de *Vénerie*, après avoir porté d'a-
bord celui de *Petites Écuries du Roi*.

Tous les agrandissements qu'on doit à Louis XVI révèlent
son intention d'éveiller, par l'activité du travail et de l'industrie, la somnolence du vieux manoir féodal, et de le rendre
utile afin de ne pas le laisser passer de la léthargie à la mort.
Sachant que les pierres ainsi que les hommes ont besoin d'exercice pour vivre, il voulait que les forges entourassent d'une
ceinture de lumière et de bruit le silence concentré sur cet
espace, sans craindre de voir les tours se couronner d'une ai-
grette de fumée ; et tandis qu'il fouettait le sang épaissi de ces

masses endormies, il fondait une ferme expérimentale, et il appelait du fond de l'Espagne des troupeaux de béliers mérinos pour former sa bergerie, une des plus originales créations qu'ait jamais rêvées l'âme aimante d'un bon roi. Il échangea ces gazons si magnifiquement inutiles, contre une toison précieuse, en les donnant pour pâture aux moutons de l Espagne, dont l'acquisition et le voyage sont le poème épique de l'industrie française.

Ce fut aussi dans ses heures de loisir à Rambouillet que Louis XVI, très versé en géographie, on peut en juger par l'itinéraire du dernier voyage de Lapeyrouse, entièrement tracé de sa main, travailla à la carte de ce duché. Exécuté à l'huile sur une toile de vingt-sept pieds de long sur douze de hauteur, ce morceau curieux avait coûté plus de trente mille francs.

1815 nous amena, comme on sait, les étrangers et le pillage, deux mots faciles à confondre dans la belle langue de la conquête. Jaloux de posséder une œuvre devenue un monument à tant de titres divers, le feld-maréchal Blücher roula dans ses bagages de vainqueur la carte dressée par Louis XVI, et l'emporta en Prusse, malgré les instances filiales de la duchesse d'Angoulême, péniblement blessée de la violation d'une propriété aussi sainte à ses yeux. Après la mort du feld-maréchal prussien, d'honnêtes héri iers, instruits des regrets de la France, ne voulurent pas la déposséder plus longtemps de ce souvenir de la valeur intellectuelle de Louis XVI. La carte reprit sa place sur les murs de Rambouillet, d'où la liste civile l'a fait transporter, je présume, dans quelque autre maison royale.

Par un acte législatif de l'Assemblée Constituante, le domaine de Rambouillet cessa d'être une propriété privée de la couronne pour contribuer à former le chiffre de la liste civile allouée à Louis XVI. Le décret fut rendu le 26 mai 1791 ; la teneur reçut l'application générale d'un principe. L'assemblée arrêta que les rois de France ne posséderaient rien à titre privé, contrairement aux usages de l'ancienne monarchie. Quand cette mesure égislative fut prise, Rambouillet offrait un revenu de 457,334 fr. Il y aurait lieu ici à une appréciation de l'acte émané de la Cons

tituante, si un an et quelques mois après sa promulgation le
fameux décret de la Convention nationale n'avait aboli la royauté
en France. La liste civile de Louis XVI ayant été anéantie le
22 septembre 1792, l'aliénation de Rambouillet s'ensuivit, le
10 juin 1793. Le domaine devint un bien national. Il ne fut
préservé de la démolition immédiate et du morcellement que
par la difficulté où l'on se trouva de tirer un parti avantageux
de terres plus propres à allonger les titres d'un souverain qu'à
grossir les spéculations d'un capitaliste. On ne pouvait guère
non plus gaspiller en petits lots des forêts considérables, dont
le revenu résultait de leur développement même, ni perdre l'é-
tablissement rural, qui promettait tant pour l'avenir. Ces causes
et quelques autres, au nombre desquelles il est permis de mettre la rapidité foudroyante imprimée à l'action du règne de la
terreur, si occupée à détruire, contribuèrent au salut du domaine. Le mobilier eut le plus à souffrir. Proie facile, il fut
vendu à l'encan; cependant il est du devoir de l'historien de
dire que les morceaux d'art furent transportés dans divers éta-
blissements scientifiques et placés sous la protection nationale.
Ainsi, et par suite de cette précaution, le musée des Petits-
Augustins recèle plusieurs sculptures enlevées à Rambouillet,
et le musée d'artillerie possède l'armure, le casque et l'épée de
François Ier, qu'on gardait aussi au château.

A l'occasion de la dispersion si regrettable du mobilier de
Rambouillet, nous rapporterons un fait peu connu, qui se lie à
l'histoire de la dernière restauration du château de Versailles
par Louis-Philippe. Comme il était dans l'intention du roi de
restituer à chaque pièce sa physionomie d'autrefois, on fut
d'abord fort embarrassé de réaliser sans anachronisme ce désir
intelligent. On ne comptait guère que sur des à peu près ingénieux, lorsqu'un amateur de vieux meubles, au courant de l'embarras des artistes chargés de restaurer Versailles, se fit un
raisonnement fort juste et fort simple, comme le sont du reste
tous les raisonnements justes. Les acquéreurs des meubles du
château, à l'époque révolutionnaire, se dit-il, ne les ont pas
achetés pour les détruire; quelque patriotisme qu'on ait, on
n'achète jamais dans ce but stupide. Ainsi ces meubles sont
quelque part, dans l'état ou presque dans l'état où ils furen

vendus en 93. La difficulté est de savoir quels ont été les acheteurs et l'endroit de leur résidence. Ne seraient-ils pas sortis de la France? comment savoir la ville qu'ils habitent? La seconde partie du raisonnement paraissait devoir stériliser la première partie, si nettement posée. Une inspiration heureuse envoya cette idée à l'antiquaire : la spoliation des châteaux n'a pas été d'une longue durée; qui donc serait venu d'ailleurs, en ces temps d'affreuses préoccupations, du fond du midi ou des extrémités du nord de la France, pour acheter à Versailles des meubles destinés à être transportés ensuite à deux ou trois cents lieues de là? Sans omettre qu'à cette époque, loin d'avoir le prix auquel ils ont été élevés depuis par la mode et le caprice littéraire, ces meubles étaient méprisés de toutes les classes. En conséquence, si le mobilier de Versailles gît quelque part, s'écria en se frappant le front le nouveau Christophe Colomb, il est assurément dispersé aux environs de Versailles. Il est là ou il n'est nulle part. Aussitôt il se mit en course, et naturellement il s'adressa aux fermiers, les propriétaires les plus à l'aise aux environs des villes, et les moins mobiles dans leur résidence. On eût dit qu'il était attendu partout où il allait; car partout son calcul si logique se vérifiait. Les meubles du château se retrouvaient çà et là, dans des combinaisons diverses de disjonction. L'un possédait la glace du boudoir de la reine Marie-Antoinette, l'autre la boîte aux parfums, celui-ci le pot à eau, celui-là la cuvette. On rapprochait les objets et on les dirigeait sur Versailles. En sorte qu'au bout de quelques mois d'actives recherches dans un rayon de quinze ou vingt lieues, infatigablement battu ou fouillé, on avait réuni la plus grande partie du mobilier du château aux temps de Louis XIV, Louis XV et Louis XVI, secrétaires, fauteuils, chaises, tabourets, tapisseries, glaces, tableaux, ornements de cheminées et de tables. Seul, le lit de Louis XIV ne fut pas ramassé dans cette moisson abondante; on ne le trouva pas : il y avait une bonne raison à cela. Il était à Moscou, d'où on l'a fait revenir plus tard.

Si un jour un propriétaire de Rambouillet se sentait entraîné à suivre l'exemple de Louis-Philippe, à faire pour le château de Rambouillet ce qui a été fait récemment avec tant de succès pour le château de Versailles, nous nous applaudirions d'avoir écrit les lignes qui précèdent. Pourquoi, aux environs de Rambouillet, ne découvrirait-on pas les meubles de Rambouillet, de même qu'on a découvert à quelques lieues de Versailles le mobilier de Versailles?

Nous ne croyons pas faire déroger la muse sévère de l'histoire en l'invitant à nous raconter le plus beau fait des annales déjà si curieuses de la bergerie royale de Rambouillet; ce fait est l'introduction en France des races privilégiées des moutons appelés mérinos, et leur installation dans ce château. L'industrie française devrait avoir son livre d'or pour écrire sur sa plus belle page cette intéressante migration.

On avait appris de règne en règne à se passer de Venise pour la fabrication des glaces, de Cordoue pour la fabrication des cuirs, de l'Orient pour le tissage de la mousseline; n'était-il pas temps de trouver en France le moyen d'avoir de la laine pour remplacer celle d'Espagne?

Louis XVI chargea M. de la Vauguyon, ambassadeur de France à Madrid, d'obtenir du roi d'Espagne la permission de faire passer en France un certain nombre de mérinos dans le but de peupler le Jardin du Roi, confié alors à Buffon et à Daubenton : ils serviraient aux expériences de ces deux célèbres naturalistes. Ce prétexte, vrai au fond, cachait, sans grande hypocrisie, l'intention plus commerciale que scientifique de Louis XVI.

Les ministres Espagnols représentèrent respectueusement à Charles IV que la France ayant toujours subi à regret la supériorité de l'Espagne dans le produit de ses belles laines, il fallait craindre que son désir ne cachât le projet de secouer une tutelle onéreuse à la suite d'essais peut-être heureux.

Louis XVI, dont les lumières s'étaient agrandies des expériences faites par Daubenton dans les bergeries de Montbard, ordonna à M. de la Vauguyon de reprendre les négociations entamées. Cette fois, plus éloquent ou plus adroit, l'ambassadeur l'emporta; il obtint d'introduire en France trois cent quatre-vingt-trois bêtes prises dans les meilleures bergeries du royaume. Sous la protection de deux hommes spéciaux, de deux Espagnols dont la postérité retiendra les noms, don Ramiro et André-Gilles Hernans, et de cinq bergers nomades, on vit quarante-deux béliers, trois cent trente-quatre brebis et sept moutons conducteurs se mettre solennellement en marche des environs de Ségovie pour la France, le 15 juin 1785.

Que de soins donnés à ces animaux délicats à mesure qu'ils s'éloignaient de la prairie natale pour s'exposer à l'impression d'un soleil froid, au contact d'une terre mouillée. Le jour il fallait abréger les marches, la nuit les couvrir chaudement ; à leurs endroits de repos leur choisir le pâturage le moins contraire à leurs habitudes de se nourrir. Et que de prudence encore quand il était nécessaire de gravir une montagne, de traverser une rivière ! C'est que chacun de ces moutons portait en lui le poids d'une race, la responsabilité d'une destinée, un avenir ; on le verra plus tard, lorsque nous apprécierons en argent leur valeur commerciale. Dès qu'une brebis allait mettre bas, le troupeau tout entier s'arrêtait pour attendre la naissance de l'agneau et le rétablissement de la mère. Les châles et les robes de mérinos n'ont pas moins coûté à la tendresse des fondateurs français de ces produits dont on se pare si insoucieusement de nos jours. Malgré la vigilance paternelle de don Ramiro et l'affection de Gilles Hernans pour le troupeau confié à leur habileté, on pourrait dire à leur génie, quelques mérinos ne survécurent pas à la froide stérilité répandue aux environs de Bordeaux. Il y eut des pertes irréparables dans les Landes. Ce ne fut que le 12 octobre que la caravane fit son entrée dans Rambouillet, où elle n'était plus attendue. Un bélier et seize brebis manquèrent. Nous venons de dire la cause de leur absence. Paris, qui s'émeut tant à l'arrivée du moindre lion ou d'un éléphant quelque peu savant, ne manifesta aucune surprise à la miraculeuse venue de ces mérinos dont le déplacement avait pourtant exigé la volonté d'un roi, l'intervention d'un ambassadeur et la constante surveillance de deux pasteurs au moins aussi célèbres que ceux des temps d'Homère. Les bergeries n'étant pas construites, — on avait si peu cru aux mérinos, — on les enferma à Moquesouris, dans les hangars affectés à la blanchisserie. Ils y restèrent jusqu'à la révolution française, où on leur assigna la *faisanderie* pour nouvelle demeure. Une main, aussi sincère que poétique dans le choix

de la citation, avait placé sur la porte de la bergerie provisoire
ce vers de la seconde églogue de Virgile :

Curat oves oviumque magistros.

Il va sans dire que l'application de ce vers gravé dans le
marbre s'adressait à Louis XVI, appui du troupeau et des
bergers. Personne n'eût osé lui ravir cette gloire, dont on néglige, il nous semble, de le couronner aujourd'hui. Détachée du
fronton de la bergerie, l'inscription latine fut posée à l'entrée
principale de la ferme de Rambouillet, où elle est encore. Si
nous n'en blâmons ni l'allusion, ni certes la forme, nous la condamnons comme insuffisante. C'est en bon français qu'on aurait dû graver sur la porte de la bergerie :

*Reconnaissance à Louis XVI, ce roi ami du peuple, pour
avoir le premier introduit en France trois cents mérinos.*

On aurait ensuite invité M. Ternaux et tous les potentats en
laine de la place des Victoires et de la rue des Fossés-Montmar-
tre à payer les frais de l'inscription, sauf à les décorer de la
toison du commerce qui les a faits millionnaires.

Jusqu'à l'époque impériale, les mérinos ne jouirent que
d'un asile provisoire ; un calme apparent étant revenu dans
l'État à la suite des conquêtes de Napoléon, on leur construisit les bergeries où leurs descendants sont encore. On écrivit
sur la porte des nouveaux bâtiments : *Troupeaux espagnols.*

L'histoire de leurs vicissitudes ne fut pas terminée, il s'en
faut, à leur arrivée à Rambouillet. Ces précurseurs d'une
opulente industrie étaient réservés à d'autres épreuves sous le
climat ennemi, où l'on avait eu tant de peine à les appeler.
La clavelée les atteignit dès le premier hiver de leur séjour :
trente-cinq brebis en moururent. On commença à douter sérieusement de la possibilité de les acclimater chez nous. L'effroi gagna les gardiens espagnols, qui demandèrent avec insistance à quitter la France, malgré les avantages attachés à
leurs fonctions. Ils partirent le 4 avril 1787, avec la ferme
persuasion que les Français pourraient bien aller nus, si,

pour s'habiller, ils comptaient sur la laine des moutons de Ségovie. On les remplaça auprès des pauvres mérinos, pleins de tristesse de cette séparation, par des bergers indigènes, hommes disposés peut-être à les sacrifier aux moutons français, à une race très jalouse, comme il sera prouvé bientôt. Les nouveaux pasteurs furent toutefois réunis sous la surveillance d'un chef parfaitement versé dans l'art difficile d'élever les troupeaux à laine fine. On le nommait François-Claude Delorme. Le poste de confiance où on le mit éveilla le bon côté de son amour-propre; en peu de temps il acquit une gloire refusée à Daubenton lui-même, cette plus belle moitié du sphérique et colossal Buffon. Delorme naturalisa à Rambouillet, plus heureux que l'anatomiste de Montbard, les troupeaux étrangers, et les introduisit au milieu des troupeaux indigènes, obtenant déjà à cette époque une supériorité réelle sur l'Espagne dans la nature des produits. Mais les mérinos les plus délicats étant moins difficiles à gouverner que les hommes à préjugés, Rambouillet rencontra des obstacles quand il voulut répandre les germes de sa merveilleuse fortune sur le sol de la France. Par esprit national, le plus niais des esprits dans beaucoup de cas, les fermiers de la Champagne et de la Brie, ceux de la Normandie et du Poitou, et bien d'autres encore placés plus au midi, et conséquemment dans des conditions plus favorables, dédaignèrent d'abord de donner leurs soins aux béliers et aux brebis qu'on leur envoyait en don gratuit, au nom de la France, près de découvrir une source de richesses si on l'aidait. Au nom de leur propre intérêt, l'intérêt! ce Dieu tenace des fermiers, ils se décidèrent enfin, mais avec lenteur, avec regret, à partager leur sollicitude entre leurs moutons galeux et maigres, si avares de laine, et de beaux mérinos qui produisaient à pleine main une soie onctueuse, facile à devenir, sur le métier du tisserand, ces beaux draps, ces étoffes qui n'auraient pas besoin d'un nom oriental pour lutter de durée, d'ampleur et d'éclat avec les tissus de l'Inde.

Si, lorsque la révolution, cette terrible maladie, gagna la France, les moutons ne moururent pas, les propriétaires de châteaux, de fermes et de bergeries furent forcés, on ne le sait que trop, de quitter, eux presque tous gens titrés, leurs domaines ruraux, où les amis de Théocrite, de Gessner et de Virgile les menaçaient à chaque instant de l'assassinat. Parmi les propriétaires les plus exposés, il n'est pas besoin de nommer celui de Rambouillet. Tous les administrateurs de ce riche château, craignant de subir la mauvaise destinée du roi, abandonnèrent leur poste, dans ce cas de force majeure s'il en fut jamais. Au fermier-général émigré se substitua de lui-même un homme de volonté et de résolution, M. Bourgeois de La Bretonnière. Il résolut deux problèmes : il sauva sa tête et il fit traverser à son troupeau les plus laborieuses époques de la révolution, qui avait dû être cent fois tentée de faire manger les mérinos au pauvre petit peuple d'alors, si honnête et si affamé. Aigles, lions, tigres, panthères, on les eût épargnés de droit. De tels animaux ont un caractère respecté des peuples en révolution ; d'ailleurs, ils ne sont pas mangeables. Mais les moutons ! On dit l'aigle de la patrie, le lion du peuple ; mais comment dire le mouton de la patrie ?

Le torrent passa, et sur la terre tranquille l'ordre enfin se rétablit. On reprit alors avec une ardeur rajeunie l'œuvre interrompue. MM. Tessier, Gilbert et Husard, agriculteurs remarquables, popularisèrent les résultats fructueux de leur intervention dans la direction du troupeau. Dégageant des nuages de la théorie et des doutes de l'essai leurs travaux plus suivis et plus sûrs, ils répandirent bientôt dans le commerce, cet excellent contrôle de toute découverte, les laines des brebis espagnoles. L'industrie poussa un cri de victoire et d'orgueil. L'Espagne était vaincue ! plus de tribut à lui payer ! Bon Louis XVI, où était-il ? Les laines de mérinos réunissaient avec avantage toutes les qualités difficiles exigées par l'exploitation. Les moutons français se réfugièrent dans leur humilité première. En 1821, chaque tête de brebis de Rambouillet se paya plus de 700 francs, et un bélier atteignit le prix glorieux de 3,770 francs. Cette haute valeur donnée aux mérinos n'a cessé d'augmenter ; il a été reconnu, il est vrai, par des expériences successives, dont les preuves sont à Rambouillet, que la laine des mérinos élevés dans ce domaine a toujours gagné. Ajoutons, pour mettre l'explication à côté de chaque fait, que depuis l'an ix le troupeau ne s'est jamais mésallié. En l'an ix, une seconde importation avait eu lieu, afin de hâter l'émission des produits.

Des moutons, on passa à l'éducation des bergers, ce qui semble d'abord une inversion, et ce qui au fond ne l'est pas pourtant, car il était urgent, avant de former des pasteurs, de savoir si l'on posséderait un troupeau. Ces jeunes bergers furent répartis dans les fermes des départements; à leur tour, ils ont créé des élèves, de même que les brebis ont fait des agneaux : tout s'est multiplié d'une manière impérissable. En sorte que Rambouillet a été le berceau des troupeaux d'Alfort, d'Arles, de Pompadour et de Perpignan.

Une des plus belles conséquences du succès de l'exploitation est la libération de l'impôt que nous payions à l'Espagne pour la fourniture de ses laines, impôt formidable, qui ne s'élevait pas à moins de 35,000,000 de francs! Nous ne parlons pas de l'agriculture excitée, améliorée par la nécessité de créer des pâturages qui ont élevé en mille endroits du royaume la valeur des propriétés territoriales.

Oubliés pendant la révolution, décimés par la clavelée, calomniés par les fermiers, sur le point d'être vendus, les mérinos, à une époque antérieure à celle où ils furent menacés d'un sordide encan, manquèrent de passer à l'étranger avec Blücher et Bulow, qui voulaient les emporter en quittant la France. Grâce à M. Bourgeois, dont nous avons déjà cité le patriotisme, les deux généraux ne nous enlevèrent pas, en 1815, cette autre richesse nationale. M. Bourgeois cacha le troupeau avec adresse dans la profondeur de la forêt, où Blücher et Bulow ne surent pas le découvrir.

Quoique Napoléon ne fût pas né à côté du trône, il s'habitua vite au goût de la magnificence; il en comprit du moins la nécessité en ressuscitant autour de sa personne la pompe des anciennes cours.

Rambouillet était celle des maisons impériales où Napoléon aimait à se rendre de préférence, lorsque de rares loisirs le lui permettaient. Il emmenait avec lui les princes, et tandis que ceux-ci chassaient dans les bois de ce grand domaine devenu un immeuble de sa liste civile en 1806, époque où elle fut créée, lui rêvait, en pressant le gazon du pied, en marchant au bord des grandes pièces d'eau, quelque plan de campagne ou quelque embellissement à faire à sa bonne ville de Paris. On sait par lui-même que ses plus hardies entreprises furent conçues au murmure des eaux de Rambouillet, et tracées au crayon dans le petit kiosque qui porte son nom dans l'île des *Roches*.

Cette petite portion de terre, de trente pas à peine, offre un phénomène que, par ordre de date, je dois faire connaître avant de parler du pavillon de l'empereur. Au milieu de l'île s'élèvent des quartiers énormes de roches dont l'existence en un endroit semblable jette l'esprit dans le plus étrange étonnement. Ce ne sont point de ces grès portatifs comme on en mettait autrefois dans tous les jardins pour l'agrément de ceux qui n'avaient pas vu la mer; c'est un quartier unique qu'on ouvrit à la mine, il y a quarante ans, pour avoir du château un point de vue de plus, et que des chaînes de fer attachées à tous les chevaux du monde ne déplaceraient pas d'une ligne. Par une conjecture qui ne rend toutefois compte de rien, on peut supposer que ce bloc monstrueux était au milieu des marais avant de porter sur le terrain de l'île. Ces roches granitiques ont été là de tous temps; mais comment se sont-elles formées dans ce pays de Beauce si plat, si humide, où il n'y a pas même de la terre, mais quelque chose d'approchant qui en tient lieu?

On veut que Rabelais soit venu respirer le frais au milieu de ces roches, lorsqu'il était de la suite royale de François Ier. Je mets en doute la tradition pour plusieurs raisons. Sous François Ier, il est probable que l'espace, qui est l'île aujourd'hui, était un marais inabordable; et d'ailleurs, les rochers, qui sont un abri très froid l'hiver, rendent par la réverbération la chaleur très intense pendant l'été. On voit taillée dans l'épaisseur du roc la grotte où la duchesse d'Angoulême aimait à se retirer pendant son séjour à Rambouillet. Mais alors il y avait, comme à présent, des saules qui donnaient de l'ombre et des pins qui tempéraient l'ardeur de la lumière.

De forme octogone, le pavillon de Napoléon est bâti au bord de l'île des Roches, et si près de l'eau que la dernière des dix marches trempe dans le canal. On y entre par quatre portes. Il ne faut plus demander aux murs délabrés les peintures mythologiques et les vues des pyramides dont ils étaient décorés. L'humidité a tout rongé ; les poutres du plafond sont à nu, les murailles s'en vont par lambeaux, le sol s'enfonce ; cette relique que les Bourbons n'ont pas eu assez de désintéressement pour restaurer, que l'État a laissée comme il l'a trouvée, qu'un locataire millionnaire, mais étranger à notre histoire, n'a eu aucune raison de relever, descend toute branlante et pourrie dans la vase du canal.

C'est Napoléon qui a fait planter dans l'île des Roches les beaux arbres qu'on y voit.

Avant de sortir de l'île des Roches, il m'a été dit à voix basse, entre les pins et les saules, dans un endroit sans écho, que Napoléon ne se bornait pas uniquement à déjeuner, à écrire et à faire des confidences politiques dans son pavillon. Il y reçut pour la première fois une actrice dont le talent et la beauté étaient dignes des hommages d'un empereur. Le pavillon, si étroit pour un seul, les retint assez longtemps tous les deux.

On voit que les soins de l'État n'occupaient pas toujours sans relâche le grave empereur. Volontiers il se mêlait aux promenades, aux parties de jeu, à la vie détendue de la campagne, et alors il ne le cédait à personne en verve, en gaies observations sur toutes les choses que le désordre de la conversation amenait dans les allées libres et causeuses. Peut-être était-il en train d'exprimer son opinion sur le respect que mérite la popularité le jour où, un paysan le poursuivant des cris enthousiastes de *vive l'empereur !* il lui lança au front avec beaucoup d'adresse un noyau de cerise. Souvent il se plaisait aussi à se faire chercher, et à inspirer des inquiétudes à ses familiers. Quand il les avait assez tourmentés, il sortait ordinairement d'un endroit placé fort près d'eux, en riant aux éclats de ses espiègleries. Une autre fois il se laissait raconter tout au long les conquêtes d'une chasse heureuse, et quand l'énumération des chevreuils, des faisans, des lièvres était finie, il s'écriait : « Nous avons mieux que cela ; qu'on apporte nos trophées, » et dans une proportion triple, l'empereur étalait sous les yeux de ses rivaux le gibier tué de sa main. On s'étonnait des succès de son adresse en si peu d'heures, et il n'était pas le moins surpris. Il finissait par recommander à ses compagnons de chasse moins favorisés l'habileté du garde champêtre qui lui avait prêté ses talents, sans omettre de leur indiquer sa place d'habitude dans le parc.

A la suite de deux pièces dont nous parlerons plus loin, l'une la salle de Charles X, l'autre le cabinet de l'Abdication, on est introduit dans le cabinet où couchait Napoléon; c'est, je crois, tout ce qu'il pouvait y faire, vu la difficulté, tant il est exigu, d'y placer seulement une table. Comme il est au premier corridor, il donne sur ce fameux balcon dont l'idée appartient à Napoléon lui-même, qui a quelquefois mieux trouvé. Par un goût fort équivoque, il avait souffert qu'on plaçât entre la corniche et le plafond une bande peinte représentant les écussons et les couronnes des diverses nations du monde. Tout cela est d'une brutalité d'exécution à empêcher de dormir dans cette pièce digne d'un garde de pavillons. L'empereur a bien du rouge et du gris sur la conscience; quels artistes que les héros !

On est consolé de la vue du cabinet de l'empereur, par un dernier salon de l'aile que nous venons de parcourir; tous ceux dont il est précédé ont, il est vrai, des portes sculptées et des plafonds plus ou moins ornés de moulures; mais il faut examiner avec une patience qui porte son prix avec elle, les médaillons et les encoignures dont on a décoré au XVIe siècle cette pièce fort spacieuse. Les moulures des médaillons jettent en relief des scènes pastorales : c'est de la mythologie à la manière de Jean Goujon, fine, flottante et blonde. Imaginez une fresque d'Herculanum devenue sculpture, et qui n'a rien perdu de la suavité de son dessin en prenant un embonpoint charmant; on va bien loin, on court en Grèce chercher des morceaux à peine dignes d'être comparés à ces œuvres d'une beauté évidente, produites par des artistes ignorés, sans nom, qui, après avoir passé un mois à décorer ce plafond ravissant, sont peut-être allés poser des vitres aux châteaux voisins, à Dampierre ou à Maintenon. Les époques qui s'ignorent sont les plus belles, les plus originales, si on l'aime mieux.

La même galerie de l'aile droite offre entre autres pièces, à l'endroit où elle tourne, la salle de bain de l'empereur; elle est dans un état de parfaite conservation. Les adorateurs du culte impérial peuvent contempler les minutieuses peintures qui la décorent du haut en bas, et surtout la baignoire scellée dans l'alcove du fond ; je ne répondrais pas que Charles X et le duc d'Angoulême ne s'y fussent plongés quelquefois. Quoique les miniatures qui tapissent la chambre n'aient rien perdu de leur fraîcheur, elles n'ont pas une valeur digne de fixer l'attention errante du visiteur : ce sont des vues des divers palais de plaisance des souverains d'Europe. Si on continue à la respecter, ce dont nous doutons fort, elle éveillera d'année en année une curiosité plus fervente ; ce n'est pas une médiocre satisfaction, celle de sentir fléchir sous les pieds un plancher qui a frémi sous le poids des Valois, des Bourbons et de Napoléon. Ici pensa l'empereur ; là-haut, dans la tour, mourut peut-être François Ier ; à quelques pas plus loin, Charles X abdiqua ; on s'embarrasse dans l'histoire.

Napoléon ne manquait jamais, en arrivant à Rambouillet, d'appeler le maire auprès de lui, et de le questionner sur l'état de l'arrondissement. La grandeur passée du domaine l'intéressait autant que son avenir. Un bonheur sérieux pour lui était de savoir tout ce que Louis XVI, dont il ne parlait jamais sans un touchant respect, y avait créé de bon et d'utile. Il s'occupait des bergeries avec une chaleur et une patience qui dénotaient combien il appréciait les avantages promis à la belle industrie de ces laines espagnoles si difficilement acclimatées en France. Ses vues, ses paroles étaient profondes ; elles étaient surtout sincères. Ignorait-il, personne n'écoutait mieux que lui ; l'avait-on éclairé sur un point, il en éclairait mille autres de place en place, et alors l'abondance d'idées arrivait, et il fallait le laisser dire, car il ne commettait plus d'erreurs dès que sa pensée tombait de son cerveau sur ses lèvres ; elle tombait perpendiculairement, comme le plomb au bout du cordeau. D'un détail administratif épuisé, il passait au développement d'un principe ou à l'éloge de quelque ancien propriétaire du domaine. Sa mémoire était tendre et reconnaissante surtout pour le duc de Penthièvre. L'immense charité de ce prince, qui passait son temps à imaginer des moyens ingénieux pour répandre les bienfaits sans blesser la misère, lui faisait aimer l'humanité dont les pasteurs de peuples se prennent à douter parfois.

« Parlez-moi du duc de Penthièvre et de Florian, son ami, »
disait-il quand il arrivait de Paris, le sang échauffé par quelqu'une de ces contrariétés corrosives dont les plus grands rois
ne sont pas exempts. La sérénité d'âme du noble duc, expliquée
par ses œuvres, passait dans la sienne; il se calmait par degrés,
il souriait à la beauté de la campagne, et ce fut dans un de ces
moments de noble inspiration pour le bien, qu'il donna l'hôtel
de ville à la commune, et dota de 8,000 fr. de rente annuelle
l'hospice de Rambouillet.

L'occasion se présenta bientôt pour lui de prouver la sollicitude qu'il portait à un pays dont il possédait du reste toute
l'affection. En 1811, sur des observations très justes du maire,
il donna la préférence à Rambouillet sur Dourdan pour l'établissement d'une sous-préfecture.

En un mot, Rambouillet était l'enfant gâté de Napoléon. Vou-
lait-on un lavoir, on entourait l'empereur au moment facile du
dessert, et, entre le café et la partie de billard, 15,000 francs
passaient du trésor de la couronne dans la caisse de la municipalité, qui avait son lavoir. Quelques mois après, à l'occasion
de la naissance du roi de Rome, c'était un lycée dont il ordonnait l'établissement avec 20 bourses et 40 demi-bourses; et afin
de mieux graver cet événement national dans la mémoire des
habitants, il faisait reconstruire l'ancien hôtel du gouvernement
détruit en 93, et l'érigeait en monument commémoratif sous le
nom de *Pavillon du roi de Rome*. Mais si l'ancien hôtel du
gouvernement, occupé depuis par le gouverneur du château,
fut reconstruit, le lycée resta toujours en projet; M. le comte
Daru, un homme de lettres, s'opposa à sa formation, prétextant
les fortes sommes déjà dépensées à Rambouillet. M. le comte
Daru, quoique ayant toujours conservé la charge d'intendant
général de la maison de l'empereur, avait été nommé ministre
secrétaire d'État en remplacement de M. le duc de Bassano.

On était en 1812; l'empire allait pâlir; avant de dévorer les
hommes, la gigantesque, la fabuleuse campagne de Russie
épuisait les villes en exigeant des approvisionnements par voie
de réquisition. La localité dont nous esquissons l'histoire aurait beaucoup souffert sans la générosité de la cour impériale,
qui versa 60,000 francs au profit des nécessiteux de la com-

mune. Ceux qui allaient mourir de froid laissaient derrière eux une population qui mourait déjà de faim, comme un à-compte sur le bénéfice total de la campagne. Rambouillet eut une bouchée de plus dans la famine générale. Le 15 janvier de la même année avait été publié le décret qui ordonnait dans ce chef-lieu d'arrondissement l'établissement aux frais et au profit de la couronne d'une manufacture de sucre de betterave, sous la savante inspection de M. Clément le chimiste. Dans la pensée de Napoléon, cette fondation industrielle se plaçait à côté de celle de Louis XVI, à qui revient la glorieuse initiative de l'importation des mérinos.

En roulant dans l'abîme qu'il venait d'ouvrir par son mouvement monstrueux, l'empire, cet arbre immense fleuri si vite, entraînait avec lui les gracieuses efflorescences, les lierres et tous les fins et délicats entourages de sa puissance. La capitale tombait sur la ville, le chef-lieu du département sur le chef-lieu d'arrondissement; la pensée dans sa chute cassait la pierre. Il n'était rien en France qui ne participât de l'immense désastre de 1812. Ce fut comme une douleur dont le siége éclata en Russie pour se répandre partout. Le rhumatisme était dans la tête; tout le corps fut touché, se tordit et cria.

Rambouillet fut désigné, vers la fin de 1813, pour servir de casernement aux troupes de la confédération du Rhin, nos alliées, et si sincèrement alliées qu'il n'est sorte de malédictions qu'elles ne prononçassent hautement et publiquement à cette époque contre l'empereur. Jean Dold, un honnête Bavarois, rapporta un jour au maire, M. Delorme, dont il était l'interprète, que les Allemands avaient projeté d'incendier le château en quittant la ville. En effet, le lendemain, jour fixé pour le départ des Allemands, le maire aperçut trois soldats dont les mouvements lui parurent suspects. Après être sortis en courant d'un magasin à fourrage, ils se hâtaient de regagner leur compagnie. Le maire accourut aussitôt au magasin; plusieurs bottes de paille roulaient déjà dans la flamme et menaçaient, si le feu n'eût pas été arrêté soudainement, de consumer en quelques heures tout le château de Rambouillet.

On aime à constater la fidélité de cette localité historique envers Napoléon dans le malheur, et peut-être sans songer qu'elle allait ajouter une couronne nouvelle à tant d'illustrations déjà réunies sur elle par François Ier, Henri IV, Louis XIII, Louis XVI, et le duc de Penthièvre. Elle logea sans se plaindre, seulement dans l'année 1813, soixante-dix-sept mille huit cents hommes. L'enfant avait grandi, le père était dans le malheur; la reconnaissance reprenait le chemin du bienfait. Napoléon, cet astre qui devait se coucher deux fois dans la mer, déclinait rapidement à l'horizon dont il enflammait les bords en y tombant. Toutes les capitales marchaient de front contre la sienne; l'ennemi était en vue de Paris. Le 25 janvier 1814, Napoléon confia la régence à Marie-Louise et regagna l'armée. La route de Rambouillet fut la seule qui restât libre au déploiement des troupes. Rambouillet reçut, à cette heure de dislocation générale, huit cents hommes de gardes d'honneur, le dévoûment, l'inexpérience même, le plus brillant, le plus fâcheux embarras que jamais corps d'armée ait eu dans ses rangs. Le général Valin en avait le commandement, et il en usa avec une prudence si réfléchie qu'il rendit à leurs familles tous ces braves jeunes gens dont il n'avait pas voulu faire verser le sang inutilement.

Qui retrouverait notre grave et beau château au milieu de ces bruits de guerre, de ces coups de canon entendus dans le lointain, de ces charrettes de foin, de ces baïonnettes qui raient l'air et déchirent la solitude? Les écuries, les appartements, s'emplissent de fiévreux, de blessés, de mourants ; le typhus circule; plus de pain, plus de foin, plus d'argent; et pour comble de famine, vingt-quatre mille Russes, prisonniers de guerre, à loger.

Enfin, le 27 mars, la fille des Césars, l'impératrice-régente, et son fils le jeune roi de Rome, fuient Paris pour se rendre à Rambouillet, ainsi que deux siècles auparavant, se rendant au même château, avait fui Henri III, et ainsi que, seize ans plus tard, Charles X devait fuir en passant également par Rambouillet. Triple fuite, même cause. On a de la peine à se figurer l'effroi, le tumulte, la confusion de ce *sauve qui peut* de la famille impériale dont les voitures de cour traînent à leur suite des fiacres ramassés aux coins des rues de Paris, tous les coucous des barrières. C'est dans ces fragiles moyens de transport que s'amoncèlent les débris d'une fidélité expirante. La grande impératrice quitte de cette manière si peu majestueuse sa capitale dont l'étranger franchit déjà les portes. Autour de cette poussière qui est la cour, qui est la royauté, roule la poussière des balles. Entre tant de courants de feu, une seule voie étroite, palissadée de soldats, est encore ouverte à la fuite de l'empire de Paris à Blois. Quelles terribles journées dut passer Marie-Louise, du 27 au 30 mars, dans ce château de Rambouillet, si près du château des Tuileries! Comme elle devait presser son fils contre son cœur, en penchant l'oreille pour écouter la tempête de là-bas, et se dresser sur la pointe des pieds afin de s'assurer que du fond de l'horizon n'arrivaient pas les lanciers de l'Ukraine ou les soldats de son père! On dirait une révolution antique, la chute d'un César, aux incidents superbes de cette catastrophe : un roi de Rome qui s'en va au bras de sa mère de peur de tomber au pouvoir de son aïeul, armé contre son père! Eh bien! pendant les trois jours incomplets que Marie-Louise demeura au château, savez-vous ce qu'elle y fit ? Elle pêcha des carpes à la ligne. Oui, elle pêcha des carpes à la ligne, tandis que son fils était promené avec défiance dans les parterres, où ni les regards ni les mains ne l'abandonnaient. Pauvre enfant, il eût tant aimé à passer le jour entier à se rouler sur le gazon qui commençait à verdir et au soleil moins froid du printemps. Mais il était déjà une puissance, quelque chose d'historique et d'imposant dans le monde. Heureux les petits enfants qui n'ont peur que des loups!

Le 30 mars, le roi Joseph arrivait à Rambouillet, que Marie-Louise et son fils venaient de quitter pour se rendre à Blois, siége de la régence.

Le frère et lieutenant de l'empereur fuyait au milieu de quelques membres de la famille déchue. Ils ne passèrent qu'une nuit au château, habitué à de telles fêtes depuis Henri III. Le lendemain, ils se dirigèrent sur Blois, où Henri III avait aussi reconstitué autrefois sa royauté chassée de Paris.

Derrière eux, les princes laissèrent une trace de soldats, de caissons, de charrettes, de chevaux fatigués, de bœufs, de moutons qui venaient stationner et s'abattre sur le pavé de Rambouillet. Ces chevaux et ces hommes avaient fait la cam-

pagne de Russie, ces moutons et ces bœufs allaient être mangés par les Autrichiens et les Russes ; car ce qui s'appelle
gloire chez les princes prend le nom de faim chez les soldats.

Le 1er avril, établissement du gouvernement provisoire ;
le 3, déchéance de Napoléon ; le 7, deux cents chasseurs du régiment de Livonie et quelques Cosaques occupent Rambouillet
qui commence à éprouver l'avantage de la mise en réquisition
de ses denrées, et le 12, lendemain du jour marqué par l'abdication de Napoléon, Marie-Louise faisait sa rentrée dans le
château de Rambouillet, au centre d'un détachement de cosaques. Partie impératrice, elle revenait avec le titre fort différent d'archiduchesse d'Autriche, tandis que Monsieur, frère du
roi, passait sous des arcs de triomphe en prenant possession
de Paris comme lieutenant-général du royaume.

Arrivé le 15 à Paris, le 16, l'empereur d'Autriche se rendit
à Rambouillet par un noble empressement qui laisse au moins
supposer qu'il ne permettait pas à l'orgueil du conquérant de
contraindre en lui l'expansion paternelle. Il courut plutôt qu'il
ne monta lorsqu'il aperçut sur le perron son petit-fils et l'impératrice qui l'attendaient, qui lui ouvraient leurs bras. Ils
restèrent longtemps embrassés, pensant, et la fille et le père,
dans quelle circonstance ils se revoyaient, et combien il avait
fallu renverser d'hommes et d'empires pour que cette joie leur
fût donnée. Le vainqueur prit ensuite le fils du vaincu et le
porta en le couvrant de baisers de salon en salon, lui qui devait
l'ensevelir. Toute la soirée, presque toute la nuit se passa
entre l'empereur et l'impératrice, sa fille, en conversation sur
le petit roi de Rome, comme si un père et une mère de petite
bourgeoisie étaient venus visiter leur enfant chez la nourrice.
Il ne fut question ni d'invasion ni de guerre, mais des qualités
précoces du petit roi, du nombre de ses dents, de son sommeil,
de son enjouement, de ses facultés et de ses grâces. — Deux
mille six cents Autrichiens veillaient sous les murs du château.

Après avoir entendu la messe à la paroisse, le lendemain,
l'empereur d'Autriche et l'impératrice se promenèrent à pied
dans les jardins du château, composant des bouquets de
petites fleurs d'avril au roi de Rome qui marchait entre sa

mère et son grand-papa d'Autriche. Dans la journée, l'empereur retourna à Paris. Le 19, l'empereur de Russie vint faire sa visite au château, où il arriva à deux heures après-midi. Toute sa curiosité se porta sur les habitudes de Napoléon pendant sa résidence à Rambouillet. Il ne remonta pas plus haut, il ne tomba pas dans d'autres questions. Napoléon seul l'intéressait. Que faisait Napoléon? Où travaillait-il? Comment passait-il son temps? Il s'arrêtait avec une satisfaction respectueuse partout où Napoléon avait laissé des souvenirs familiers. On s'apercevait qu'il les recueillait avec avidité et qu'il faisait pour ainsi dire un pli à sa mémoire afin de les conserver toujours. Cette visite, toute passée de la sorte, fut un vrai pèlerinage de l'empereur de Russie au château de Rambouillet. A cinq heures, ayant tout vu, tout écrit dans son souvenir, il salua l'impératrice et partit. La visite du roi de Prusse, qui eut lieu trois jours après, ne dura environ que deux heures et ne fut marquée par aucun événement digne d'attention.

Enfin, le 23 avril, escortée de deux mille six cents Autrichiens, l'impératrice prenait la route d'Allemagne, laissant une couronne et emportant un roi sur ses genoux.

Les Cosaques occupèrent ensuite Rambouillet et ils s'y conduisirent fort humainement, éloge que l'histoire de l'invasion ne doit pas manquer de leur accorder si elle tient à être juste envers eux et surtout envers leurs officiers, jeunes gens pieusement élevés et parlant le français aussi correctement au moins que les vaincus.

Il appartenait maintenant à la dynastie royale d'étendre sa protection sur le château de Rambouillet. Le duc d'Angoulême fut le premier membre de la famille qui vint y chasser le 13 octobre de cette année historique, 1814. Le rendez-vous choisi était l'étang de la Tour. On rappelle ce lieu et cette date pour la satisfaction des fanatiques chasseurs du courre, aux yeux desquels rien n'est indifférent. Un mois après, Monsieur, frère du roi, accompagné des deux princes, ses fils, fit une seconde chasse dans les bois du domaine.

Destiné à servir d'hôtellerie à toutes les dynasties déchues, Rambouillet, le 29 juin 1815, onze jours après la bataille de Waterloo, couvrit pendant quelques heures la fuite de Napoléon. Un petit nombre de compagnons d'armes dévoués, parmi lesquels était le général Bertrand, l'accompagnaient. En entrant au château, il montra combien il était supérieur à ses plus vives infortunes, ou du moins combien il avait acquis l'art difficile de commander à la douleur. La femme de son premier domestique, Hébert, concierge du château, fondait en larmes en songeant que leur bienfaiteur vaincu, malheureux, proscrit, quittait encore la France. Elle avait vu Napoléon si pauvre et puis si puissant, si studieux dans sa petite maison bourgeoise, et si brillant ensuite aux Tuileries ; elle aimait tant l'homme dans l'empereur, qu'elle était inconsolable. Napoléon eut recours aux paroles les plus persuasives, pour convaincre cette excellente femme qu'il reviendrait bientôt : il plaisanta avec son propre malheur, fut léger, parut gai, affecta de l'indifférence afin de calmer la douleur d'une madame Hébert, concierge, lui qui perdait le plus beau trône du monde. Ces larmes versées dans le coin d'un tablier ont un côté touchant que n'ont pas d'autres larmes plus sonores en tombant. Le denier de la veuve est beau ; la larme intarissable de la femme du concierge aurait-elle moins de prix ?

Avant de s'éloigner de Rambouillet, et cette fois pour toujours, Napoléon choisit quelques livres dans la bibliothèque du château, et laissa au général Bertrand la pénible mission de remercier le glorieux personnel de la maison impériale. Au moment de son départ, le 30 juin, le château et la population éclatèrent en gémissements. Ce n'était point l'héroïque douleur de l'armée lorsqu'il l'embrassait sur les joues du général Petit, au milieu de la cour de Fontainebleau ; c'était la douleur moins contenue, aussi franche, pure, simple d'une ville, d'une population dont il avait été le bon père pendant d'heureuses années.

Après le départ de l'empereur, Rambouillet fut livré une seconde fois aux vexations des troupes étrangères. Il appartenait aux Prussiens de faire regretter les Cosaques dont on avait tant exagéré la méchanceté auprès des Parisiens. Les Prussiens pillèrent, le 8 juillet, le château et la maison de l'architecte du roi ; et, loin de modérer la rage de ces brigands, nos alliés, les officiers menaçaient une fois par jour le maire et les autorités de passer la ville au fil de l'épée, parce qu'elle avait été, disaient-ils, dévouée à l'empereur. Il eût été sans doute plus naturel qu'elle montrât du dévoûment aux Prussiens!

Installé au château, le maréchal Blücher y vivait en vainqueur. A sa table étaient servis les plus beaux fruits et les meilleurs légumes du domaine. Il trouva apparemment si délicats les poissons de l'étang de la ferme qu'il ruina cette réserve. Un jour le maître d'hôtel vint dire au maire que, l'étang étant épuisé, il allait commencer à mettre à contribution les beaux poissons qui nageaient dans les canaux creusés devant le château. Entre autres profanations, celle-là n'était pas la moins grave. « Comment, lui dit le maire avec une grande présence d'esprit, pêcher dans les canaux pendant la canicule, et quand le prince Blücher habite le château. Rien au monde ne me ferait accepter une pareille responsabilité. » L'observation fut prise en considération; le général eut peur de gagner la fièvre si l'on remuait les eaux des canaux, et, prudent à l'excès, après avoir consulté ses médecins, il quitta le château dès le lendemain même.

Pendant la seconde restauration, les membres de la famille royale, quoique fort soupçonneux depuis leur retour, répandirent de nombreux bienfaits sur l'arrondissement. Avec le temps, les défiances s'évanouirent, et les chasses royales recommencèrent au bruit du cor. Le 27 juillet 1816, le roi Louis XVIII vint chasser à Rambouillet.

Cet exercice étant peu dans ses goûts studieux, Louis XVIII ne s'y livra que cette seule fois, mais ce fut avec une grande magnificence. Le duc d'Angoulême allait chasser à Rambouillet tous les cinq jours. Le roi Charles X, alors Monsieur, était souvent de la partie, et son ardeur ne se ralentit point lorsqu'il eut ceint la couronne. Dans les archives de Rambouillet, on ne trouve que la constatation d'une seule visite faite au château, le 12 septembre 1828, par le duc d'Orléans et sa famille. Les jeunes princes et les jeunes princesses pêchèrent dans les canaux avec toute la joie et la charmante étourderie de leur âge. Descendants du généreux Penthièvre, ils ne pouvaient oublier les pauvres dans cette journée passée à Rambouillet.

La salle du château, nommée salle de Charles X, est celle qu'un écrivain, déjà cité au commencement de notre histoire mentionne comme ayant cinquante pieds de long sur environ trente de large : elle ne doit pas s'éloigner beaucoup de ces dimensions Sa hauteur répond à son étendue. On s'arrêterait encore pour la voir, quand même François Ier, Henri III, Henri IV, Louis-XIII et leurs royaux successeurs, n'y auraient pas laissé des souvenirs de leur résidence. A la droite de la salle de Charles X, on trouve la salle de billard. Depuis Louis XIV, toute résidence un peu seigneuriale avait une pièce consacrée à ce jeu. Nos princes, presque sans exception, ont montré une force supérieure à cet exercice, qui était, après la chasse, la passion favorite du duc d'Angoulême.

Nous ne savons pas tous les changements réservés à cette demeure antique; mais dans la salle où les cuirasses des compagnons de François Ier se sont heurtées, où les longues rapières des amis spadassins de Henri III ont rayé le sol de la pointe diamantée de leurs fourreaux, nous avons aperçu sur un divan un petit cheval de bois portant en croupe une poupée. Quelles choses remplacent quelles choses! Au reste, j'ai vu vernir, je ne puis pas dire fourbir, les bottes du maître sous des voûtes de douze pieds d'épaisseur. Cela fait sourire, mais ne révolte pas. J'aime mieux l'anachronisme de mœurs que l'anachronisme de pierre. Le roi Charles X aimait beaucoup après la chasse, à respirer le frais dans cette salle, sans penser que, dans le cabinet voisin, il consommerait l'acte le plus désastreux de son règne. Ce cabinet, comme celui de Fontainebleau, a pris pour ne plus le quitter le surnom du *cabinet d'abdication*. Il y a des mots qui sont des suaires. Ils aiment les morts, ils ne s'en détachent plus.

Le cabinet de l'abdication est encore un de ces démentis qu'on heurte à chaque pas lorsqu'on a l'erreur de croire que les lieux se proportionnent à la taille des événements historiques. J'ai vu dans le parc de Rambouillet la pierre sur laquelle Napoléon étendait le vélin où il traça au compas la campagne de Russie; ce n'est qu'un grès informe. Le cabinet si célèbre par l'abdication du roi Charles X est aujourd'hui une chambre à coucher qui afflige le regard par un parquet ciré, des rideaux blancs qui cachent un lit et quelques autres misères de la vie privée. On ne saurait s'imaginer combien la chambre à coucher a déshonoré d'appartements consacrés par l'histoire. Je sais qu'il faut qu'on se loge : cela doit être permis du moment où l'Etat loue les châteaux à bail de trois, six, neuf. Le locataire est absous de la profanation, car les gros crimes comme les grosses réparations sont à la charge du propriétaire.

En 1830, un fait d'une grandeur sinistre imprima un caractère douloureusement historique à Rambouillet.

Ce fut le dimanche 25 juillet 1830, que le roi Charles X, résidant alors à Saint-Cloud, signa avec réflexion les trois ordonnances dont les derniers résultats amenèrent la chute de son trône, son exil et celui de tous les membres de sa branche.

Le but de ces ordonnances était de modifier l'esprit et la lettre de la charte constitutionnelle, à la faveur de l'article XIV qui semblait permettre cette révision.

Tranquille sur le sort de cette mesure politique longtemps caressée dans son conseil, le lendemain 26, jour de la publication des trois ordonnances à Paris, le roi dut se rendre à une chasse au courre, dans la forêt de Rambouillet. Le dauphin mit pied à terre au château vers neuf heures du matin ; il était deux heures lorsqu'il [rejoignit le roi au *Poteau de Hollande*, rendez-vous convenu entre eux la veille. Malgré la fermeté de sa détermination, Charles X se préoccupa, tout le temps de la chasse, de l'effet des ordonnances sur l'opinion publique ; il en parla, à plusieurs reprises, à ses officiers veneurs, et, sans avoir atteint le cerf, il quitta la forêt pour se rendre au château. Il était monté en voiture au carrefour de Vilpert.

Au dîner, la conversation fut de nouveau et comme inévitablement ramenée sur les ordonnances : le roi tenait beaucoup à connaître l'opinion des gentilshommes de service. Quelques-uns la donnèrent avec franchise sur l'opportunité de ce coup d'Etat. Le roi, qui ordinairement rentrait seul à Saint-Cloud, y retourna ce soir-là avec le duc d'Angoulême ; ils partirent ensemble à huit heures. Instruits de la publication des ordonnances par les propos qui circulaient du château à la ville, les habitants de Rambouillet se pressèrent autour de la voiture du roi au moment de son départ pour Saint-Cloud. Il put mesurer alors la portée de l'acte marqué de son nom, à la curiosité avide et agitée des simples habitants de la petite ville de Rambouillet, dont l'inquiétude ne trouva aucun motif de se calmer dans les journaux arrivés dans la soirée. Le 30 juillet seulement, à une heure après-midi, ils surent de quelle manière les ordonnances avaient été accueillies à Paris; la retraite des troupes sur Saint-Cloud leur fut connue en même temps.

Après des conflits d'opinion, des avis, des conseils dont les mémoires rappelleront un jour les termes dictés ou par la peur, ou par une affection sincère, ou par la trahison, le roi abandonna Saint-Cloud à trois heures du matin, et alla s'enfermer à Trianon, suivi d'une partie de sa garde; le reste de l'armée ne quitta cette résidence royale qu'à midi, d'après les ordres du dauphin qui en prit le commandement.

Il était huit heures du soir quand le prince de Polignac, le principal conseiller des ordonnances, descendit brisé, méconnaissable de pâleur, mourant de besoin, au château de Rambouillet. Il boit un verre d'eau, brise un morceau de pain, écrit un mot effaré à son frère, et repart avec toute la précipitation d'un homme qui ne veut pas être écrasé sous la chute d'une monarchie dont il vient de retirer la base; le prince fuyait vers les côtes de la mer. Une heure et demie après cette évasion de son premier ministre, Charles X entrait dans le château de Rambouillet avec sa suite, montée dans huit équipages de cour, et plusieurs voitures bourgeoises; neuf heures et demie sonnaient en ce moment.

Le roi fut le premier à descendre; les amères surprises, les foudroyantes déceptions des fatales journées, avaient aigri, embrasé son sang en le portant au cerveau; sa figure était d'un rouge foncé à faire redouter pour lui une explosion apoplectique. La douleur l'avait si considérablement changé dans ce court espace de temps, qu'il ne ressemblait déjà plus à ce chasseur de la veille, hardi à cheval, prompt et souple à franchir les halliers, beau de verdeur et de joyeuse vieillesse, en poursuivant les cerfs de carrefour en carrefour. Ayant fait une grande partie de la route à cheval, la poussière couvrait ses habits, et jaunissait ses cheveux affaissés sous la sueur. La duchesse de Berry et ses deux enfants l'accompagnaient lorsqu'il entra dans le salon dit *de la reine,* au milieu des hauts fonctionnaires de sa suite, et des autorités de la ville. Il salua autour de lui, et il alla, après quelques pas rêveurs, s'informer auprès de M. Delorme, le maire de Rambouillet, de l'état moral des habitants ; ses larmes coulèrent sur la poussière de ses joues amaigries et de ses habits, lorsque, cédant à la fatigue de cette première journée d'exil, les deux jeunes enfants de la duchesse de Berry se jetèrent dans ses bras pour lui souhaiter une bonne nuit.

Tout manquait au château. Prévoyait-on une telle visite ? On eut recours à l'hospitalité des habitants, pour composer un repas à la famille royale.

Sur les indications du maire, dont le rapport officiel déposé aux archives de Rambouillet nous a été d'une grande utilité pour raconter ces dernières heures de la royauté de Charles X en pleine déchéance, l'armée, que commandait le général Vincent, fut répandue et postée de manière à garantir le château d'une surprise de nuit. Pendant que ceci se passait, le même fonctionnaire mettait en réquisition tous les convois de farine qui se dirigeaient sur Paris, et il faisait pétrir par tous ceux qui pouvaient rendre ce généreux service à la troupe littéralement à jeun. La faim ne la mit pas moins à de cruelles épreuves : elle fut si intolérable, il paraît, et on tarda tant à la satisfaire, malgré le zèle des habitants, que, dans plusieurs régiments, elle causa de nombreuses désertions ; il fut beaucoup moins difficile de se procurer du vin et de la viande, que du pain. Il faut ajouter aussi que, peu rassurés sur la solvabilité de la maison militaire du roi, tout entière à la solde de la liste civile en péril comme la monarchie, les fournisseurs craignaient pour leurs avances ; cette crainte était mal fondée. Outre les dix mille francs que versa M. le baron de La Bouillerie, le roi fit vendre son argenterie, afin de payer les dépenses de bouche de sa maison militaire. On en était déjà là ! la nourriture des chevaux n'exigea pas de moindres négociations. Sans l'architecte du roi, M. Nepveu, qui livra tout le foin provenant de la récolte du château, ils seraient morts de besoin à leurs rateliers vides.

Bientôt toute la famille royale se trouva réunie ; il fut alors péniblement curieux d'étudier, sur les visages de chacun des membres, l'impression produite par une même infortune; celui de Charles X était plein de désolation, et la profonde douleur de son front empruntait un étrange effet à l'indifférence du dauphin; la duchesse de Berry n'acceptait le malheur dont elle était frappée qu'en résistant avec l'impatience de la jeunesse. La touchante surprise de sa fille s'épanouissait en un étonnement naïf sur le visage de son fils plus jeune, le duc de Bordeaux. Sur toutes ces impressions, constamment entretenues par les bruits de la grande tempête déchaînée dans Paris, planait la rumeur de l'armée; marchera-t-elle sur Paris? c'est son vœu; battra-t-elle en retraite sur Tours? on l'enchaîna à la nécessité de négocier, sauf à tout terminer l'épée à la main dans les plaines de Rambouillet. Autour de ces groupes agités, indécis, irrités, ayant une main sur les représailles, un pied dans la fuite, rôdaient les habitants dont il est difficile de dire au juste quelle était alors l'opinion; les généraux de l'armée royaliste, ne comprenant plus rien à cette retraite sans guerre, à cette guerre sans ennemis visibles, et les commissaires du gouvernement provisoire, timides exécuteurs testamentaires d'une monarchie dont ils allaient s'appliquer les meilleurs legs.

Mille chevaux, trois cents hommes d'infanterie, huit pièces de canon, formant une avant garde, arrivèrent à Rambouillet dans la soirée du 31 juillet. La répartition défensive eut lieu de cette manière : six cents dragons de la garde se placèrent sur l'avenue de Versailles, depuis la grille jusqu'au carrefour de la Chasseuse; deux cents gendarmes d'élite sur l'avenue des marronniers; les quatre compagnies de gardes-du-corps, sous la futaie vis-à-vis de l'Abreuvoir, dans le Quinconce et le jardin Neuf; enfin, les gardes-du-corps à pied campèrent sur la pelouse, dans l'avant-cour vis-à-vis la Chaumière.

Ce fut une grande joie, une touchante consolation pour la famille royale, d'apprendre le retour de madame la dauphine, qui, en revenant de Vichy, avait eu connaissance à Tonnerre des terribles résultats des ordonnances. Elle avait aussitôt changé de voiture; le relai de Versailles fut évité, et ce ne fut qu'arrivée à Coignères qu'elle se fit annoncer à Rambouillet par un officier de grenadiers à cheval. Une calèche bourgeoise la transporta au château avec le dauphin, qui l'avait attendue aux premières lignes de l'avant-garde. Le roi, en se levant et en marchant vers la duchesse, lui dit : *Me le pardonnerez-vous ?* Elle se jeta dans ses bras, et elle répondit : *Mon père, je partagerai tous vos malheurs ;* ajoutant un instant après : *Nous voilà, je l'espère, réunis pour toujours.*

Le premier veneur, M. le comte de Girardin, arrivé de Paris à cheval, fut introduit auprès du roi entre neuf et dix heures du matin ; il portait, dit-on, une lettre du duc d'Orléans. A la suite d'un conseil de famille, suivi d'un conseil de ministres, le grand veneur regagna Paris où il arriva à minuit. En partant, il prit la traverse du côté de Grignon et Marly, un garde général l'accompagna ; son départ de Rambouillet eut lieu à cinq heures et demie du soir.

Le 1er août et la nuit suivante, différents corps occupèrent les positions que nous allons indiquer : cinq cents hommes à cheval de la gendarmerie de Paris au Fer-à-Cheval ; trois cents hommes à pied de la même arme dans l'avenue qui va du Fer-à-Cheval à celle des Chartreux : un régiment de lanciers de la garde dans l'avenue de Versailles, depuis le carrefour de la Chasseuse jusqu'à la même route des Chartreux ; six cents chasseurs de la garde sur l'avenue de la grille aux Lapins, depuis cette grille jusqu'au carrefour de la Chasseuse ; le 2e et le 6e régiment d'infanterie de la garde, forts chacun de douze cents hommes, sur la route de Paris, depuis la grille de Versailles jusqu'à mi-côte ; quatre autres régiments d'infanterie de la garde, dont deux de suisses, composant une force de six mille hommes, s'établirent dans le Clos-Martin, à Groussaye, et le long du ruisseau de l'étang du Moulinet, jusqu'à la forêt Verte ; six cents hommes et mille chevaux d'artillerie de la garde avec vingt-deux pièces de canon et huit obusiers, prirent position dans l'avenue qui part du Chenil et se prolonge jusqu'à la Fosse-aux-Bœufs. Ces bouches à feu et les canons arrivés la veille furent disposés ainsi : six pièces et deux obusiers du Chenil au carrefour de la Chasseuse ; vingt-quatre pièces et six obusiers, braqués et mèche allumée, depuis la Chasseuse jusqu'à la Fosse-aux-Bœufs.

Tout le 15e léger, moins treize hommes, ayant déserté, le colonel de ce régiment remit le même jour, 1er août, le drapeau au roi. Le soir, vers sept heures, la famille royale passa lentement au front des troupes échelonnées comme il vient d'être dit; elle laissa échapper ses larmes et ses regrets en présence de ce dernier rempart d'une fidélité inutile.

La double abdication du roi et du dauphin, en faveur du duc de Bordeaux, fut rédigée en conseil de famille et des ministres; le lendemain, 2 août, M. le général vicomte de Foissac-Latour, fut chargé de la porter au Palais-Royal; on la distribua et on l'afficha le soir dans Rambouillet et quelques communes voisines. Après le dîner, le roi et les princesses se promenèrent tristement autour des canaux. Ils allaient déjà à pied.

Un garde-du-corps se suicida dans la soirée.

Dans la même journée, 2 août, trois régiments de cavalerie bivouaquèrent : un régiment de chasseurs de la ligne, sous la futaie des glacières; un régiment de hussards de la garde, dans l'avenue de la Fosse-aux-Bœufs, et un régiment de cuirassiers au village de Vieille-Église, à une lieue de Rambouillet.

Ce fut aussi ce jour-là que les commissaires du gouvernement provisoire firent, sans succès, une première tentative auprès du roi. MM. le maréchal Maison, de Schonen et Odilon Barrot, se présentèrent à neuf heures et demie aux avant-postes de l'armée royale; on leur cria *qui vive!* le duc de Coigny se nomma. Sans lui, le général Balthasard ne leur eût pas permis d'aller plus loin avec leur nouvelle cocarde; il traversèrent les camps endormis, et se heurtèrent à des soldats qui avaient proclamé le matin la royauté de Henri V. A Rambouillet, ils reçurent, par M. de Coigny, cette réponse de Charles X : *J'ai fait connaître mes intentions à mon lieutenant-général* (l'abdication en faveur de Henri V), *et je ne quitterai Rambouillet qu'autant qu'on s'y conformera... Qui sont ces commissaires?* le duc répondit : « M. de Schonen. — Ah! oui, ce gros juge; et l'autre? —M. Odilon Barrot. —Très bien! l'avocat, le fameux avocat. » En refusant de les recevoir, le roi leur offrit, s'ils s'obstinaient à rester, un abri au château et des rafraîchissements. Les commissaires persistèrent à voir le roi; alors il leur fut dit nettement, toujours par l'organe de M. de Coigny :

*Il n'est plus possible de pénétrer chez le roi, dès qu'il s'est re-
tiré dans ses appartements, pour se coucher, et qu'il a
renvoyé son service.* L'étiquette survivait à la royauté.

De retour à Paris, les commissaires du gouvernement provisoire organisèrent le mouvement sur Rambouillet, et ils re-
partirent de nouveau pour s'aboucher avec Charles X.

Le lendemain mardi, 3 août, le 19e de ligne, réduit à seize
hommes, rendit son drapeau au roi. Ce jour-là, M. de Girardin
retourna à Paris, pour demander de l'argent; quand il en sortait,
la colonne parisienne et l'avant-garde rouennaise se mettaient
en marche pour Rambouillet. Ayant fait résistance aux ordres
du général Vincent, le colonel Poque, soupçonné d'avoir voulu
délier les troupes de leur serment au roi, reçut le même jour
la fusillade des Suisses; une balle le blessa au talon. La voiture où étaient les commissaires du gouvernement provisoire,
toujours composés de MM. le maréchal Maison, de Schonen et
Odilon Barrot, s'arrêtait à dix heures et demie du soir devant
l'hôtel Saint-Martin. Rendus au château, ils sont introduits
cette fois, sans difficulté, auprès de Charles X, par le maréchal Marmont, duc de Raguse. Le roi les reçut dans sa chambre à coucher.

Ils lui peignirent alors, sous des couleurs vraies, mais qui
rendaient toute exagération permise, l'état de la capitale, et
l'effrayèrent du nombre des Parisiens qui, déjà arrivés à Coignières, marchaient en armes sur le château. Charles X
exigea que le maréchal Maison ratifiât, de sa parole d'honneur, l'authenticité du nombre qu'on prêtait devant lui à l'invasion parisienne. Le maréchal crut devoir tout affirmer sous
la garantie de son honneur. Tout en respectant le témoignage
du maréchal, les faits ont démontré qu'il y avait erreur dans
son opinion.

En sortant de la chambre du roi, M. Odilon Barrot dit aux
généraux et aux officiers de la couronne, qui attendaient dans
le salon : « Messieurs, sauvez le roi! sauvez le roi! tout Paris
est à Coignières; dans deux heures, soixante à quatre-vingt
mille Parisiens seront ici. »

Le départ de la famille royale eut lieu dans l'ordre suivant :

Dans la première voiture, étaient le duc de Bordeaux, son

gouverneur et M. de Barbançois; dans la seconde, M. de La Vil-
latte et deux ou trois personnages de suite; dans la troisième,
madame la duchesse de Berry, mademoiselle et madame de
Gontaut; dans la quatrième, plusieurs officiers de la princesse; dans la cinquième, escortée du dauphin à cheval, madame la dauphine, avec sa dame d'honneur; dans la sixième
voiture, étaient le roi, le duc de Luxembourg, capitaine des
gardes, et le duc de Polignac, premier écuyer.

Au moment où le roi allait monter en voiture, le maréchal
Marmont lui dit : « Sire, je vais rester encore deux heures;
vous n'avez pas d'ordres à me donner? — *Non, monsieur le
maréchal, non.* »

Suivi de toutes les autres personnes attachées à la cour, le
convoi funèbre se mit en marche.

Ainsi étaient sortis de Rambouillet, en 1814, l'impératrice
Marie Louise et le roi de Rome; en 1815, l'empereur Napoléon. On dirait que ce château est un arc de triomphe funé-
raire, sous lequel passent toutes les monarchies vaincues. C'est
la première étape de l'exil.

A peine la famille royale quittait Rambouillet, que le drapeau tricolore flotta sur la tour du château, dont les portes
furent aussitôt fermées et gardées par trente gardes nationaux.

Les commissaires du gouvernement provisoire siégeaient à
l'hôtel Saint-Martin, où ils faisaient exécuter leurs ordres par
l'intermédiaire du maire. Nous rapporterons l'avertissement
menaçant du maréchal Maison, à ce fonctionnaire, pour prouver, dans un instant, combien était réellement exagéré le chiffre auquel on portait la phalange révolutionnaire en marche
sur Rambouillet.

La constatation de l'erreur importera singulièrement à l'histoire. Voici les paroles du maréchal Maison : « Je plains votre
pays. Attendez-vous à recevoir *cent cinquante mille hommes,*
d'ici à quarante-huit heures; il en vient de toutes les direc-
tions, et il est bien essentiel que vous ayez vingt-cinq mille rations à votre disposition, à six heures du matin. » Ce propos
va être commenté par les faits; rappelons un autre fait aussi
grave, quoique d'un ordre différent, qui se croisa avec le pre-

mier. Le receveur-payeur de la liste civile, **M. Chambellant**, accompagné de l'architecte du château, **M. Nepveu**, entra dans la salle en annonçant que les diamants de la couronne étaient restés à Rambouillet ; il montra ensuite un ordre de **M.** de la Bouillerie, intendant-général de la maison du roi, qui enjoignait de les confier immédiatement à la discrétion des commissaires.

Aussitôt, le maréchal Maison décacheta, pour faire part de l'incident des diamants au général Pajol, la dépêche où il annonçait à ce commandant en chef de la colonne parisienne le départ du roi, circonstance qui rendait sans objet sa marche sur le château.

Les quatre caisses où se trouvaient les diamants étaient enfermées toutes les quatre dans un caisson placé dans la cour du château. Scellé des sceaux de la mairie, ce caisson fut déposé dans une remise à la porte de laquelle un poste de garde nationale fut établi.

A minuit, les trois commissaires partirent pour rejoindre le roi ; déjà les équipages étaient sur la route de Chartres, que, sur un contre-ordre, ils quittèrent pour la route de Dreux.

Enfin, la colonne parisienne arriva à Rambouillet : elle était de douze cents hommes au plus !

Il est à remarquer que, l'avis donné par le maréchal Maison au général Pajol n'étant pas arrivé à temps, l'effectif de cette colonne n'avait subi aucune diminution.

Ainsi Charles X et une armée de douze mille hommes exaltés, courageux, dévoués, avaient, sans combattre, cédé la place et une monarchie à douze cents hommes parmi lesquels beaucoup d'enfants, parmi lesquels un dixième seulement avait des armes. Le maréchal Maison s'était donc trompé!

Tel fut le rôle que joua le château de Rambouillet dans la révolution de juillet 1830 ; trois rois y perdirent, le même jour, leur couronne sans oser un instant disputer la victoire à un fantôme populaire qui eût été anéanti si l'on eût employé à le repousser la plus faible partie des formidables moyens de résistance dont on disposait.

Ainsi que le château, les jardins et le parc de Rambouillet limités de tous côtés par la route de Chartres, portent les marques des changements opérés par les divers possesseurs, selon leurs goûts, et aussi selon les nécessités de l'époque. Mais ici il devient malaisé d'assigner avec assurance la part absolue dévolue à chacun d'eux. Que restait-il des anciennes plantations principales faites sous les Rambouillet quand le comte de Toulouse acquit la propriété? Qu'ajouta aux plantations considérables du comte de Toulouse le duc de Penthièvre, son fils, si épris, comme on sait, de cette terre de famille? Que conserva Louis XVI de l'œuvre de ces deux générations qu'il déposséda? Où commencent et finissent les embellissements dus à Napoléon? Voilà des questions qui resteront sinon sans réponse, du moins sans réponse rigoureusement précise. Allez demander compte à la bêche des terrains qu'elle a couverts, à la pioche de ceux qu'elle a coupés, sur un espace que les pieds entament à peine après trois heures de marche.

Ce qu'on nomme le parc et les jardins, et qu'on nommera ainsi jusqu'à ce que l'herbe, sable envahissant de notre région froide, les ait entièrement cachés, représente une étendue de deux mille quatre cents arpents. Ils se joignent par plusieurs points, et finissent par se fondre avec la forêt. C'est dans le jardin qu'a été creusée par le comte de Toulouse une pièce d'eau de quatre-vingt-dix arpents de surface, où l'on peut aussi facilement naviguer à la voile que sur un lac. Les canaux qu'elle alimente forment six îles, quatre grandes, deux petites, plantées en partie par Napoléon. Dans beaucoup d'endroits, ces canaux ont plus de largeur que ceux de Venise. Des escadres de cygnes les sillonnent en tous sens.

Si le parc a perdu ses vases antiques, si l'on ne voit plus blanchir, à travers la découpure du feuillage mouvant de ses bosquets, de blanches épaules de statues, il reste, pour consoler les visiteurs, quelques monuments touchés, comme le kiosque de Napoléon, par un contact qui les arme d'une force magnétique.

La chaumière de Marie-Antoinette est au nombre de ces objets aimantés qui vous attirent et vous retiennent. Elle est dans le petit parc. On s'y arrêterait encore, n'éveillât-elle pas de charmants souvenirs voilés d'une arrière tristesse. La chaumière d'une reine ne peut-être qu'un temple. Aussi est-ce un temple. Les murs ne sont, toutefois, ni de marbre, ni d'albâtre, mais de coquillages. Tout est tapissé de coquillages fort symétriquement assemblés, et les murs, et les pilastres, et le dôme, et la cheminée, et les portes.

Autour de la chaumière de Marie-Antoinette murmurent des arbres exotiques d'une beauté prodigieuse, et de l'eau coule en rond sous l'aile des cygnes.

On va de la chaumière de Marie-Antoinette à *la Laiterie de la Reine*, qui est à l'extrémité du parc, par une longue allée de peupliers d'Italie plantée au bord d'un des canaux. Marie-Antoinette et sa nièce, la duchesse de Lamballe, se rendaient souvent sans appareil à Rambouillet et couraient à la Laiterie. Les bras plongés à demi dans la dentelle, à demi dans le lait écumeux, la reine de France et sa meilleure amie jouaient, nymphes royales, à la bergère et à la pastourelle. Oubliée pendant la révolution, ainsi, à vrai dire, que tout le château, la Laiterie a dû de notables réparations à la générosité de Napoléon.

Quoique ce ne soit point là un monument à qualifier absolument de chef-d'œuvre, il est fort au dessus de tout ce que l'on connaît en ce genre de construction coquette dont le siècle de Louis XV, car son époque a été un siècle, fut le remarquable créateur.

A distance les deux pièces dont se compose la laiterie de la reine, éclairées toutes deux par un dôme de verre, toutes deux frissonnantes des marbres de pourtour, des marbres du parquet, des marbres des soubassements, des petits jets d'eau qui partent de pas en pas sur toute l'étendue de la pièce du fond, terminée par un entassement de rochers blancs dorés à travers lesquels s'échappe une eau versée dans un bassin de marbre; à distance, disons-nous, ces murs qui semblent du lait durci, ces rochers, qui ont l'aspect poétisé de colossales mottes de beurre de vache, le portique tout de marbre, veiné des reflets verts qu'il reçoit des arbres plantés à l'entour de la Laiterie, ne laissent aucun doute sur la destination du monument. Le mot laiterie s'écrit en lettres blanches dans le miroir du regard avant qu'on ne le lise au-dessus de la porte d'entrée. C'est un palais qu'on vient de traire.

L'intérieur est neuf comme si le ciseau du sculpteur achevait de le décorer. Au centre de la première pièce carrelée de deux couleurs, blanche et rose, se dresse une table ronde en marbre, d'un seul bloc, blanc de neige. Dans le milieu de la table s'incruste une bande circulaire, semée sur un fond sombre de huit étoiles blanches. Il est important de ne pas oublier que le carrelage de marbre, la table de marbre, les étagères de marbre, sont du règne de Napoléon. En sorte qu'on doit à l'empire les ornements les plus riches, et surtout les mieux entendus, de la Laiterie de Marie-Antoinette.

Nous avons déjà dit que les deux côtés du parquet de la seconde pièce, si ingénieusement éclairée par le haut, laissent échapper chacun quatre petits jets d'eau. Napoléon fit transporter à la Malmaison deux bas-reliefs dont on voit encore la place sur les murs; ils sont de Julien : l'un, *Apollon gardant les troupeaux d'Admète*; l'autre, *Jupiter élevé par les Corybantes*. Le même statuaire avait composé un autre groupe bucolique qui était placé sur les rochers. Paris, où tout finit par se rendre, en a hérité. Il est sous le dôme du Luxembourg. Ce groupe et une *Andromède* qu'on lui avait substituée ont été remplacés sur les rochers de la Laiterie par une *Baigneuse* de Beauvallet. Qu'y a-t-il à dire d'une baigneuse ?

A droite de la Laiterie est le *pavillon des Quatre-Saisons*, qui ne doit être habitable dans aucune. Pour abriter un mystère bourgeois, ce n'est pas assez; pour cacher un mystère royal, c'est beaucoup trop. Sauvage a peint en grisaille les *Quatre-Saisons*, ce phénomène grec auquel les Parisiens ont la faiblesse de se laisser prendre, eux qui, loin de compter quatre saisons, n'ont qu'un long hiver fortuitement interrompu par quelques beaux jours.

Le plus sinistre et à coup sûr le moins glorieux des événements destinés à figurer dans les fastes de Rambouillet, ne doit pas manquer de trouver ici sa place.

Ébranlée par le tremblement de terre de juillet, la monarchie communiqua la secousse aux créations nées de son esprit, unies à son origine. Deux ans n'étaient pas encore écoulés depuis la révolution de 1830, et déjà la chambre des députés discutait si l'on détacherait du domaine de la couronne ou si on lui conserverait la propriété de Rambouillet. C'était tout simplement mettre en question l'existence de cette magnifique terre historique, qui n'a pu se former, s'embellir, s'illustrer, se maintenir jusqu'à nous, que sous la tutelle puissante et riche de rois et de princes. Dédaignant de peser les motifs de respect, de justice, de nationalité, de reconnaissance et de bon goût, qui prescrivaient l'obligation de ne pas arracher Rambouillet à la couronne, la chambre des députés, à la majorité de sept voix, le fit passer à l'État, par une loi portée en février 1832 à la chambre des pairs. Après un dernier discours de M. de Broglie, la loi votée par la chambre des députés fut consentie par la chambre haute et Rambouillet fut irrévocablement acquis à l'État. On attribua cet étrange vote des nobles pairs, si intéressés à ne pas distraire Rambouillet du domaine de la couronne, à l'espèce d'effroi bien naturel que leur imprimait encore la chambre des députés, expression directe et menaçante de la révolution de juillet, faite fort peu, comme on sait, au profit de la pairie.

Les habitants de Rambouillet, en attente pendant ces débats, furent découragés de la conclusion. On tarissait une des sources principales de leur existence, sans leur en creuser une à côté. Quatorze mille habitants perdaient en un jour un centre moral, plus de deux mille pauvres un asile presque toujours ouvert, depuis quatre siècles, à leurs misères et au soulagement de leurs maux. Quand on ne veut plus de vassaux, et que dans cette pensée on détruit les châteaux où ils trouvaient du pain et du sel; quand on ne veut plus avec soi que des citoyens, on leur construit des routes, on leur élève des écoles, on les rapproche des villes avec lesquelles ils croiseront des liens nouveaux. Fit-on cela? Non. On loua, pour une misère, pour dix mille francs par an, à un étranger, le château de Rambouillet, sans l'obliger à aucun entretien, à aucune réparation; et l'on oublia les populations qui vivaient de la généreuse résidence des seigneurs.

Si Rambouillet n'est pas rendu à la couronne par un échange facile avec elle, Rambouillet sera tôt ou tard une mare à crapauds, un fouillis de serpents, et l'espace étendu au delà de ses limites, un pays impraticable. Là où l'industrie ne se substitue pas à l'opulente oisiveté des anciens temps, le vol vient se placer.

LUCIENNES

Le château de Luciennes, qu'il faut distinguer du pavillon Du Barri, quoiqu'ils soient l'un et l'autre dans la même propriété, se trouve placé à l'une des extrémités du village de Luciennes, le plus fantasque des villages. Il est presque aussi grand que Versailles, il ne lui manque que des rues et des maisons pour être une ville de second ordre; mais je crois qu'il les attendra longtemps.

Il n'est pas facile de connaître l'origine et surtout le sens de ce nom de Luciennes ou de Louveciennes. Dans le ixe siècle, ce village prend, dans une charte de concession passée avec les moines de Saint-Denis, le nom de *Mons-Lupicinus* Faut-il supposer avec l'abbé Lebeuf qu'on l'appela ainsi, parce qu'il servait de retraite à des loups, ou bien, avec d'autres historiens, qu'il tira son nom d'un officier de chasse du roi Chilpéric III, nommé *Lupicius* ou *Lupicinus*? Ce qu'il y a de certain, c'est que, par ce traité, les moines de Saint-Denis devinrent possesseurs par moitié du territoire de Louveciennes, comme ils le furent plus tard de tous les bois, champs, forêts, villages et hameaux placés dans un rayon de vingt lieues autour de Paris. Nous sommes très porté à croire que ce petit point de la terre devra désormais sa célébrité bien moins à la longue occupation de ces moines puissants, riches et ambitieux qu'au passage brillant de cette femme qui y posa un jour son joli pied et disparut.

Nous ne connaissons pas dans l'histoire moderne de femme plus décriée, plus avilie, plus outragée et plus punie que madame Du Barri. Par une dérision que toute la malignité des hommes ne trouverait pas, elle naquit à Vaucouleurs, où naquit Jeanne d'Arc, et, par une autre dérision non moins étrange, elle reçut en naissant le nom de Jeanne, comme si le hasard eût voulu à tout prix et avec une intention secrète qu'on mît un jour en présence la femme qui sauva la France et celle qui passe pour l'avoir perdue.

Pourquoi tant de haines et tant de souillures? N'aurait-on tant crié contre madame Du Barri que parce que, maîtresse du roi, elle n'était pas issue de famille titrée? Etait ce donc un privilége des familles nobles de fournir des maîtresses aux rois? On le croirait en se rappelant que mademoiselle de La Vallière, mademoiselle de Fontange, madame de Montespan, madame de Mailly, madame de Châteauroux, mademoiselle de Lauraguais, étaient d'origine aristocratique. On a aussi violemment récriminé contre madame Du Barri parce qu'avant d'être à Louis XV elle avait eu d'autres amants; mais François Ier avait passé bien des légèretés à ses maîtresses, mais Henri IV avait **bien** souvent fermé les yeux sur les coquetteries de la charmante Gabrielle. Madame Du Barri n'était guère plus coupable que ces dames de haut parage. Le plus ou le moins en pareil cas ne nous semble pas d'ailleurs d'une grave importance, et je ne vois pas pourquoi on demanderait un commencement moral à ce qui est destiné à avoir une fin si peu édifiante. Pourquoi donc cette haine plus vivace et plus longue pour madame Du Barri, aussi jeune, plus jolie qu'aucune maîtresse royale? Est-ce parce qu'elle coûtait beaucoup d'argent? Louis XV en aurait-il moins dépensé sans elle? Les châteaux bâtis, les fêtes données par Louis XIV à ses favorites, n'ont-ils pas coûté mille fois plus que les caprices de la comtesse? La réprobation ne s'éleva si haut, pensons-nous, que parce que le duc de Choiseul ne parvint pas à donner de sa main au roi Louis XV une maîtresse qui balançât le crédit de madame Du Barri. Le duc, indigné, la rendit d'abord odieuse à la cour par son pouvoir comme ministre; il put ensuite, par l'influence des écrits qu'il eut la facilité de faire publier contre elle, ameuter toute la France et l'étranger. Sa lutte avec elle est une des phases les plus curieuses de notre histoire. Il ne voulut pas reconnaître à propos, mal conseillé par madame de Beauveau et par sa sœur, madame de Grammont, l'immense ascendant promis à la favorite quand elle parut dans le ciel ou dans l'enfer de la cour. Moins habile et moins prudent que le duc de Richelieu, il dédaigna de signer avec elle une alliance offensive et défensive lorsqu'elle la lui fit proposer, et ce fut sa perte.

Jusqu'ici tous ceux qui ont écrit sur la maîtresse de Louis XV ont copié un livre intitulé *Anecdotes sur madame la comtesse Du Barri*, ouvrage honteux, sans nom d'auteur, publié à Londres chez le fameux Nurse. Comme il était excessivement difficile, même impossible, à madame Du Barri d'opposer à cette publication, qu'elle essaya cependant, mais inutilement, de faire disparaître, un récit exact et fidèle de sa vie, car c'eût été combattre la calomnie par le scandale, le feu par la poudre, elle garda le silence le plus absolu, en sorte qu'aujourd'hui, à moins de se livrer à un travail peu récompensé par le lecteur prévenu, on ne recueille sur elle que ce qu'en ont dit ses ennemis les plus injustes et les plus violents.

I.

Madame Du Barri naquit en 1744, à Vaucouleurs; son père, petit commis aux fermes, nommé Gomart de Vaubernier, pria Billard Dumonceau ou plutôt Du Monceau, riche munitionnaire qui passait ce jour-là par la ville, de tenir l'enfant sur les fonts baptismaux. Après cet événement insignifiant, on ne sait plus ce que devient le père, mort sans doute dans l'obscurité où il avait vécu, et on ne revoit plus la mère et la fille que sur la route de Paris. Qu'allait faire la petite Jeanne de Vaubernier à Paris? Sait-on jamais ce qu'on vient y faire? Elle obéissait à cet énergique aimant qui attire à Paris tout ce qui a en soi un titre à la gloire, à la célébrité, à la fortune. Elle avait son joli visage de province, clair, charmant, étonné, ses cheveux doux et cendrés, ses yeux bleus, voilés et entr'ouverts, son teint pâle et rose : elle avait son étoile. Qui lui eût dit, lorsqu'elle traversait la grande ville dans sa voiture d'osier, aux courroies paresseuses, aux roues massives et criantes, qu'elle aurait un jour des équipages plus beaux que tous ces équipages qui lui envoyaient de la boue en passant, et à ses bras plus de dentelles et de diamants que toutes ces dames précédées de valets en livrée ?

Le riche parrain, M. Billard Du Monceau, donna quelques légers secours à madame Vaubernier et mit sa fille au couvent de Sainte-Aure, inévitable début de toute histoire et de tout roman au xviiie siècle. Si l'on n'apprenait pas grand'chose au couvent, on y recevait du moins une instruction proportionnée à l'esprit du temps. La bienveillance du parrain ayant cessé de protéger la filleule, celle-ci glissa nécessairement sur le terrain où rien ne la retenait plus. Elle ne tomba pas tout à coup dans le vice ; mais du couvent elle passa chez une marchande de modes de la rue de la Ferronnerie, nommée madame Labille. Jeanne Vaubernier avait alors seize ans. Par un reste de respect pour son nom de famille, elle prit celui de Lançon en entrant chez cette marchande de modes. La précaution indique que tout sentiment délicat n'était pas déjà mort en elle, lorsqu'elle eut recours pour vivre à l'exercice de cette profession, qui demandait alors plus de bon goût que de bonnes mœurs.

La rue de la Ferronnerie, une des plus vieilles rues du vieux Paris, présentait au milieu du xviiie siècle un caractère de physionomie qu'elle a été longtemps à perdre, malgré les secousses de la révolution, les alignements de l'empire et de plusieurs restaurations. Collée à l'antique église des Innocents, dont elle doublait une des quatre faces, elle tenait d'un côté à ce qu'il y a de plus funèbre, de l'autre à ce qu'il y a de plus gai, — à ce qu'il y a de plus vivant et à ce qu'il y a de plus mort. Elle avait vue sur le marché et sur le cimetière. La vieille église des Saints-Innocents, sa tour octogone, les croix noires du cimetière, qui, placé derrière l'église, occupait le carré où est aujourd'hui le marché : les hautes tombes, le pilori, dressé à l'extrémité du cimetière, là même où l'on voit aujourd'hui la halle aux draps, les galeries formant les trois côtés du cimetière, sortes d'arcades grillées pleines de sque-lettes, supportant une triple ligne de greniers remplis de têtes de morts, — ce qu'on appelait enfin le charnier des Innocents, — jetaient des ombres, et puis encore des ombres sinistres sur le pavé et les maisons voisines, au bas desquelles s'étalaient du matin au soir des milliers de marchandes de légumes et des centaines d'échoppes d'écrivains publics.

Les deux côtés de la rue de la Ferronnerie, placée au cœur du marché et du charnier, n'étaient composés que de bouti-ques de marchandes de modes, et ces boutiques riantes, pim-pantes, toutes gentilles, percées au pied des maisons dont les croisées avaient vu assassiner Henri IV, gagnaient d'année en année la rue Saint-Honoré, où elles avaient fini par se confon-dre avec les marchands de pelleterie du Danemark et de la Suède, qui plus heureux, ont résisté à l'action du temps, et de nos jours sont encore à leur place. Tous ces magasins de modes, célèbres en Europe, dans l'Inde et les deux Amériques, luttaient d'éclat et de nouveauté par leurs vitrages, leurs de-vantures, leurs enseignes et leurs auvents. Ces auvents très longs, épanouis et surbaissés, donnaient à ces boutiques des formes de chapeau, et procuraient à la rue, constamment mouillée par le séjour des légumes, une ombre fraîche, riante, que damassaient mille couleurs. Ces couleurs jaillissaient comme des flammes du jeu miroitant de ces étoffes, de ces bonnets, de ces mantilles, de ces camails en satin, en brocart de Lyon, étalés, pendus, exposés dedans et dehors. Et quelle population exceptionnelle pour cette rue originale ! Les mous-quetaires rouges, noirs, gris, les abbés pouparts, les robins passionnés, les petits marquis ennuyés, les vieux conseillers, les chevaliers d'industrie, les galants escrocs, les clercs sen-sibles, les mondors à bec de corbin, les munitionnaires à la grosse voix, les traitants, affluaient du matin au soir dans ces boutiques et autour de ces comptoirs garnis de jeunes filles qui, en riant, déchiraient la soie, piquaient dans le velours et arrondissaient au bord de leurs doigts distraits la mousseline et la gaze.

C'est dans l'un de ces jolis magasins de modes que Jeanne Vaubernier ou mademoiselle Lançon entra en apprentissage; c'est là qu'elle acquit sans doute l'art de se coiffer et de s'habiller avec un goût qui ne fut pas inutile plus tard à ses succès dans un autre genre. Ses ennemis lui rappelèrent souvent avec dédain cette première époque de sa vie, que, de son côté, elle ne chercha pas à nier : du reste, elle ne nia jamais rien, et cette espèce de candeur aurait dû les rendre moins cruels; mais demandez de l'impartialité pour les favorites ! En accorde t-on aux rois? en accorde-t-on à personne quand il y a succès? et quel succès égala jamais celui de madame Du Barri?

Ils sont innombrables, les amants de toutes conditions qu'on lui prête dans cette boutique de modes. En vérité, c'est trop. Dans quel temps aurait-elle fait des chapeaux? Théveneau de Morande les nomme tous, sans embarras, ces amants; il les connaît tous; malheureusement Théveneau de Morande ne mérite pas une confiance absolue. Il a été accusé d'avoir été payé par le duc de Choiseul pour écrire et publier à Londres, contre madame Du Barri, *le Gazetier cuirassé* et *la Gazette noire.* Elle s'intitulait :

LA GAZETTE NOIRE,

IMPRIMÉE A CENT LIEUES DE LA BASTILLE,

A trois cents lieues des présides, à cinq cents lieues des cordons, à mille lieues de la Sibérie.

deux ouvrages dont Rivarol aurait pu dire qu'ils ont été pensés dans la rue et écrits sur une borne; j'ajouterais volontiers : et publiés dans un égout. C'est dans le *Gazetier cuirassé,* livre fort rare de nos jours, que j'ai lu cette phrase, échantillon du reste ; « Quand le duc de Richelieu a vu que le duc de Fronsac se conduisait avec honneur dans l'affaire des pairs, il l'a désavoué pour son fils et n'a pas voulu vivre avec lui. » On lit à chaque page de ce *Gazetier cuirassé,* que madame Du Barri est la fille d'un moine et d'une cuisinière, qu'à dix ans elle fut ravie à ce moine par une courtière ambulante et menée à Paris ; que, fille sans nom pendant dix ans chez madame Gourdan (nous allons parler de cette célèbre madame Gourdan), elle s'associa au comte Du Barri pour donner à jouer au brelan ou au vingt et un; que là Lebel la vit pour la première fois et la montra au roi pendant la nuit; que, présentée ensuite à la cour, créée comtesse et logée au château de Versailles, elle fit chasser une princesse, deux ministres et tous les honnêtes gens. Telle est la substance âcre et vénéneuse que nous avons extraite du trop fameux livre de Théveneau de Morande.

La rue de la Ferronnerie est peu éloignée de la rue Saint-Sauveur, et c'est dans la rue Saint-Sauveur qu'était la maison de la fameuse madame Gourdan, dont le nom, dans les chroniques scandaleuses, est devenu inséparable de celui de madame Du Barri. La profession de cette dame, que dans les comédies espagnoles on désigne pittoresquement ainsi : — *la dame voilée,* — a des analogues chez toutes les nations civilisées de l'antiquité, et elle prouve moins, quoique fort équivoque, la souveraineté du vice que la nécessité d'une pudeur publique à laquelle on se doit, même quand on ne croit plus rien devoir à l'opinion. La dame voilée tient elle-même lieu de voile à des propositions dont elle vous épargne la rougeur. Madame Gourdan succédait aux Florence et aux Paris, ces illustrations parisiennes du genre à une époque antérieure. Elle continuait la tradition.

Le seuil de sa maison s'abaissait devant tout le monde, et personne cependant n'y voyait personne, tant les appartements, les escaliers, les cabinets, les salons, étaient discrets les uns pour les autres. Ils n'avaient ni regards ni oreilles. Avocats, écrivains, ambassadeurs, nationaux, étrangers, se coudoyaient sans se voir. Pour que le mystère fût encore plus impénétrable, la maison de madame Gourdan avait deux entrées, l'une, bien connue, dans la rue Saint-Sauveur, l'autre dans la rue des Deux-Portes, deux rues qui forment encore, comme on sait, les deux côtés d'un angle droit.

Madame Gourdan attira dans cette double maison, par les moyens usités en pareil cas, la jolie et facile modiste de la rue de la Ferronnerie, et quand elle l'eut sous la main, elle lui déroula des peintures si vives, si éblouissantes qu'il aurait fallu une tout autre nature que celle de la future madame Du Barri pour résister. Jeanne de Vaubernier était née courtisane; elle avait l'œil provocateur et mourant, la poitrine de sirène, la bouche qui appelle; elle avait surtout la soif des belles choses, du beau linge, des étoffes riches, des parures neuves. Sa faiblesse était une déviation du grand sentiment qui fait aimer les arts, et elle le prouva bien quand elle put en quelque sorte se purifier en demandant des statues, des tableaux, des palais aux premiers artistes de son époque.

C'est dans cette maison qu'elle rencontra le comte Jean Du Barri, le frère de celui qu'elle devait un jour épouser. Le comte aimait les plaisirs comme un roué, et il n'était pas difficile sur le choix des lieux où il allait passer son temps. Madame Gourdan tenait aussi maison de jeu pour les fils de famille qui voulaient bien lui faire l'honneur de venir se ruiner chez elle. L'apparition de mademoiselle Lançon causa une profonde sensation parmi ces honnêtes libertins de la rue des Deux-Portes, à la tête desquels était Jean Du Barri.

Nous ignorons bien des détails relatifs au séjour de la future favorite de Louis XV au milieu du sérail de madame Gourdan, et, quand nous les saurions, nous ne les révélerions pas. Il lui arriva cependant une aventure qu'on peut, je crois, raconter, sans trop faire pâlir l'encre sur le papier et qui est restée au nombre des plus authentiques, quoiqu'on ne la trouve pas dans les pamphlets débités par Nurse. On la tient d'un personnage contemporain de madame Du Barri ou plutôt de Jeanne, car il ne s'agit encore ici que de mademoiselle Gomart de Vaubernier.

Nous l'avons dit, on jouait un jeu infernal chez la Gourdan. Parmi les joueurs se distinguait par la profusion de ses dentelles à tête de chicorée et de ses diamants un certain marquis de Baudron ou de Baudrin, qui avait juré de se faire bien venir de la séduisante Vaubernier sans délier les cordons de la bourse. L'engagement était des plus téméraires. La Gourdan ne se laissait pas facilement tromper. Baudron ne recula pas. Il se présente un soir chez elle, un soir qu'on jouait au lansquenet, avec un diamant magnifique au doigt. Elle présidait le jeu, entourée de sa cour de jeunes gentilshommes plus ou moins bien famés. L'appartement fut comme illuminé par les reflets et les éclairs du riche bijou que le marquis promenait sous tous les yeux avec une indifférence de bon goût. Grand Dieu ! s'écria mademoiselle de Vaubernier, quel superbe diamant vous avez au doigt ! Il est à vous, mademoiselle, répondit Baudron avec la magnificence du feu roi Louis XIV, acceptez-le comme un souvenir ; seulement, permettez-moi d'aller le déposer demain à l'heure de votre toilette sur votre boîte à parfums. La Gourdan toucha du genou sa jeune pensionnaire, et la demoiselle ne répondit rien au marquis ; c'était répondre. Celui-ci ne fut pas très étonné de voir sa proposition si peu discutée. Il connaissait la maison. Revenant soudainement non pas sur ses offres, il était trop homme du monde pour cela, mais sur un simple incident de la négociation déjà si avancée, il pria mademoiselle de Vaubernier de remettre au surlendemain l'honneur qu'elle lui faisait de le recevoir le lendemain même. Il en était au désespoir, mais il était obligé de se rendre, ce à quoi il n'avait pas d'abord pensé, à Fontainebleau, pour le service de la cour. Jeudi, à l'heure de la toilette de mademoiselle de Vaubernier, il se présenterait chez elle ; il la priait de lui conserver jusque-là sa bienveillance. Le marquis de Baudron se remit ensuite au jeu. Le lendemain, il courut chez un joaillier du Pont-au-Change, et il se fit monter une bague exactement semblable de forme et d'éclat à celle qu'il portait au doigt. L'heureux moment arrivé, il fut directement introduit par une femme de chambre dans le boudoir de mademoiselle de Vaubernier. Quand il en sortit, il n'avait plus au doigt la fameuse bague. Il était à peine hors de la maison, que la Gourdan fit appeler un joaillier pour lui vendre le superbe diamant évalué par elle au moins deux cents louis ; mais au premier coup d'œil celui-ci affirma que le diamant était faux et ne valait pas deux cents sous. Là-dessus épouvantable colère, rugissements de la matrone trompée. Elle combina mille projets de vengeance ; elle ne s'arrêta à aucun, de peur d'augmenter par un scandale inutile un mal déjà assez grand. Elle remit le poignard dans le fourreau.

Le soir, on jouait encore dans ses salons, et le marquis eut l'audace de se présenter. La première personne vers laquelle il alla, ce fut mademoiselle de Vaubernier, qui, en lui rendant la bague, lui dit avec une indignation étouffée : Tout cela est aussi faux que vous. Quelques minutes après cette scène presque muette, le marquis mit lestement la bague fausse dans sa poche et replaça la véritable à son doigt, et tous les joueurs de s'extasier de nouveau sur l'incomparable beauté de ce diamant. — Vous raillez, dit le marquis, ce diamant est faux : on l'a jugé ainsi dans cette maison, où l'on s'y connaît. — Faux ! allons donc; cinquante pistoles ! cent pistoles ! s'écrie un amateur, que cette bague est fine. — On tient le pari. Les premiers joailliers de la ville sont appelés, et tous certifient qu'elle vaut réellement deux cents louis. Indicible confusion de la Gourdan, embarras de mademoiselle de Vaubernier. Quels regrets ne sont pas les siens ! Mais, la prenant en douce pitié, le marquis lui dit tout bas : — Demain cette bague vous sera rendue. Voulez-vous que ce soit toujours à la même heure? — Et le lendemain, mademoiselle de Vaubernier, pure de toute défiance, recevait une seconde fois le faux diamant. Le marquis de Baudron avait gagné son pari, et largement gagné, puisqu'il n'avait pas seulement trompé une fois la Gourdan et sa pupille, mais bien deux fois, ce qui donna à l'aventure des proportions et un retentissement extraordinaires.

Un fait qui mérite aussi de nous arrêter au milieu des mille épisodes de cette jeunesse agitée de Jeanne de Vaubernier, c'est sa rencontre avec Jean Du Barri dans une maison de jeu tenue par une marquise. Du Quesnay, logée rue de Bourbon. Le comte ne menait pas une vie exemplaire, puisqu'on l'appelait le *roué* et le *rouable*. Il aima mademoiselle de Vaubernier, et il n'est pas douteux qu'il fut sincèrement aimé d'elle. La preuve, c'est qu'il la battait beaucoup et qu'elle ne tenta jamais de le quitter. Jean Du Barri l'avait ensorcelée pour la vie. Il ne se borna pas à la faire servir à ses plaisirs, il imagina de l'employer à sa fortune, qu'il rêvait dans des proportions gigantesques. La fortune alla plus loin encore que le rêve de ce Gascon ambitieux. Le comte Jean Du Barri était de Toulouse. Ce n'était pas, du reste, un homme ordinaire, il s'en faut. Possesseur, lui aussi, d'une Manon Lescaut, il avait l'âme autrement large et trempée que le pâle et pleurard Des Grieux.

On n'aurait pas déporté sa maîtresse en Amérique; il eût plutôt déporté le lieutenant de police et tous ses suppôts. La corruption n'a pas, dans sa riche galerie, de figure plus hardie. Constamment derrière cette jeune femme, dont il changea, dès qu'elle fut en sa possession, le nom insignifiant de Lançon pour celui de L'Ange, il lui souffla son âme ardente et cupide; il la força à penser par lui, à n'agir que par lui, à marcher dans ses pas, et, de leur double abaissement, il se créa un marchepied superbe pour arriver jusqu'au trône, et cela sans que la tête lui ait jamais tourné, sans que le pied lui ait jamais failli.

C'est en 1768 que Lebel, premier valet de chambre du roi, et Jean Du Barri le roué se rencontrèrent; Lebel, autre coquin ténébreux, digne de continuer Tristan l'Ermite. Ce Lebel était le confident des inextinguibles ardeurs de son maître; c'est lui qui fonda à Versailles le Parc-aux-Cerfs. Le roi vieillissait; il devenait difficile comme le roi Salomon, son pieux modèle. Il cherchait l'inconnu. Lebel était rêveur; son roi était triste. Lebel raconta ses douleurs à Jean Du Barri; celui-ci, inspiré par cette confidence, sauta tout à coup sur une idée digne de son caractère. Il invita le valet de chambre à un dîner auquel il fit assister sa docile maîtresse, décorée pour la circonstance du titre de comtesse Du Barri, quoiqu'elle ne pût pas être vraisemblablement sa femme, puisqu'il était déjà marié, et qu'elle n'eût pas même vu encore celui dont elle devait un jour prendre réellement le nom de Du Barri; mais le comte Jean préparait, en homme habile, les voies étranges par où il prétendait aventurer son char. Il avait rayé le mot *impossible* de son bréviaire. Ce qu'il prévoyait arriva. Lebel, bien que blasé autant que son maître, s'extasia d'admiration et se perdit en éloges devant les charmes, la jeunesse sans inexpérience, l'enjouement de la comtesse Du Barri. De cet enthousiasme au désir d'offrir cette merveille au roi, dont l'écrin était vide, il ne laissa pas même l'intervalle délicat du doute. A quoi bon, du reste, les circonlocutions avec un homme comme son hôte, dont il sonda sur-le-champ peut-être l'abîme ambitieux? A la fin du repas, la jeune femme eut au cœur le frémissement d'une autre destinée, Lebel sourit, Jean Du Barri convint avec lui-même que la vertu était bien peu de chose pour faire son chemin dans le monde. Il passa sa main sur sa moustache, et ricana en poussant son regard plus profondément dans les ténèbres de l'avenir. Il vit.... Que ne perçait-il un dernier voile? mais qui l'a jamais déchiré celui-là? Il aurait vu qu'il se trompe toujours celui qui met sa confiance dans le mal; il aurait aperçu au-dessus du trône, dont la splendeur éblouissait son rêve, un échafaud et une place publique, et au-dessus de la charmante tête, qu'il voyait déjà couronnée de fleurs de lis d'or, un tronc souillé et sanglant.

Nous ignorons le style dans lequel s'exprima Lebel après avoir retrouvé le roi, mais il dut mettre le feu à son imagination desséchée, car Louis XV demanda aussitôt à voir, sans toutefois être vu, cette merveilleuse jeune femme de vingt-quatre ans, d'ailleurs comtesse, ajouta Lebel avec respect, Lebel, qui, jusqu'alors, avait eu soin, en homme plein de vénération pour le seuil monarchique, de n'introduire près de son maître que des filles de bonne maison, cueillies soit au pied, soit au sommet de l'arbre généalogique. Il fut convenu entre Lebel et Jean Du Barri que, dans un souper de roués, on montrerait au roi, caché derrière une tapisserie, la belle Jeanne de Vaubernier, dont il fallut en conséquence hâter l'éducation. Les deux précepteurs lui conseillèrent donc de ne parler qu'avec une extrême réserve pendant ce souper mystérieux, d'oublier entièrement le ton de la rue de la Ferronnerie et de la rue des Deux-Portes, de ne pas rire aux éclats, de rire à peine, de peu gesticuler, de plaisanter avec modération, de renoncer surtout à certaines locutions très pittoresques, mais peu usitées en haut lieu, de manger du bout des lèvres, de prendre du bout des doigts, enfin de se montrer en tout digne, réservée et comtesse, ce qui n'exclut pas, ajoutèrent sans doute les deux professeurs, la grâce, l'enjouement, l'esprit et l'abandon.

A ce moment de sa vie, la jolie Vaubernier eut ce trait de génie qui décide de toute une carrière, cette inspiration qu'a un homme sur cent mille, pensée, cri, geste ou regard, qui change brusquement la face des choses, bouleverse les médiocrités, c'est-à-dire presque tout le monde; enfin c'est l'imprévu. L'imprévu fut ceci : au milieu du souper des roués, la comtesse, rompant violemment avec la tradition, rejetant au loin les conseils et les leçons du comte Jean et de Lebel, s'abandonna à son naturel, sans se préoccuper de la présence du roi derrière la tapisserie. Elle livra au vent la modestie et la retenue, brûla le voile à la flamme des bougies, et la parole éparse, comme le sein et les cheveux, elle bondit en bacchante de propos en chansons et d'écarts en écarts. Elle monta sur le trépied. Jean et Lebel effrayés crurent la partie perdue. Que devait dire, que devait penser le roi? Le roi fut ravi.

Le jour même, ou, pour être plus exact, la nuit même, Jeanne de Vaubernier prit la place de madame de Pompadour dans l'histoire de France. On prétend que le duc de Richelieu ne fut pas étranger à cette négociation, à laquelle rien ne manqua, pas même l'empoisonnement, ainsi qu'on va le voir. La participation du duc est du moins douteuse : il prit la balle au bond, mais ne la lança pas, et ce qui le prouve, c'est que le duc de Choiseul n'accuse pas une seule fois son éternel rival, son rival détesté, d'avoir noué cette intrigue, qu'il l'accusa très fort dans ses notes d'avoir favorisée et salement développée à son profit. Le duc de Richelieu mit le premier la main, il est vrai, aux amours du roi avec madame de Pompadour, mais il se laissa devancer dans l'affaire **Du Barri**, dont il n'eut pas moins les plus clairs profits.

Celle qui allait être bientôt madame Du Barri fut du voyage du roi à Compiègne; c'est sa première apparition sur la scène où elle devait briller d'un incomparable éclat. Sa grandeur date de cet événement, qui n'était pas sans importance. Les déplacements du roi ne passaient jamais inaperçus. La cour et la noblesse de service le suivaient régulièrement en toutes saisons. Madame Du Barri osa se montrer dans Compiègne en équipage brillant et d'un goût bizarre; cependant le témoignage même de ses ennemis constate que le scandale de sa présence ne fut pas trop grand. Les libellistes sont loin de lui attribuer le mérite de cette retenue. Louis XV, disent-ils, qui était en grand deuil de la reine, mit quelque mesure dans ses relations avec la naissante favorite. Cependant Lebel, voyant le roi épris de cette femme à un point alarmant, cette femme qu'il n'avait jugée bonne qu'à défrayer un caprice royal, se jeta aux pieds de son maître et lui confessa le passé si nuageux de Jeanne Vaubernier. Le roi fut sourd; Lebel insista, pria, il pleura même en avouant tout, la rue de la Ferronnerie, des Deux-Portes, en ajoutant : *Sire, je vous ai trompé, elle n'est pas même mariée. — Tant pis !* répliqua le roi ; *qu'on la marie promptement, si l'on veut m'empêcher de faire quelque sottise.* Peu de temps après cette scène de confidence et de remords, Lebel mourut. Mourut-il empoisonné? C'est fort peu vraisemblable. Quel intérêt avait-on à le faire disparaître? Celui de n'avoir point un témoin de la conduite de madame Du Barri? Et le comte Jean et tous les roués? D'ailleurs, au moment où Lebel mourut, l'élévation de madame Du Barri était encore un fait à venir. Lebel mourut, parce que les coquins n'ont pas plus que les honnêtes gens le privilége de mourir quand il leur plaît.

Quelque dissolue que fût la cour et quelque grand que fût aussi le dédain du roi pour l'opinion publique, ils n'osèrent, ni celle-là, ni celui-ci, avouer une favorite qui n'avait près d'elle ni père, ni mère, ni frère, ni mari pour couvrir sa conduite d'une ombre de protection et de responsabilité. C'était sans exemple. Les mauvaises mœurs comme les mauvaises actions ne se produisent pas sans voile. Il fallait un mari à la prochaine comtesse. Jean Du Barri ne pouvait l'épouser lui-même, puisqu'il était marié; il la proposa à son frère Guillaume. Ce frère fit ses conditions. Guillaume aimait le jeu, les plaisirs, les voyages. Guillaume était paresseux, libertin, sans avoir dans l'esprit les ressources du comte Jean. On donna à Guillaume autant d'argent qu'il voulut pour accepter le titre purement honorifique de mari. Le marché conclu, on procéda à l'union, qui eut lieu à l'église de Saint-Laurent, dans le faubourg Saint-Martin, le 1er septembre 1768. Le notaire qui dressa le contrat, car aucune des formalités ne fut omise, s'appelait Le Pot d'Auteuil. Le roi pouvait légalement désormais posséder madame Du Barri, puisqu'elle était la femme légitime d'un autre. La morale recevait une pleine satisfaction. Jean Du Barri s'applaudissait d'avoir conduit à fin une aussi glorieuse négociation, le roi était heureux. Quant au mari, dont il convient à peine de parler, il regagna Toulouse après avoir échangé une considération qu'il n'avait jamais eue contre une grande quantité d'or qu'il ne garda pas longtemps. Ceux qui aiment à suivre à travers les années d'oubli et les révolutions le fil aminci des événements, ou plutôt la trace des personnages qui les ont amenés, n'apprendront pas sans quelque intérêt que la famille Du Barri compte encore des descendants fort honorables à Toulouse et à Pompignan. Un fils naturel du mari de madame Du Barri servit avec une grande distinction pendant les guerres de l'empire.

Une femme, une rivale, intrigante, vive, jalouse, spirituelle, la sœur du duc de Choiseul, en un mot, osa protester contre l'élection de la nouvelle bien-aimée. La duchesse de Grammont appuyée de la haine de sa sœur, la comtesse de Grammont, se crut assez forte et sans doute assez blessée pour lever le drapeau de la révolte. La victoire sur madame Du Barri devait assurément lui paraître facile, à elle sœur du ministre le plus influent, le plus absolu qui fût encore entré dans le cabinet de Louis XV. M. de Choiseul plaisait beaucoup au roi par l'extrême légèreté avec laquelle il traitait les affaires les plus graves et les plus embrouillées ; il n'en parlait qu'au bal, pendant la chasse, au milieu du souper ; il les effleurait, les terminait en causant, et sa causerie brillante, gaie, épigrammatique, n'en présentait que la fleur. Entre les aventures de la veille et la chronique de l'Opéra, il examinait l'état de l'Europe. Un bon mot adoucissait l'impression fâcheuse produite par une mauvaise nouvelle ; un madrigal préparait à la demande d'un impôt. Il mettait des mouches et du rouge à la politique. Il n'en chassa pas moins les jésuites.

Les Du Barri tentèrent de se rapprocher des Choiseul ; ceux-ci se hérissèrent : que leur voulaient ces gens-là ? La duchesse de Grammont ne se contenta pas, comme son frère, de répondre par le mépris : elle s'indigna, elle éclata contre cette femme impudique, sans aveu, sans nom, sortie des pavés de Paris, entre une halle et un charnier. Elle la fit connaître, la dévoila avec cruauté, la noircit, la ridiculisa, la traîna par les cheveux à travers une chanson infâme, qui, chantée sur l'air de *la Bourbonnaisse*, devint bientôt populaire à Paris et dans toute la France. Voici le seul couplet qu'il soit permis de citer :

6.

> En maison bonne
> Elle a pris des leçons :
> Elle a pris des leçons
> En maison bonne,
> Chez Gourdan, chez Brisson ;
> Elle en sait long.

Qu'opposa madame Du Barri à ce soulèvement général contre elle ? D'abord sa jeunesse, et madame de Grammont n'était plus jeune. Madame de Grammont était soutenue par un ministre, madame Du Barri se fit protéger par un chancelier, M. de Maupeou. Le ministre qui soutenait madame de Grammont était un duc ; madame Du Barri eut aussi le sien ; elle en eut même deux, le duc d'Aiguillon, gentilhomme accompli, et le duc de Richelieu. Madame de Grammont avait pour elle la noblesse ; madame Du Barri eut avec elle les écrivains, les poètes, les artistes, presque tous les philosophes ; madame de Grammont avait la France, madame Du Barri eut le roi. La guerre fut déclarée, guerre longue, guerre terrible, guerre venimeuse comme toutes celles où figurent les femmes ; guerre imprudente, car les coups portés à la joue de la favorite touchèrent le visage de Louis XV, dont les fautes furent si cruellement expiées par son successeur. L'exécration formidable, sans exemple, que les Choiseul soulevèrent contre madame Du Barri, est à nos yeux, fort peu prévenus, une des causes qui développèrent le germe de la révolution. La noble vieillesse de Louis XIV avait fait complétement oublier les erreurs de sa jeunesse trop galante ; la vieillesse débauchée de Louis XV eut un effet contraire, non-seulement par rapport à lui, mais par rapport à toute la monarchie ; elle rappela en masse les faiblesses de la royauté. Madame de Maintenon avait presque obtenu par la rigidité excessive de ses mœurs le pardon de toutes les favorites ; la conduite de madame Du Barri réveilla le souvenir de toutes les courtisanes royales. Il en résulta pour Louis XV et pour elle une condensation de haines. Le passé des autres fit balle contre eux.

Avant de montrer madame Du Barri dans le joli château de Luciennes, présent de son royal amant, il convient de rappeler l'événement le plus étonnant de son étonnante prospérité, celui qui causa le plus de bruit sous le règne de Louis XV, sans ex-

cepter la victoire de Fontenoy. Ce fut aussi une victoire, car il
y eut bataille, et bataille rangée, commandée par des généraux
habiles en intrigues. D'un côté c'étaient Louis XV, madame
Du Barri, le duc d'Aiguillon, le duc de Richelieu; de l'autre, le
duc de Choiseul, ses deux terribles sœurs, toute la cour, toute
la noblesse de Paris et de la province. Le lieu du combat fut
Versailles; l'Europe entière fut spectatrice. Un poète futur
construira un poème épique avec les choses et les personnes
qui furent engagées dans cette lutte de cour. L'Hélène de cette
Iliade, la cause de cette conflagration formidable au milieu de
la paix, — si jamais la paix a régné à la cour, — ce fut encore
madame la comtesse Du Barri, mais madame la comtesse Du
Barri demandant au roi Lous XV une faveur inouie, monstrueuse
pour le temps, une faveur dont la pensée seulement aurait
cinquante ans auparavant, fait envoyer en exil celle qui l'aurait
exprimée.

Parmi les distinctions les plus hautes, la plus haute, depuis
trois siècles, était celle d'être présenté à la cour. Quel honneur
rare et mémorable ! que de grands noms s'éteignaient sans
avoir joui de ce privilége presque divin! Aucune image, nulle
expression ne rendra sous notre plume ce qu'il y avait d'au-
guste, de flatteur et d'effrayant par la majesté dans cet acte solennel, *être présenté !*

Madame Du Barri voulut être présentée. La jeune comtesse
murmura d'abord ce désir entre ses jolies dents, et le roi se contenta de sourire. Elle y revint, le roi la plaisanta; elle mit des
intervalles dans ses autres demandes, toujours plus faiblement
écartées. Ensuite elle rappela au roi, avec douceur, avec tendresse, avec reproche, qu'elle n'avait que la faveur, sans doute,
très précieuse, mais précaire, d'être de ses voyages et d'occuper un petit logement dans les combles de ses châteaux; elle
ne montait pas dans ses carrosses, elle ne mangeait pas, elle ne
jouait pas avec lui; aucun prince, aucun ambassadeur, aucun
dignitaire n'allait lui présenter ses hommages. Enfin avec autant d'amour pour lui que les demoiselles de Nesle, que madame de Pompadour, elle ne jouissait d'aucun avantage accordé sans contestation à ces favorites. Pourquoi cette différence, cette injustice ? Le roi commençait à ne savoir que ré-

pondre. On l'assiégeait par bien d'autres côtés. Les Du Barri faisaient imprimer, dans les gazettes, afin de préparer le public à l'événement, les lignes suivantes : « Madame Du Barri continue à mériter l'attention de la cour et de la ville. On parle de la présenter. » Quelques jours après on lisait dans les mêmes gazettes, payées pour produire le fait comme de plus en plus certain : « Le bruit général de Versailles est que madame Du Barri sera présentée le 3 du mois prochain. » Cerné de toutes parts, le vieux roi voulut du moins ménager la pente de la chute, ce qui n'était guère plus possible que de comprimer l'effet d'une bombe en la pressant dans les mains. Il crut arriver à ce résultat en donnant à madame Du Barri les appartements de madame de Pompadour dans le château de Versailles. C'était, pensait-il, l'installation et non la présentation ; la cour ne murmurerait pas trop, et la comtesse, à demi satisfaite patienterait. Hélas ! la concession fut doublement méconnue. La comtesse ne patienta pas, et M. de Noailles, chargé du gouvernement du château, osa élever la voix. Louis XV fit taire M. de Noailles, c'est vrai, mais il consentit ouvertement à la présentation, qui fut fixée au 25 janvier.

Il est inutile de dire, on l'apprend assez par les faits, que le roi était de plus en plus épris de madame Du Barri. C'était une fascination, un aveuglement complet. Il résista aux sollicitations comme aux railleries. Voltaire lui-même se mit à la croisée de son château, et lança sournoisement du fond de Ferney quelques vers moqueurs contre les amours d'un souverain, son ennemi éternel. Les Choiseul n'avaient pas été étrangers à ce coup de griffe du grand homme ; mais le vieux renard, se ravisant bien vite, flairant l'avenir assuré à la favorite, changea brusquement de ton, nia les vers, et prépara sa plus belle prose à facettes pour complimenter celle qui sut lui pardonner, ou mieux encore ne se souvenir de rien : ce fut fort sage de part et d'autre.

La présentation aurait donc lieu, et c'était madame de Béarn qui serait marraine. On sait que chaque personne présentée à la cour était patronée par un homme de marque ou par une femme titrée et établie ordinairement dans les grandes privautés du château. Ce fut un coup de fortune pour madame de

Béarn d'accepter une fonction unanimement repoussée avec dédain par toutes les autres dames de haut parage, tremblantes devant le sceptre des Choiseul, uniques distributeurs des pensions, des places, des cordons. On paya ses dettes, on plaça ses fils, on se souvint enfin de sa famille. La présentation fut enfin retardée ; les Choiseul conseillèrent la résistance aux princesses. Que fit alors le roi? Il donna les appartements de feue la dauphine à sa maîtresse, qu'il avançait ainsi d'un grade, ne pouvant lui accorder le premier. A ses yeux, les appartements de madame de Pompadour ne devaient plus lui suffire. Cependant la haine ne cessait de grossir contre elle, qui, toujours gaie, charmante et bonne, s'écriait en lançant des oranges sous les plafonds d'or de Versailles et en les ramassant : *Saute, Choiseul, saute Praslin !* M. de Praslin était le cousin du duc de Choiseul ; c'est lui que le duc fit nommer ministre des affaires étrangères quand il réunit, pour les diriger, la guerre et la marine. Toujours d'accord, ils partagèrent les mêmes succès, les mêmes revers. Lorsque le duc de Choiseul fut exilé à Chantcloup, le duc de Praslin fut envoyé à Vaux. L'un et l'autre méritent les hommages et la reconnaissance de la France pour avoir accompli des négociations honorables dont les résultats subsistent encore.

Comme il était à craindre que le roi, se blasant peu à peu sur les charmes de la comtesse, ne devînt plus difficile avec le temps sur la question de la présentation, il fallait enlever cette question, n'importe à quel prix. Jean conseilla et indiqua les grands moyens. Madame Du Barri, après quelques jours de langueur et de tristesse, se jeta toute en larmes aux pieds du roi, et lui demanda de la sauver des injures de ses ennemis en lui accordant d'être présentée. Cette marque d'estime les réduirait au silence ; sinon elle mourrait de honte et de douleur. On lut bientôt dans les nouvelles : « Le vendredi soir 21, en revenant de la chasse, le roi annonça qu'il y aurait une présentation le lendemain... qu'elle serait unique... que c'était une présentation dont il était question depuis longtemps.... Enfin on déclara que ce serait celle de madame Du Barri.

« Le soir, un bijoutier apporta pour cent mille francs de diamants à cette dame.

« Le lendemain, l'affluence fut si grande, qu'on la jugea plus nombreuse que celle occasionnée précédemment pour le mariage de M. le duc de Chartres, au point que le monarque, étonné de ce déluge de spectateurs, demanda si le feu était au château. »

On vint de bien loin en effet, et en nombre prodigieux, pour assister à cette espèce de couronnement. Aucun des bruits qui avaient couru sur les outrages qui attendaient madame Du Barri à son entrée dans le salon du roi ne se réalisa. Les princesses, filles de Louis XV, devaient se lever, sortir indignées, et le duc de Choiseul déposer son portefeuille ; puis toute la cour en masse se retirerait. On laisserait le roi seul avec sa maîtresse exécrée dans la solitude du château. Il n'arriva rien de cela. Les portes dorées s'ouvrirent ; madame Du Barri, un peu émue, salua le roi, qui l'empêcha de se jeter à ses pieds, ensuite les princesses, qui, toutes trois, l'accueillirent fort bien.

On l'avait aussi menacée du vide le plus significatif, si elle osait ouvrir ses salons le jour de sa présentation. Elle les ouvrit, et la foule s'y précipita. Les grands noms de la France retentirent toute la nuit, les Conti, les Soubise, les Richelieu, les d'Aiguillon, les d'Ayen. Cependant les partisans du duc de Choiseul ne se montrèrent pas. Les femmes opposèrent en général une résistance plus vive que les hommes à l'intronisation de la comtesse. Il s'en trouva fort peu pour l'accompagner à Marly quelques jours après sa présentation, et encore épuisa-t-on les plus actifs moyens de séduction envers celles-ci. — Théneveau de Morande prétend qu'un soir qu'elle jouait aux cartes dans ce magnifique château de plaisance, avec des marquis et des ducs, il lui échappa à la vue d'un mauvais point, ce cri de douleur un peu vulgaire : *Ah ! je suis frite !*

Nous voudrions bien croire à l'histoire du comte de Coigny, qui, ignorant, au retour d'un voyage en Corse, le nouvel état de splendeur de la comtesse, crut pouvoir lui parler du même ton qu'à mademoiselle L'Ange Gomart de Vaubernier. Madame Du Barri, après plusieurs avertissements très vifs, aurait sonné avec dignité ses valets et leur aurait dit : « Monsieur le comte demande ses gens. » L'anecdote est impossible. Tout ce que nous y voyons de vraisemblable, c'est l'indulgence qu'on y prête à madame Du Barri. Plus elle s'éleva, plus elle devint douce, simple, modeste et bonne. Jamais elle ne punit, jamais elle ne se vengea. Le roi était dans un perpétuel étonnement. « Mais je serai forcé de vendre la Bastille, lui disait-il souvent, vous n'y envoyez personne. »

Une seule pensée altérait la félicité de Louis XV, c'était la froideur hostile que le duc de Choiseul opposait à toutes les démarches tentées pour opérer un raccommodement entre lui et la comtesse. Dans l'espoir de l'obtenir, il donna à Bellevue une fête à laquelle il invita le duc et madame Du Barri. Ils y parurent l'un et l'autre avec leurs partisans, qui, se guidant sur les mouvements, les allures et toute la stratégie de leurs chefs, s'évitaient si ceux-ci s'évitaient dans les allées du parc, tendaient à se réunir si ceux-ci faisaient mine de se rencontrer, pantomime de cour digne du théâtre, amusante et comique comme une scène de Molière. Après la promenade, on soupa, on joua, mais ce rapprochement d'une nuit ne fut ni une paix ni un armistice. Chacun resta armé de ses prétentions et de ses haines. Le roi en fut pour les frais de sa brillante fête. C'est quelques jours après la soirée de Bellevue qu'il offrit le château de Luciennes à sa maîtresse, comme pour la dédommager de la contrariété qu'il supposait avec raison lui avoir causée en l'exposant aux fiertés inflexibles de M. de Choiseul.

De tous les cadeaux faits par Louis XV à madame Du Barri, le pavillon de Luciennes est incontestablement celui qui exprime le mieux les goûts frivoles et ruineux des deux amants, et c'est d'ailleurs le seul qui ait survécu à leur intimité. Luciennes est fait à l'image de la fantaisie qui l'inspira. La magnifique tendresse de Louis XIV pour mademoiselle de La Vallière créa Versailles ; l'amour sensuel et fané de Louis XV bâtit le pavillon de Luciennes. Versailles est grand comme un sentiment, Luciennes est petit comme un caprice. Ne dût-il rester des œuvres produites par Louis XIV que l'Orangerie et les Bains d'Apollon, cela suffirait pour peindre à la pensée le calme et la majesté de son règne ; ne restât-il que Luciennes de toutes les folies de Louis XV, on aurait, en le voyant, une idée complète de son époque tourmentée et des mœurs corrompues de son temps. Aussi décrire Luciennes, c'est ôter la poussière à un tableau qui servira plus tard à composer l'histoire du xviiie siècle.

II.

Le pavillon de Luciennes ou de Louveciennes fut acquis par le comte de Toulouse, fils légitimé de Louis XIV et de madame de Montespan. Mansard, ce noble architecte, l'homme, avec Perrault, des colonnades et des profondes perspectives, avait bâti Luciennes. A la mort du comte de Toulouse, le duc de Penthièvre, son fils, devint possesseur de ce charmant domaine, qu'il habita longtemps; mais quand celui-ci, à son tour, eut perdu son fils, le prince de Lamballe, ce séjour lui parut odieux; il offrit à Louis XV de lui vendre Luciennes. Louis XV l'acheta pour le donner à sa maitresse, qui l'habita non-seulement pendant le cours de sa haute fortune, mais jusqu'à sa mort si tragique arrivée en 1793.

Le terrain qu'occupe la propriété est très petit, et il était fort difficile, je crois même qu'il était impossible de l'agrandir beaucoup, resserré comme il l'est naturellement entre la Seine, dont il se trouve presque entouré, et la route royale de Marly à Versailles. De ce défaut d'espace résultait un inconvénient que l'habile favorite sut tourner à son avantage. L'inconvénient était que le roi, en venant chez elle, pouvait à chaque pas, dans un cadre aussi étroit, coudoyer un courtisan ou rencontrer les regards d'un domestique. Il fallait à tout prix éviter cela. Sans quelque mystère il n'est pas de plaisir, même pour un roi corrompu, et souvent le mystère est le seul plaisir qui lui reste. Madame Du Barri, en prenant possession de Luciennes, relégua d'abord au-delà des murs de clôture les écuries, les communs et toutes les dépendances. Elle limita rigoureusement son occupation au château qu'elle habitait et au célèbre pavillon où elle recevait le roi. Là ne s'arrêta pas le soin qu'elle dut prendre d'isoler Louis XV de la vue et du contact des importuns. Pendant tout le temps qu'il passait auprès d'elle, il n'y avait au château que le nègre Zamore et une femme

de chambre. Aucun domestique, aucun valet, aucun serviteur
ne restait à Luciennes : solitude complète jusqu'à cent toises
au-delà des grilles ; les abords du Sérail, à Constantinople, ne
sont pas plus déserts et plus redoutés que l'étaient ceux du
château aux heures des visites royales. Le roi, murmurait-on
dans l'ombre et au loin, le roi est à Luciennes ! Et rien ne trou-
blait plus alors le calme impénétrable et le bonheur égoïste
des deux amants, qui s'égaraient sans témoins, avec la liberté
primitive des hôtes du paradis terrestre, au bord des eaux
murmurantes et sous les voûtes des charmilles.

Il y a quelque intérêt à rappeler quel était l'emploi d'une
journée de Louis XV à Luciennes ; l'histoire de ce joli château
est là presque tout entière. En arrivant, le roi se rendait directement au château, où il ne s'arrêtait que le temps nécessaire
pour rétablir sa toilette dérangée par le mouvement de la voiture ou l'exercice de la chasse. L'été, il changeait d'habit ; il
mettait une petite veste de toile légère, après s'être débarrassé
de son épée et de son gilet. Le salon où il faisait cette première station annonçait déjà le luxe mobilier du pavillon enchanté. Il est très haut de plafond ; on y voyait quatre grands
tableaux de Vernet, une cheminée d'un travail exquis, et surtout des porcelaines de Saxe d'une pâte divine, fragiles chefs-
d'œuvre qui, d'abord transportés à Londres à l'époque de l'é-
migration, sont ensuite passés dans l'Inde et ont orné longtemps
le palais du président de la célèbre compagnie. J'ignore si
elles y sont encore. En quittant ce salon, qui de tout cet éclat
n'a retenu aujourd'hui qu'une propreté décente, Louis XV se
rendait au pavillon de la bien-aimée, en passant par une terrasse plantée de tilleuls. Tous les tilleuls ont disparu, à l'exception d'une double allée, fort belle encore, qui permet de re-
composer par la pensée la forme qu'avait autrefois cette terrasse, remplacée plus tard par une belle pièce de gazon. Le
vaste et gracieux tilleul resté fièrement debout à l'entrée de cette
terrasse a une valeur historique comme le chêne de Sully à
Chantilly, quoiqu'il n'ait pas joué un rôle aussi vertueux dans
sa jeunesse ; mais il ne faut pas demander aux tilleuls l'austérité des chênes.

Au moment où le roi descendait les marches du château

pour se rendre au pavillon, madame Du Barri, de son côté, quittait le pavillon pour aller au-devant du roi. Chacun faisait la moitié du chemin; c'était de royauté à royauté.

Hiver ou été, madame Du Barri portait à Luciennes des robes-peignoirs en percale de couleur ou de mousseline blanche qui laissaient voir ses bras et une partie de ses belles épaules. Une cordelière nouait à sa taille ce costume flottant et diapré, dont on peut se faire une idée exacte par les peintures pimpantes de Watteau. *Les Amours d'été*, *le Pélerinage à Cythère*, ont fixé, pour le charme et l'instruction de la postérité, la forme de ces déshabillés créoles, toujours sur le point de tomber aux pieds de celles qui les portent, dussent-ils laisser voir en tombant qu'ils tiennent lieu du premier et du dernier vêtement. Elle complétait ce costume invariable et charmant, dont le roi raffolait, par un chapeau de paille aux larges bords, sur lequel elle couchait une poignée d'épis de blé entremêlés de bluets et de coquelicots, dans les journées ardentes où la cigale chante aussi ses amours au haut des arbres. Ainsi habillée ou déshabillée, elle accourait au-devant du roi par la terrasse des tilleuls, et ils se rendaient ensemble au pavillon, qui leur souriait de loin avec sa grace athénienne, à travers un rideau d'orangers dont on avait dépouillé Marly pour parer et embaumer Luciennes.

Il n'est pas hors de propos de parler ici des vols continuels qu'exerçait le pavillon de Luciennes sur le château de Marly, ainsi qu'en userait un fils de famille avec un père trop faible, ou, pour nous servir d'une comparaison peut-être plus juste, ainsi que le ferait une courtisane prodigue avec un vieillard follement épris. Les jardiniers, les employés de Marly criaient à la spoliation, se plaignaient, gémissaient; mais qu'y faire? la folle comtesse avait envie de toutes ces belles choses, il fallait bien la contenter.

Le pavillon de madame Du Barri est un petit temple grec, transporté de l'Ionie à Luciennes, une nuit d'été, sur un rayon de la lune, dont il a la couleur lactée, et déposé doucement sur le gazon au bord d'un précipice. Un pas de plus, il y roulait. Au-delà du pavillon il y a le vide; les fondations affleurent avec le point culminant d'une courbe immense qui, très rentrante d'abord, se continue jusqu'à la Seine en passant par Marly-la-Machine.

Ledoux, l'architecte, construisit en trois mois le pavillon de Luciennes sur un caprice de madame Du Barri, mais il chercha longtemps la physionomie originale qu'il donnerait au monument de plaisir et de rêverie qui lui était commandé. On n'imaginerait jamais les efforts auxquels se livra Ledoux aux prises avec sa création. Nous avons eu entre les mains quelques-uns des plans de cet ingénieux architecte; le plus singulier n'est peut-être pas celui-ci. Il se proposait d'élever devant le pavillon, à quelques pas de distance, une arche colossale en briques rouges, brisée à l'une de ses extrémités. Par l'ouverture de cette arche, qu'on voit sur le lavis couverte de lichens, de mousse, de liserons et de pampres écarlates, on aurait aperçu comme au fond d'un entonnoir ou au bout d'une lunette le pavillon de Luciennes, sa façade blonde, ses quatre colonnes d'opales et sa galerie aérienne. Ledoux renonça à son arche et se contenta d'édifier le pavillon tel que nous le voyons aujourd'hui.

Ce gracieux pavillon, dont la forme est carrée, est orné de quatre colonnes cannelées d'ordre ionique d'un jet élégant et couronnées d'une galerie à jour. De loin comme de près, c'est un temple élevé à Vénus, à Junon ou à Diane; il faudrait avoir une imagination plus que complaisante pour y voir une habitation possible, quoiqu'on y trouve salle à manger, salon, chambre à coucher, cuisine, cave et même grenier. Ces diverses dénominations bourgeoises ne changent rien au caractère du monument, qui est parfaitement grec au dedans comme au dehors, et par conséquent fort peu logeable pour des gens comme nous. Toutes les pièces principales sont circulaires; cette forme agréable, mais contre laquelle nos meubles anguleux protestent, est la seule beauté qu'elles aient conservée depuis à peine trois quarts de siècle que madame Du Barri n'est plus. Ne cherchez autour de vous ni dorures, ni glaces, ni tableaux : tout a disparu.

A droite et à gauche du pavillon, on voyait, à l'extérieur, deux statues de marbre d'une admirable exécution par Allegrain. L'une représentait une baigneuse sortant de l'eau, l'autre Diane surprise par Actéon. Le poète Guichard fit pour ce groupe charmant ce distique :

> Sous ce marbre imposteur, toi que Diane attire,
> Crains le sort d'Actéon, tu vois qu'elle respire.

Voici de quelle manière Diderot, dans son *Salon* de 1767, parle de cette statue d'Allegrain, à laquelle il donne cinq pieds dix pouces de proportion : « Belle, belle, sublime figure, la plus parfaite figure de femme que les modernes aient faite. Quelle forme de bras! quelles précieuses, quelles miraculeuses vérités de nature dans toutes ces parties! comment a-t-on imaginé ce pli au bras gauche? Ce sont des détails sans fin, mais si doux, qu'ils n'ôtent rien au tout, qu'ils n'attachent point aux dépens de la masse. Cette statue est pour le roi. » — Lisez : Pour madame Du Barri. La *Baigneuse* d'Allegrain, échappée par miracle à la tourmente révolutionnaire, a été doucement portée au Louvre, où les artistes vont en pèlerinage étudier ce morceau de sculpture digne de prendre place à côté des plus pures créations de l'art grec. Elle a failli pourtant leur être enlevée. Il y a quelques années, se ravisant un peu tard, une héritière de madame Du Barri suscita un procès à l'Etat pour rentrer en possession de cette suave statue. Madame de Neuville (c'est le nom de cette héritière) dut perdre son procès ou être dédommagée, car la *Baigneuse* n'a pas quitté le Louvre.

On arrivait ensuite au péristyle du pavillon, dont le fond était rempli par un bas-relief de Lecomte. Le sujet était une bacchanale d'enfants. Ce péristyle présente un caractère de grandeur qui tient moins à ses dimensions qu'à une harmonie exacte des parties qui le composent. Il est plein d'air et de lumière. Morceau athénien, il n'y manque que le philosophe accroupi sur les marches et la courtisane qui passe.

Les appartements du pavillon sont en petit nombre, mais assez spacieux pour laisser deviner tout ce que pouvait y ajouter la magnificence d'un mobilier comme il n'y en eut jamais ni à Trianon, ni à Marly, ni même à Versailles. Autour du vestibule orné de pilastres corinthiens en marbre gris, s'élevaient quatre tribunes où se faisaient entendre, les jours de gala, les musiciens de la comtesse ; elle avait aussi sa musique comme le roi. Dans cette même salle, on voyait quelques tableaux de Greuze, commandés par madame Du Barri au célèbre peintre, son portrait en pied par Drouet et son buste par Pajou. Madame Du Barri devait être merveilleusement belle : on peut le croire sans hésiter, puisque ses ennemis, — et jamais femme, jamais homme n'en eut autant, — qui attaquèrent avec férocité sa naissance, la vertu de sa mère, la réputation de son père, de son mari, qui la traînèrent pendant trente ans, en France, en Italie, en Angleterre, en Hollande, sur la claie des gazettes, des nouvelles à la main, des pamphlets, des libelles les plus honteux ; qui finirent par la jeter dans les bras du bourreau, s'arrêtèrent tous devant sa beauté, jusqu'au bourreau ! Quelle beauté ce devait être ! Elle était d'une taille moyenne ; *des cheveux cendrés et bouclés comme ceux d'un enfant*, dit madame Lebrun dans ses Mémoires, descendaient le long de son visage d'une coupe admirable. Elle ajoute que *sa gorge était forte, mais très belle, et que ses yeux allongés, jamais ouverts, lui donnaient quelque chose d'enfantin*. Ces quatre coups de crayon d'une main habile laissent entrevoir cette charmante figure du xviiie siècle, belle et originale, régulière et voluptueuse à la fois ; une de ces figures rares et fatales, qui apparaissent de loin en loin pour ravir les hommes et perdre les empires.

Le portrait de madame Du Barri par Drouais ou Drouet est un incontestable chef-d'œuvre ; Van Dyck a peu d'œuvres supérieures à celle-là. Le front est superbe et doux, et le corps, ce corps gracieux, est revêtu d'une ringrave qui s'entr'ouvre pour laisser voir un jabot de dentelle et le sein de madame Du Barri. Comme on cherche des comparaisons à tout ce qui est beau, pour doubler, en le communiquant, le plaisir qu'on éprouve, on pourrait dire de ce portrait qu'il rappelle un oiseau orgueilleux et une fleur charmante, un cygne et un lis. Tout cela est onduleux, fier, distingué et tendre.

Madame Du Barri se conserva longtemps belle. En 1781, et elle avait alors trente-six ans, elle produisit sur le comte d'Allonville une impression qu'il rapporte ainsi dans ses Mémoires, en général fort peu indulgents pour la favorite : « Je vis madame Du Barri lors de son voyage en Normandie pour aller y visiter le duc de Brissac. En l'examinant, je ne pouvais concilier ce que j'avais lu d'elle et ce que sa figure annonçait; l'on ne trouvait en rien les traces de son *ancien état* dans la décence de son ton, la noblesse de ses manières, et ce maintien également éloigné de l'humilité, de la licence et de la pruderie; sa vue seule réfutait tout ce qui a été publié sur elle. »

Le roi et madame Du Barri aimaient à déjeuner dans cette pièce, dont la disposition permet de voir à la fois le paysage qui court du côté de Versailles, et celui qui s'étend de coteau en coteau vers Saint-Germain; situation enchantée, unique au monde, merveilleuse au milieu de toutes ces merveilles enfermées dans un triple cercle d'azur, d'air et d'eau, car la Seine est au pied et court sous la forme d'un croissant d'argent. Quand le vent souffle sur cette hauteur, et il y souffle presque toute l'année, on sent au visage et au cœur un frisson de plaisir comme si l'on planait doucement au-dessus de la terre. On croit boire la lumière dans une coupe d'air.

Louis XV se nourrissait toutefois d'une façon infiniment plus substantielle lorsqu'il déjeunait au pavillon Du Barri. Héritier des traditions gastronomiques du régent, il mangeait bien et beaucoup. Il était d'ailleurs obligé de renouveler souvent des forces qu'à soixante ans passés il dépensait encore avec la prodigalité d'un jeune homme. Zamore, le jeune nègre, servait à table en costume d'Africain d'opéra-comique, avec une coiffure de plumes de diverses couleurs et des bracelets d'or aux chevilles et aux poignets. On sait que le nom de Zamore lui avait été donné par madame Du Barri, afin de flatter l'orgueil de l'auteur *d'Alzire*. Fort beau nègre et fort élégant, il fut accusé d'être un des nombreux caprices de sa maîtresse, et l'on eut l'air de se scandaliser beaucoup de cette excentricité.

Il était rare que le roi, pendant les déjeuners de Luciennes, ne donnât pas quelque cadeau de prix, parure en diamants ou parure de perles, à sa maîtresse, qui les gardait très soigneusement, bien qu'elle ne sût rien conserver pour elle. Louis XV n'était ni grand ni généreux comme Louis XIV, mais il fut le roi des femmes par son excessive galanterie dans les petites choses. Il créa les dons de portraits, de tabatières, de services de porcelaine, de magots de la Chine, de bagues, de médaillons, de montres. Il fut la poésie légère de la royauté.

Un charme plein de nouveauté pour Louis XV, pendant les premières années de son intimité avec madame Du Barri, ce fut de rencontrer en elle un ton de liberté, et, s'il faut le dire, de licence, qui le dédommagea des ennuyeuses maîtresses de qualité qu'il avait eues autrefois. Il adorait le laisser-aller de cette jeune femme qui n'épargnait personne en passant en revue la cour de Versailles. Elle traitait, les poings sur la hanche et la vulgarité la plus pittoresque aux lèvres, les belles dames titrées, comtesses, duchesses, princesses, qui n'étaient si jalouses d'elle que parce qu'elles ne pouvaient pas avoir sa place. C'étaient des révélations étourdissantes, des propos dont le roi recueillait l'esprit et le poison, pour le communiquer à ses fidèles le lendemain à son petit lever.

Louis XV aimait beaucoup les fraises et les framboises de Luciennes, renommées à bon droit sur nos marchés, et la seule richesse territoriale, je présume, de ce joli pays. Madame Du Barri, pour lui plaire, avait soin l'été, à chacune de ses visites, de lui en cueillir une assiette, comme c'est elle aussi, dans leurs tête-à-tête voluptueux, qui préparait quelquefois le café avec son cher *La France*, petit nom d'amitié, on le sait, qu'elle donnait hardiment à Louis XV. Après le déjeuner, Louis XV passait au salon et allait s'asseoir dans un fauteuil, près des croisées qui s'ouvrent du côté de la Seine, au-dessus de la fameuse machine de Marly, considérée alors comme la huitième merveille du monde. Nous ignorons s'il éprouvait un plaisir bien vif à promener ses yeux sur le paysage étendu devant lui, mais quand l'esprit du mal essaya de séduire le Rédempteur par le spectacle du monde qu'il lui offrait s'il voulait être à lui, il ne dut pas ramasser sous les paupières célestes et dédaigneuses plus d'air rose et pur, plus d'eaux transparentes, plus de campagnes fleuries, plus de bouquets de bois cachés sous des réseaux de lumière. Et par un privilége particulier, chaque morceau de cet immense terrain est pour les yeux qui pensent un souvenir de notre histoire. Regardez et rappelez-vous. C'est à l'horizon Saint-Germain, pavillon de fête de nos rois. Là naquit Louis XIV, entre ce groupe d'arbres qui frissonnent et ces oiseaux qui passent; à droite, à vos pieds, s'éparpillent les maisons blanches de Bougival, Bougival où repose Rennequin Sualem, cet habile homme qui fit jaillir l'eau de la Seine dans les airs pour la répandre dans les bassins de bronze de Versailles, l'inventeur de la machine de Marly. A gauche, sous ce nuage blanc, Maisons, où Voltaire, ce grand financier, écrivit de si belles choses, où monsieur Laffitte, ce poète en politique, logea son orgueil et ses regrets. Plus près, la Malmaison, où Delille traduisit les *Géorgiques*, où Joséphine, la bonne impératrice, se retira à pas lents après son divorce; Ruel, où elle repose et où Richelieu avait aussi son château; Nanterre, où filait, en priant, la blonde Geneviève, à travers les blés; le bois du Vesinet, qui porte Chatou dans ses branches comme un nid d'hirondelle; Vaulx, où François Ier fut allaité; et cent autres, et mille autres endroits. Chaque arbre voile un château, une maison connue, un asile célèbre, une gloire de l'ancienne France; agglomération de richesses qui s'explique aisément. François Ier, Henri II, Henri III, Henri IV, Louis XIII, Louis XIV, Louis XV, ont attiré, fixé pendant trois cents ans sur le même espace toutes les fortunes et toutes les intelligences de leur règne. Les soleils ayant disparu, on peut voir aujourd'hui les myriades d'étoiles qui leur faisaient cortége et qu'ils éclipsaient par leur trop vive lumière.

Il est à présumer que, lorsque le roi se délassait dans le pavillon de Luciennes, on suspendait le travail de la fameuse machine de Marly dont les premiers tuyaux traversaient et traversent encore d'une façon fort disgracieuse le terrain occupé par les communs du château. Cette formidable machine, huit ou dix fois réformée pendant le XVIIe et le XVIIIe siècle, et de nos jours à peu près abolie par l'emploi d'une machine à vapeur de la force de trois cents chevaux, produisait, lorsqu'elle était en fonction, un bruit déchirant, lamentable, un grincement dont quelques contemporains se rappellent l'intolérable impression. Nous avons déjà nommé l'inventeur, Sualem ou Swalem Rennequin, ou, mieux encore, Swalm Renkin, Liégeois de naissance. On aura une idée de la difficulté où nous sommes d'expliquer les effets de ses deux cent vingt-cinq corps de pompes, lorsqu'on saura que Vauban seul pouvait les comprendre. D'efforts en efforts gigantesques, l'eau qu'aspiraient, que refoulaient toutes ces pompes, grimpait à une tour placée entre l'aqueduc de Marly, autre travail de Romains, imposant, magnifique au milieu du paysage. Une fois portée à cette hauteur prodigieuse, elle coulait le long de l'aqueduc même par deux tuyaux de fer de dix-huit pouces jusqu'aux réservoirs de Marly, ce qui a lieu encore de nos jours; des réservoirs de Marly, elle était dirigée sur Versailles, où elle s'élançait comme aujourd'hui en jets éblouissants, s'épanouissait en gerbes, et couronnait de perles et d'émeraudes liquides le front rêveur des statues.

Le salon où nous avons laissé Louis XV se reposant de la douce fatigue du déjeuner, ce salon, l'unique, du reste, qui se trouve dans le pavillon de Luciennes, changeait trop souvent de physionomie au gré de la mode, au vent du caprice de la belle propriétaire, pour qu'il soit possible de raconter, un siècle après sa splendeur, son fabuleux mobilier; on sait seulement qu'il surpassa en délicatesses fastueuses les plus beaux cabinets de Versailles. Ce qui le distinguait surtout des salons royaux, c'est un choix rare, presque religieux, dans les œuvres d'art qui l'ornaient. Boiseries, glaces, parquets, tableaux, statues, moulures, tables, siéges, rideaux, porcelaines, étaient d'un travail exquis, d'un goût précieux. Les modèles, les types, étaient brisés; on voulait que ces chefs-d'œuvre devinssent sans prix avec le temps, et c'est ce qui est arrivé. Le nom de madame Du Barri est magique dans le commerce des curiosités. Il centuple la valeur du moindre objet qui a appartenu à cette femme célèbre. Fragonard et Briard avaient couvert le plafond du salon, ainsi que celui de la chambre à coucher et de la bibliothèque, de peintures rustiques comme on savait les faire à cette bizarre époque de matérialisme et de bergerie. Les statuettes étaient de Pigalle et de Pajou, ces grands petits génies. On admirait encore, dans ce salon de fée les ornements de détail, les manteaux de cheminée, les feux, les bras, les espagnolettes, les chandeliers, les corniches, les poignées et les clés. C'était de l'orfévrerie pure. Ce fer et ce cuivre fouillés, attendris, pétris par des artistes inconnus, plus grands de ce qu'on ne sait pas leur nom, se vendent aujourd'hui au poids de l'or, et ce n'est pas assez. Ce miraculeux XVIIIe siècle a soufflé son âme dans tout ce qu'il a produit, comme le verrier puissant souffle sa vivante haleine dans le verre. Ce fut un siècle léger, vicieux, athée, corrompu, mais vraiment français. Il eut de l'esprit, ce qui est bien plus rare que le génie, de la passion, de la grâce, du courage jusqu'à la folie, de la colère jusqu'au régicide. Il produisit, Voltaire, Fontenoy, Watteau, 89, Napoléon; un rare écrivain, une véritable bataille, le seul peintre français original, une immortelle révolution, et le plus grand homme de guerre des temps modernes. N'est-ce pas assez?

Quand Louis XV avait assez distrait sa vue par les croisées du grand salon, il passait dans la bibliothèque, qui était placée dans le salon de droite, et dont la somptuosité soutenait le parallèle avec les autres pièces du pavillon. On y voyait quatre tableaux de Vien et des dessus de porte par Drouet, l'auteur de l'admirable portrait de la comtesse. Le statuaire Vassé avait taillé les deux figures de marbre placées aux deux bouts de la bibliothèque; l'une représentait l'Amour; l'autre, un masque à la main, représentait la Fourberie. Sur les étagères et sur des piédouches d'ébène s'étalaient des bronzes allégoriques par Goutières, un maître dans l'art de tordre, d'animer les métaux.

On le voit, la favorite de Louis XV prétendit avoir aussi sa bibliothèque à Luciennes, comme elle y avait une serre-chaude et une ménagerie. Son amour-propre bibliographique ne s'éleva pas jusqu'à vouloir lutter avec le fondateur de la bibliothèque Ambroisienne de Milan. Elle laissa les in-folio grecs et latins à la science et ne songea qu'aux livres dictés par les Grâces, ainsi qu'on s'exprimait alors. Les Grâces de madame Du Barri étant, par malheur, au moins aussi nues que celles de l'antiquité, il est difficile de risquer les titres mêmes de ces livres. Par un raffinement qui n'étonnera personne, madame Du Barri les habilla d'une reliure somptueuse : elle les couvrit de soie et de velours, elle les parsema de nacre et de perles fines, sans oublier de broder sur le manteau de ces livres damnables son chiffre et sa couronne de comtesse.

Ils furent de sa maison comme sa livrée. Elle ajouta même à ce luxe, nous n'osons pas dire royal, un luxe qui a fini par donner à ces livres une valeur extraordinaire aux yeux des amateurs de collections curieuses. Elle inséra dans les pages de ces livres, au lieu des gravures qui leur étaient propres, les dessins originaux d'après lesquels ces gravures avaient été faites, c'est-à-dire des pastels de Boucher, de Chardin, de Lancret et de Watteau, ce qui porta le prix de quelques-uns de ces livres à des sommes considérables. A ses heures de loisir, la souveraine de Luciennes, couchée sur un divan et les pieds dans ses mules de satin rose, pouvait, en attendant son esclave couronné, lire *Zadig* ou *Candide* dans un exemplaire de trois mille francs. La tempête révolutionnaire n'a pas dispersé tous les feuillets de cette bibliothèque de perdition, sagement appelée dans la librairie curieuse *bibliothèque infernale*. Nous savons comme un autre ce qu'on doit aux fonds des bibliothèques d'anciens couvents, mais nous oserions dire, et les preuves ne manquent pas, que les collections de mémoires, de voyages, de romans, de poésies, seuls livres qui se lisent beaucoup, sont dues aux grands seigneurs et aux courtisanes du xviiiᵉ siècle. Comme le xviiiᵉ siècle lisait beaucoup et qu'il lisait partout, aux champs, à la ville, à la cour, il créa la petit monnaie courante des livres, les petites éditions, les petits caractères, les petites vignettes, enfin les éditions de poche, choses adorables et furtives, faciles à prendre, faciles à quitter, toujours sous la main. Ces gracieux formats in-12, in-18, in-32, acquirent toutes les femmes à la cause des livres ; l'imagination, l'esprit, la philosophie, centuplèrent leur puissance d'action sur les masses.

La chambre à coucher était de l'autre côté du salon, à l'aile gauche du pavillon, et donnait par conséquent, comme la bibliothèque, sur la rivière. Blonde et rose, madame Du Barri avait fait tapisser en velours bleu, contraste exquis, cette chambre, dont tous les meubles se nuançaient de cette couleur tendre et céleste. Le plafond était de Briard: il représentait le bonheur des champs dans toute sa poésie. La cheminée, taillée en forme de trépied, se détachait sur un fond d'azur. Quand le soleil éclairait l'appartement de ses rayons dépouillés de leurs angles en passant à travers un nuage de rideaux, quand il entrait comme un brouillard d'or, on devait se croire dans la grotte diaphane de quelque ondine.

C'est dans cette chambre à coucher que madame Du Barri emportait le consentement de Louis XV à toutes les demandes de grâces et de pensions, moins bien accueillies ou repoussées ailleurs. Le duc de Choiseul ne cessait d'entretenir le feu de la guerre. Il avait toujours pour lui, moins dévouées cependant, la noblesse et l'administration, tandis que madame Du Barri n'avait plus même besoin de s'appuyer sur le duc de Richelieu et le chevalier de Maupeou. Quant au prince de Condé, il nageait entre un parti et l'autre avec assez d'habileté. L'anecdote suivante en fait foi; elle est charmante, elle exhale en plein son xviiie siècle. Le prince de Condé prie le roi de passer quelques jours à son château de Chantilly, le roi y consent; mais quel parti prendre à l'égard des invitations qu'il convient d'adresser aux dames qui, par leurs fonctions et leurs rangs, sont de tous les voyages de Sa Majesté? Inviter à la même fête, à venir au même château, les princesses, filles du roi, et madame Du Barri, haute inconvenance, outrage à l'étiquette, au rang, à la naissance! les inviter sans elle, péril formidable! Inviter madame Du Barri sans inviter les princesses, péril plus certain encore. Dans cette situation, peut-être unique dans la vie d'un courtisan, le prince de Condé, sans rien avouer au roi, — il n'eût plus manqué que cela! — le prie de faire lui-même la liste des dames qu'il daigne choisir pour le voyage de Chantilly. — Invitez qui vous voudrez, répond le roi, qui devina peut-être l'embarras du prince. Celui-ci fut au comble du désespoir. Enfin le désespoir même l'éclaira. Les princesses seules furent officiellement invitées; mais, à Chantilly, le roi le soir trouva près de lui madame Du Barri, qui repartit le lendemain de bonne heure pour Paris. Ce trait de courtisan plut tant à Sa Majesté, qu'elle alla plusieurs fois de suite à Chantilly, quoiqu'elle n'aimât pas les Condé, mais sans observer la même réserve dans ses autres voyages. La favorite l'accompagna publiquement dans un carrosse qui coûtait près de deux millions, suivi de deux autres carrosses d'un luxe qui répondait à la magnificence du premier : ils étaient tous les trois à six chevaux. On s'attroupait devant son hôtel de la rue des Petits-Champs pour voir sortir ce pompeux équipage.

Le crédit de la favorite augmentait chaque jour, chaque heure, presque à vue d'œil. La noblesse se ralliait autour d'elle. Elle était au mieux avec la comtesse de l'Hôpital, la marquise de Montmorenci, la duchesse de Mirepoix, la duchesse de Valentinois. Elle fut sur le point, dans ce temps-là, de faire épouser au duc de Boutteville mademoiselle Du Barri : — la sœur de Jean Du Barri le roué, un Boutteville !

C'est dans sa chambre à coucher de Luciennes qu'elle obtint pour le duc d'Aiguillon, dans l'un de ces moments où les rois sont bien près d'être à genoux, la faveur de succéder à M. de Chaulnes dans la charge de commandant des chevau-légers, poste éminent, qui valait, à certains égards, celui de ministre, car il exigeait des entrevues particulières avec le roi. C'était la bonté la plus naturelle dans la beauté la plus franche qui eût encore paru à la cour. Elle aurait pu écraser le comte de Lauraguais du fond de cette alcôve azurée où elle gouvernait en peignoir celui qui gouvernait la France, ce Lauraguais qui, ayant pris chez la Gourdan une fille perdue, la promenait de Paris à Versailles, et de Compiègne à Fontainebleau, sous le titre de la comtesse Du Tonneau. La grande favorite, on le voit, avait fini par obtenir ce qu'elle voulait d'un prince, qui, de son côté, prenait ce qui lui plaisait dans les coffres de l'Etat. Le 1er janvier de l'année 1770, madame Du Barri lui demande pour ses étrennes *les loges de Nantes*, c'est-à-dire 40,000 livres de revenu, dont jouissait auparavant la duchesse de Lauraguais. Le roi refuse, elle se fâche; le naturel jaillit, elle s'écrie : « *Le diable m'emporte, si je vous demande encore quelque chose !* — Vous commencez mal l'année, dit le roi en souriant; mais, je vous le répète, je n'y puis plus rien, j'en suis désolé pour madame de Mirepoix, à qui vous destiniez ce cadeau. Il est déjà promis. — Et à qui, Sire? — A vous, madame; ce sont les étrennes que je vous ai réservées. » — Voilà comment le roi refusait.

A cette époque, elle fut fort effrayée pourtant de l'arrivée de la dauphine, archiduchesse d'Autriche. On lui avait dit que son premier acte serait d'exiger le renvoi de la favorite. Il n'en fut rien.

A un souper donné au-château de la Muette, elle fut présentée à Marie-Antoinette, qui l'accueillit fort bien. Il s'établit même entre ces deux femmes, si célèbres à différents titres, une intimité qui charmait beaucoup le vieux roi, mais qui fut de peu de durée. Les Choiseul parvinrent à faire de Marie-Antoinette et de madame Du Barri deux ennemies implacables, qui ne se réconcilièrent un instant que pendant les dernières heures de la révolution, et, pour ainsi dire, au pied de l'échafaud.

Le plaisir n'entrait pas toujours seul avec le roi dans cette chambre enchantée; les affaires sérieuses s'y glissaient souvent. Alors le chancelier Maupeou y était introduit. On y décida le fameux coup d'Etat contre le parlement de Paris, qui se disposait à juger le duc d'Aiguillon, accusé de concussion par le parlement de Bretagne. Il y allait de la tête de ce dernier. Madame Du Barri obtint que le roi déclarerait cavalièrement et sans autre forme au parlement de Paris, devant lequel cette affaire si grave avait été renvoyée, que la cause était instruite, qu'il n'y avait pas à s'en occuper. Le duc de Choiseul fut écrasé, mais quel abominable triomphe! On cherche ensuite les causes de la révolution!

Les parlements du royaume crièrent; on dit au roi, et c'était vrai, que madame de Grammont les poussait à la rébellion. Depuis ce moment, Louis XV ne parla plus au duc de Choiseul hors du conseil.

Tout ce qu'on pouvait dire, écrire, publier, combiner contre la favorite était destiné à se briser devant son autorité, qui ne faiblit jamais; aussi hommes puissants, femmes irritées, ducs, duchesses, pairs, généraux, ministres, princes, princesses, tout l'Olympe monarchique finit, après des résistances inutiles, par se prosterner aux pieds de la Junon souveraine. Elle pardonna toujours, il est juste de le dire; elle pardonna même à la duchesse de Grammont, car elle aussi vint s'humilier. Quelle honte! Mais, il ne faut pas l'oublier, les gens de cour ont besoin avant tout de vivre à la cour. L'air leur est moins indispensable que la représentation.

Le duc de Choiseul resta pourtant inébranlable dans sa haine; cette haine est le fait le plus honorable de sa vie politique. Quelle supériorité d'esprit ne devait pas lui reconnaître le roi pour le conserver en place, malgré l'opposition perpétuelle, la colère intarissable, les coups incessants dont l'accablait celle à qui tout cédait! Une nuit, pourtant, dans cette même chambre luxueuse, où, quatre-vingts ans plus tard, nous n'avons pas trouvé un siége pour nous asseoir, madame Du Barri mit une plume dans la main caduque et énervée de Louis XV, et elle lui dit : Écrivez! Et le roi écrivit au duc de Choiseul :

« MON COUSIN,

« Le mécontentement que me causent vos services, me force à vous exiler à Chanteloup, où vous vous rendrez dans vingt-quatre heures. Je vous aurais envoyé plus loin, si ce n'était l'estime particulière que j'ai pour madame la duchesse de Choiseul, dont la santé m'est fort intéressante. Sur ce, je prie Dieu, mon cher cousin, qu'il vous ait en sa sainte garde. »

Tout Paris s'émut à cette disgrâce : on cria, et, comme d'usage, jamais ministre n'avait été plus grand, plus utile, plus national que le duc de Choiseul, puisqu'il n'était plus en place. Deux cent mille personnes se placèrent sur son chemin, le jour de son départ, et lui exprimèrent leurs regrets par des acclamations.

Le portrait du roi était placé en face du lit, dans la chambre où nous sommes, et à côté de ce tableau, dont le cadre seul avait coûté dix mille francs, on admirait un portrait de Charles Ier par Van Dyck, acheté au comte de Thiers. La comtesse l'avait payé vingt-quatre mille francs. On dit qu'elle l'avait fait mettre dans son appartement afin que le roi se souvînt, en le voyant, du sort qui lui était réservé, si jamais, comme Charles Ier, il fléchissait devant ses parlements. Dès que M. de Choiseul ne fut plus ministre, elle régna ou plutôt ce fut son frère qui régna, Jean Du Barri, qui s'appliqua d'abord le marquisat de Lille, dont le revenu était de cent mille livres. Elle fit des conseillers, des généraux, des évêques, et enfin un ministre, son cher duc d'Aiguillon, ce duc d'Aiguillon sous le glorieux ministère duquel la Pologne fut partagée.

Eut-elle à cette époque, 1772, l'intention folle d'épouser Louis XV? Quelques mémoires du temps le laissent croire. Quoi qu'il en soit, il existe un fait peu connu même de ceux qui ont le plus écrit contre elle. C'est sa requête adressée au Châtelet pour être séparée de corps et de biens de son mari, Guillaume Du Barri. Par une faveur toute spéciale, il nous a été permis de lire dans les archives secrètes de la Sainte-Chapelle les deux arrêts qu'elle obtint, le premier au Châtelet, le second au parlement.

Sa demande en séparation adressée au Châtelet est ainsi conçue : « A ce qu'il lui plût ordonner qu'elle serait autorisée à continuer de vivre retirée d'avec son mari pour éviter les mauvais traitements qu'elle avait à craindre de sa part et encore pour voir dire qu'elle serait et demeurerait séparée de corps et d'habitation avec ledit sieur comte Du Barri, *et défense d'user envers elle de voies de fait…* » Guillaume Du Barri la maltraitait-il réellement? N'était-ce pas une comédie arrangée entre lui et elle pour arriver à la séparation sans le scandale d'un double consentement? Voici le jugement que rendit le Châtelet : « Nous, après qu'il en a été délibéré sur les pièces et les dossiers des parties, disons que la partie de Château (nom de l'avocat de madame Du Barri) sera et demeurera séparée de corps et d'habitation de Bégon (nom de l'avocat du mari); faisons défense à ladite partie de Bégon de la hanter et fréquenter ; condamnons la partie de Bégon aux dépens. Jugé en la chambre du conseil, ce 27 mars 1772. Signé Dufour, lieutenant civil. » Au faible intervalle de temps écoulé entre cet arrêt et celui du parlement, sur appel du mari, à une époque où les formes judiciaires étaient d'une lenteur proverbiale, on juge de l'intérêt pressant qu'avait madame Du Barri à faire prononcer la séparation. Au bout d'un mois, le parlement, qui était, comme on sait, le dernier degré de juridiction, rendait cette sentence : « La cour, ayant égard aux preuves résultantes de l'enquête faite par la partie de Rimbert (nom de l'avocat de madame Du Barri), faisant droit sur l'appel, met l'appellation au néant, ordonne que ce dont est appel sortira son plein et entier effet; condamne la partie Delignoux (avocat du mari) en l'amende de douze livres et aux dépens des causes d'appel. »

Heureusement que le scandale rêvé par la comtesse, comme le couronnement de sa vie, ne se réalisa pas. Dieu eut pitié de la France. Le roi approchait à grands pas de la tombe, mais sans se réformer pourtant, sans se souvenir des paroles de son premier médecin Lamartinière, auquel il avait dit : Je crois qu'il est temps d'enrayer. — Non, sire, lui avait répondu celui-ci, mais de dételer.

Le matin, encore au lit, madame Du Barri recevait dans cette chambre les artistes et les princes, comme eût pu le faire une fille des Médicis. Si des hauteurs de son oreiller elle lançait ses pantoufles à la tête du chancelier Maupeou, ou se les faisait présenter par le nonce du pape et le cardinal de la Roche-Aymon, elle admirait à demi nue, mais attentive, l'esquisse d'un tableau commandé à Greuze ou à Vernet, et discutait le dessin d'une aiguière avec son graveur. Elle avait dans sa ruelle sa cour de musiciens, de poètes et de peintres ; elle fut bien fière le jour où elle leur lut la lettre que lui avait écrite le grand philosophe de Ferney :

« Madame, M. de La Borde m'a dit que vous lui aviez ordonné de m'embrasser des deux côtés de votre part.

> Quoi ! deux baisers sur la fin de ma vie !
> Quel passeport vous daignez m'envoyer !
> Deux ! c'est trop d'un, adorable Égérie :
> Je serais mort de plaisir au premier.

« Il m'a montré votre portrait ; ne vous fâchez pas, madame, si j'ai pris la liberté de lui rendre les deux baisers.

> Vous ne pouvez empêcher cet hommage,
> Faible tribut de quiconque a des yeux.
> C'est aux mortels d'adorer votre image ;
> L'original était fait pour les dieux.

« J'ai entendu plusieurs morceaux de la *Pandore* de M. de La Borde ; ils m'ont paru bien dignes de votre protection. La faveur donnée aux véritables beaux-arts est la seule chose qui puisse augmenter l'éclat dont vous brillez.

« Daignez agréer, madame, le profond respect d'un vieux solitaire dont le cœur n'a presque plus d'autre sentiment que celui de la reconnaissance.

« Ce 20 juin 1773. »

En sortant du pavillon, le roi allait prendre le café ou le thé sous le tilleul séculaire dont nous avons déjà parlé. L'âge a dû en tripler la vigueur. Sous ce feuillage épais, douze personnes s'abritent aisément et peuvent, protégées par une coupole mouvante de fraîcheur et d'ombre, parcourir du regard la campagne au milieu des ardeurs d'une journée d'été. Louis XV aimait, dit-on, à préparer lui-même sous cet arbre historique le café qu'il prenait à Luciennes. Un vieux jardinier du château nous a assuré que c'est sous ce tilleul que le roi de France, dans un moment de gaîté folle et de magnificence burlesque, nomma le nègre Zamore gouverneur de Luciennes, aux appointements de douze cents livres. Le chancelier Maupeou fut obligé d'apposer le sceau royal au brevet.

Aucune exagération ne doit étonner de la part d'un prince qui, de faiblesse en faiblesse, avait fini par se montrer avec sa maîtresse les jours de réception publique, partageant ainsi avec elle les félicitations, les hommages et les vœux respectueux de la cour, du clergé et de la magistrature. Il assista seul avec elle au décintrement du pont de Neuilly, sous un dais de velours, en l'absence de la dauphine, Marie-Antoinette d'Autriche, pour qui cette fête avait été préparée, mais à laquelle elle ne voulut pas se trouver : elle savait que madame Du Barri devait y figurer. Toutes ces bouderies de cour n'effrayaient plus guère la favorite ; elle en riait au contraire de tout son cœur, la bonne fille. Malgré toute sa puissance elle ne put cependant pas empêcher un certain petit abbé de Beauvais de dire à Louis XV de bien dures vérités dans un sermon prononcé le jeudi-saint, en présence de toute la cour, dans la chapelle de Versailles. Le petit abbé dit au grand roi qu'il ressemblait à Salomon, non sous le rapport de la sagesse, mais sous celui du libertinage ; il lui dit que, de voluptés en voluptés coupables, *il avait fini par disputer aux passants les restes de la corruption publique*. La phrase était superbe d'outrage. Le roi n'osa pas la punir, plus tard il eut l'héroïsme de la récompenser. Le petit abbé fut nommé évêque de Senez.

Le tilleul séculaire de Luciennes est au sommet du parc, qui mérite aussi d'être mentionné : il est ingénieusement dessiné, mais d'une exiguïté choquante pour une propriété si célèbre; il a en outre à l'excès les défauts des riches qualités qu'on ne lui conteste pas. Taillé et façonné uniquement pour le charme de la vue, ses allées plongeantes sont dures à gravir. Il faut s'y promener avec les yeux et le moins possible avec ses jambes quand on n'a plus vingt ans. Nous doutons que Louis XV aimât beaucoup à s'égarer au fond de ces entonnoirs. Il devait s'arrêter aux premières allées circulaires, fort belles du reste, et d'où l'on découvre, comme d'une balustrade aérienne, suspendue au-dessus de l'eau, vingt lieues de jardins, de bois, de fleuve, d'horizon.

Quand sonnait l'heure de la séparation, le roi rentrait dans le château, où nous l'avons vu s'arrêter pour changer de chaussure et de costume; il reprenait son extérieur officiel, et, précédé de Zamore, gouverneur de Luciennes, il gagnait la grille en s'appuyant sur le bras de la comtesse. Dès qu'il était parti, la comtesse, reprenant sa liberté, ouvrait toutes grandes les grilles d'or du château aux jeunes seigneurs qui formaient, le duc de Brissac en tête, la brillante cour de Luciennes, et la fête commençait. Du haut de la route de la Princesse, les équipages descendaient chargés de bouquets et de femmes en toilettes de bal. Le parc s'illuminait dans toutes ses sinuosités et toutes ses profondeurs; chaque feuille devenait une étoile flottante. Dans son onde mouvante, la Seine endormie reflétait le pavillon de la joyeuse souveraine, de cette fée des nuits blanches, comme l'eût appelée Shakespeare. On soupait au château, sous les bosquets, dans le parc, sur la pelouse, partout. Des voix lointaines, des musiques cachées sortaient du fond des buissons de roses, des haies de myrtes, et donnaient une âme harmonieuse à la nuit; on causait sur les bancs de gazon, on se poursuivait en riant, on dansait sous les charmilles, les hommes dans leurs plus riches habits de soie, les femmes sous des costumes mythologiques d'une élégance et d'une fraîcheur idéales; nymphes de Watteau, dryades de Lancret, néréides de Boucher, toutes en souliers de satin blanc, comme à l'Opéra, ayant des thyrses à la main, des ailes de gaze aux épaules, de la poudre et des mouches au coin des lèvres; laissant voir un peu de leurs jambes, un peu de leur sein, un peu de leurs dents. Cette vie dorée ne pouvait durer toujours : une minute fatale et prévue y mettrait un terme, pensaient les moins fous en regardant le visage fatigué de Louis XV.

Les paroles menaçantes de l'abbé de Beauvais l'avaient ému; elles le travaillaient intérieurement. La mort du marquis de Chauvelin, qui avait le même âge que lui, et qui était son ami particulier, le compagnon assidu de ses chasses, le confident de ses plaisirs, augmenta sa mélancolie. Une espèce de terreur noire passa de son imagination dans son sang, qui se trouva disposé à recevoir les germes meurtriers de la petite vérole. Les uns veulent que ce germe lui ait été inoculé par le contact d'une jeune fille de la campagne; d'autres, comme Voltaire dans son *Siècle de Louis XV*, prétendent qu'il gagna cette terrible maladie par la peur de l'avoir. Le roi aurait rencontré pendant une partie de chasse un homme qui portait une bière; il lui aurait demandé quelle maladie avait enlevé la personne qu'il portait en terre. Il aurait appris que c'était la petite vérole, et aussitôt le même mal l'aurait frappé et tué en quelques jours. La fortune de madame Du Barri pencha tout à coup comme une tour dont les fondations croulent. Cependant, aux derniers moments du roi, elle fut encore assez puissante, aidée, il est vrai, par Bordeu, le premier médecin du château, pour empêcher l'archevêque de Paris, M. de Beaumont, d'approcher du lit du malade, sachant bien qu'elle serait forcée de s'en éloigner aussitôt. Elle ne le quitta que cinq jours après l'invasion du mal, et lorsqu'il n'y avait plus d'espoir. Elle attendit même que Louis XV exigeât son départ de Versailles. Elle se rendit à Ruel, au château de la duchesse d'Aiguillon, où elle trouva déjà le lit bien dur. Ruel était pourtant la maison princière habitée jadis par le cardinal de Richelieu, occupée, quand la favorite y coucha, par le courtisan le plus délicat de la monarchie. Le lendemain, on alla à Luciennes chercher des matelas plus doux pour cette disgrâce si peu accommodante. On vit bientôt se renouveler la grande comédie qui eut lieu pendant l'agonie de Louis XIV; quand Louis XV allait mieux, les courtisans allaient en foule à Ruel encenser la favorite; quand le mieux cessait, ils disparaissaient, la route devenait déserte. Enfin le roi mourut, et le même jour le duc de la Vrillière apporta à madame Du Barri, sa meilleure amie, une lettre de cachet qui l'exilait à l'abbaye de Pont-aux-Dames, en Brie, près de Meaux. La philosophie n'était pas un des attributs du caractère de la comtesse. *Le beau fichu règne*, s'écria-t-elle en termes que nous modifions, *qui commence par une lettre de cachet!* Tandis qu'elle se rendait au lieu indiqué pour son exil, son beau-frère, le comte Jean, le roué, gagnait la Suisse au plus vite. La réaction commençait contre toute cette famille des Du Barri en déroute. La colère de leurs ennemis se porta même, par un luxe de vengeance, sur ce pauvre mari le comte Guillaume. On faillit l'assommer dans les rues de Toulouse. Les d'Aiguillon tombèrent subitement en disgrâce. Les Choiseul revinrent sur l'eau. Le rêve était fini pour tous. Quel réveil !

III.

La lettre de cachet que Louis XVI avait signée était plutôt une consolation qu'un châtiment. Indulgent et respectueux, trop peut-être, le nouveau prince disait à madame Du Barri qu'il n'ignorait pas l'attachement de son aïeul pour elle, qu'il pourvoirait exactement à ses besoins, qu'elle fût donc sans crainte pour son avenir. » Une pareille lettre de cachet n'avait rien de bien effrayant ; elle terrifia cependant madame Du Barri. L'exil ! un couvent ! ne cessait-elle de répéter. Elle dut obéir malgré son indignation. La rage dans le cœur, la tête cachée dans sa mantille, elle monta en voiture accompagnée d'un exempt, et elle fut conduite de Luciennes au couvent de Pont-aux-Dames. Quitter Luciennes, sa vie de reine, si jamais reine avait été aussi heureuse, aussi fêtée, pour aller à trente-trois ans se cloîtrer dans une abbaye du moyen âge !

Il existe encore quelques restes de cette abbaye, fondée en 1226, près du pont de Couilly par Hugues de Châtillon, comte de Blois, et sa femme Marie d'Avênes ; mais il faut les chercher à travers les constructions nouvelles qui forment aujourd'hui le hameau de Pont-aux-Dames, traversé par la route de Paris à Vitry-le-Français. La douleur de la belle comtesse aux cheveux cendrés fut profonde en traversant le cimetière de l'abbaye, le parloir humide, dont les noires cimaises laissaient flotter des toiles d'araignées séculaires. L'accueil fut doux cependant ; les ordres du roi commandaient les bontés et les attentions. Beaucoup de jeunes filles étaient élevées dans cette sainte maison ; comme on ne gêna pas leur curiosité, elles s'approchèrent peu à peu pour voir cette femme dont on parlait au fond des couvents et sur le trône du grand Mogol. — C'est donc là madame Du Barri ? se demandaient-elles, les mains jointes, les yeux attentifs, les lèvres ouvertes, le cou tendu ; c'est vous, madame ? — C'est bien moi, mes enfants, et elle leur présentait sa belle main blanche de courtisane et de favorite. Et les jeunes recluses osaient alors s'approcher encore un peu plus pour admirer ses pieds si jolis, ses yeux si somnolents et si doux, et sa toilette si délicate ; elle s'était mise bien simplement pourtant, mais la simplicité de madame Du Barri... Elle dit des choses charmantes à ces curieuses ingénues ; elle écouta tendrement les choses pieuses qu'elles lui dirent. Quel tableau expressif, clair, intéressant et fait pour attacher l'attention et la pensée !

La voilà donc cloîtrée et si bien résignée, qu'elle s'occupe avec calme, dans cette antique abbaye, de ses affaires d'intérêts ; il est sans doute question de quelque rente ou pension à toucher dans la lettre suivante que nous détachons d'une collection d'autographes. Elle est curieuse surtout en ce qu'elle fait connaître le style, l'orthographe et la ponctuation de cette femme célèbre. Cette pièce que nous exposons dans toute sa nudité grammaticale, appartient à la collection de M. le marquis de Dolomieu.

« Du Pont-aux-Dames, le 17.

« J'ai reçu votre lettre monsieur et je suis tres sensible a tout ce qu'elle contient d'obligant je prie M. du Fauga qui vous remetra ma lettre de vouloir bien se charcher de retirier tous lesmois la some que vous me mandez devoir me revenir que j'enverai ensuite retirer ches lui lors qu'il ne cera plus a Paris j'enverai tout bonement chez vous ou come vous le dites je tirerai mes mandats sy j'en et besoins je renvoye le modele de votre quitance que j'ai copiee exactement.

« DUBARY ».

Madame Du Barri fut parfaite de conduite au couvent de Pont-aux-Dames. Elle pria, elle accomplit toutes ses dévotions, elle écouta les remontrances avec une soumission exemplaire. Enfin, pendant près d'une année entière de réclusion, elle édifia les bonnes sœurs. L'abbesse fut si touchée de cette ferveur, de cette humilité à laquelle elle s'attendait peu, qu'elle permit à la belle recluse de se faire arranger une cellule par l'ingénieux architecte de Luciennes. Ledoux accourut aussitôt à Pont-aux-Dames, et il construisit une cellule adorable, à ravir d'admiration le chevalier de Parny et M. de Boufflers. On savait cela à la cour de Versailles, et on souriait ; la famille royale était bonne.

Louis XVI voulut pardonner ; Marie-Antoinette, devenue reine de France, ne se sentait pas toute la force nécessaire pour se venger longtemps. Elle était d'ailleurs si heureuse avec ses nobles et belles amies, la princesse de Lamballe et madame de Polignac ! Elle ne passait jamais par Luciennes sans dire en soupirant : Pauvre comtesse ! Un jour le roi entendit cette clémente parole et le lendemain la comtesse, dans une belle voiture, quittait le couvent de Pont-aux-Dames, déjà aimée, chérie, regrettée des pieuses sœurs. Aussi ne les oublia-t-elle jamais. Tant qu'elle vécut, elle leur envoya des souvenirs de son affection et de sa reconnaissance. Cependant sa liberté n'était pas son élévation. Le roi lui rendit ses propriétés, ses pensions, il paya même ses dettes, mais il ne lui rouvrit pas les portes de la cour de Versailles, qui, disons-le tout de suite, ne devaient plus se rouvrir pour elle. Cet exil-là ne finirait jamais ; il durerait les dix-neuf années qui lui restaient encore à vivre. Ce paradis terrestre lui était fermé. Aussi la vie de madame Du Barri, depuis ce moment, fait bien comprendre tout ce que la cour, dans un état monarchique, donne ou retire de vitalité. Quoique aussi riche, ou à peu près, que sous Louis XV, quoique plus belle, car la beauté de l'intelligence s'était jointe en elle à la beauté physique, elle fut presque mise en oubli pendant les dix-neuf années du règne de Louis XVI. Elle semble n'avoir vécu, dans ce long intervalle, que pour les libellistes contemporains, et pour autoriser les faiseurs de mémoires apocryphes à remplir d'anecdotes tirée de leur riche imagination la grande lacune placée entre sa déchéance et sa mort.

Après sa sortie du couvent de Pont-aux-Dames, elle acheta, en partie avec le prix de vente de sa maison de Versailles, acquise par Monsieur, la terre de Saint-Vrain, située entre Orléans et Paris. Elle alla l'habiter avec le duc de Cossé-Brissac, son plus fidèle ami et l'ami auquel elle fut peut-être le plus fidèle, ce qui n'implique ni d'une part ni de l'autre une fidélité absolue. Ils s'aimaient pour eux-mêmes ; c'est beaucoup dans tous les temps. Sous les ombrages frais et tranquilles de Saint-Vrain, le duc de Brissac lui raconta tout ce qui s'était passé de remarquable à la cour depuis la mort de Louis XV, depuis son exil au couvent de Pont-aux-Dames ; les insultes faites par le peuple au cercueil de Louis XV, la disgrâce immédiate du duc d'Aiguillon, remplacé par M. de Vergennes aux affaires étrangères, celle de M. de Maupeou et de l'abbé Terray, remplacés, le premier par M. de Miroménil, le second par Turgot, changements qui s'étaient opérés sans que le roi eût pensé une seule fois à rappeler le duc de Choiseul, ce grand homme d'État qui avait pourtant donné la Lorraine et la Corse à la France.

Quand le duc de Brissac et son amie eurent assez pleuré sur les splendeurs éteintes de l'ancienne cour et un peu médit de la nouvelle, qui affectait tant d'austérité sans rien diminuer aux dépenses, ils tournèrent les yeux vers cette même cour de Versailles, d'où ils se trouvèrent de jour en jour plus éloignés. On écrivit à M. de Maurepas, M. de Maurepas parla au roi, le roi parla à la reine, la reine parla à la princesse de Lamballe. Pouvait-on laisser mourir d'ennui cette pauvre comtesse, si peu à craindre désormais? Revenez à Luciennes, répondit M. de Maurepas. La comtesse y était déjà.

En attendant, le siècle roulait vers sa pente et de tout le poids dont on l'avait chargé. La littérature jetait un dernier éclat sans chaleur et sans force avant de s'éteindre dans la politique. Voltaire venait d'être couronné au bord de la tombe; Rousseau y descendait empoisonné par la tristesse. C'étaient les beaux jours de La Harpe, de Marmontel, de Boufflers, de Colardeau, de Cailhava, et de Beaumarchais, que madame Du Barri appelait quelquefois à Luciennes pour paraître avoir une cour. On soupait délicieusement à Luciennes, cela va sans dire, et rien n'annonçait l'orage qui s'amassait sur Versailles. Les littérateurs étaient tous philosophes jusqu'à La Harpe, et philosophes et ducs se donnaient la main dans ce château, où vinrent s'asseoir familièrement et tour à tour Franklin, Cagliostro, Joseph II et les ambassadeurs de Tippo-Saëb, qui laissèrent en partant à madame Du Barri des pièces de mousseline brodée d'une beauté surprenante. On voit que l'ancienne favorite n'était pas tout à fait abandonnée, si beaucoup de grandes dames s'étaient éclipsées du jour où elle n'avait plus occupé de place à côté du soleil. De toutes ces comtesses, marquises et duchesses dont elle soulageait les augustes misères, dont elle faisait payer les dettes par le roi, il n'était plus resté auprès d'elle que l'ambassadrice de Portugal, la marquise de Souza, et la marquise de Brunoy; mais elle régnait encore par le sentiment d'admiration pour la beauté, dernière vertu du xviiie siècle expirant. — Versailles! Versailles! tes jardins! tes palais de verdure! tes colonnades! tes orangers! ta cour! ton faste! ton ennui adorable! oh! Versailles! disait-elle toujours les yeux noyés de pleurs et tournés vers sa ville bien-aimée, quand retournerai-je à Versailles? — Et qu'y faire, madame? lui disait le bon duc de Cossé. On y calomnie la reine comme on vous y a calomniée: les notables y sont déjà, ils raient de leurs souliers ferrés les dalles de marbre où vos pieds de nymphe se posaient à peine. Mais vous ne savez peut-être pas ce que c'est qu'un notable? C'est un homme qui veut voir clair dans les affaires du pays, qui veut que le prince ne gouverne pas, qui veut que la reine n'ait pas d'amants, qui veut que le roi n'ait pas de maîtresses. — Est-il possible? oh! mon Dieu! — Voulez-vous encore, madame, aller à Versailles? — Mais oui. — Madame Du Barri n'y alla pas cependant, quoique le duc de Choiseul fût mort dans l'oubli, comme le duc d'Aiguillon, étouffé par le poids de sa disgrâce. L'horizon était en feu aux quatre points cardinaux, la révolution tonnait dans l'ombre. Le dîner des gardes-du-corps eut lieu : on sait les conséquences de ce défi ou de cette imprudence. Les gardes-du-corps qui ne furent pas massacrés s'éparpillèrent dans les environs de Versailles; beaucoup se souvinrent de Luciennes, et allèrent, tout pâles et tout ensanglantés, sonner à la grille du pavillon. Madame Du Barri les recueillit, elle les soigna comme s'ils ne venaient pas de risquer leur vie pour une reine qui ne la détestait plus, mais qui avait gardé entre les plis de sa lèvre autrichienne bien des rancunes et bien des dédains de femme froissée. Cet acte de périlleuse générosité rapprocha les deux ennemies. Voici la lettre que madame Du Barri écrivit à la reine, qui l'avait fait remercier pour les soins qu'elle donnait aux gardes-du-corps: « Ces jeunes blessés n'ont d'autres regrets que de n'être point morts pour une princesse aussi digne de tous les hommages que l'est Votre Majesté. Ce que je fais pour ces braves est bien au-dessous de ce qu'ils méritent. Je les console, et je respecte leurs blessures quand je songe, madame, que, sans leur dévoûment, Votre Majesté n'existerait peut-être plus! — Luciennes est à vous, madame; n'est-ce pas votre bienveillance qui me l'a rendu? — Tout ce que je possède me vient de la famille royale; j'ai trop de reconnaissance pour l'oublier jamais. »

La reine n'accepta rien, mais dès ce moment toute haine s'évanouit dans son âme, qui devait se préparer pour des épreuves moins douces.

Nous voici arrivé aux deux faits principaux, aux deux dernières scènes de la vie de madame Du Barri. Nous voulons parler du vol de ses diamants et de son voyage en Angleterre, où elle prétendit aller les chercher. Quelques-uns ont cru et beaucoup croient encore à ce vol; d'autres, et parmi les royalistes et parmi les républicains, le nient hautement, et soutiennent que la comtesse n'allait à Londres que pour distribuer des secours aux émigrés. Cette dernière version est la seule vraie. Au troisième voyage qu'elle fit à Londres, car elle y alla quatre fois de suite, tous ses nombreux amis, tous les émigrés, des Anglais même, s'opposèrent à son retour en France en lui montrant le danger certain qu'elle affrontait. Elle allait se jeter dans les éléments en ébullition d'une insurrection générale. Vous êtes sauvée, lui disait-on, vous êtes à Londres, vous pouvez y vivre avec aisance, avec faste, jusqu'au jour où la paix vous permettra de retourner à Paris; restez avec nous.

Elle écarta les meilleures raisons, les plus ardentes prières, les menaces, et elle quitta l'Angleterre. N'avait-elle pas laissé à Luciennes son cher duc de Brissac ?

On était en 1792. Un soir qu'elle était à Luciennes, écoutant derrière ses haies de myrtes les palpitations sinistres de la capitale, recueillant tous les bruits qui passaient par dessus le mont Valérien, elle entendit des pas, des murmures, des rires... elle eut peur... elle appela Brissac. Le voilà, répondit une voix... prends d'abord sa tête. Et on jeta à ses pieds la tête sanglante de son amant, le duc de Cossé-Brissac. Le duc avait été assassiné à Versailles par ceux qui s'étaient chargés de le conduire à Orléans, où une cour criminelle devait le juger.

Croirait-on qu'elle eut le courage, cette femme dont on a si haut accusé la faiblesse, d'aller une quatrième fois en Angleterre pour porter de l'argent aux émigrés, et le courage plus extraordinaire encore de résister aux efforts désespérés qu'on fit pour la retenir à Londres ? Quel est donc le royaliste qui, pendant la terreur, et l'on vivait en pleine terreur, a eu plus de témérité que madame Du Barri ? Ce dernier voyage la perdit. Des espions l'avaient suivie. Ils découvrirent ses intrigues avec le parti royaliste, ils furent témoins de ses entrevues avec M. de Calonne. Elle repassa la mer, revint à Luciennes; mais quel charme pouvait encore avoir pour elle ce séjour après la nuit du funeste cadeau, après la nuit de la tête coupée ? Presque tous les habitants de cette ingrate commune qu'elle avait, pendant plus de quinze ans, habillée et nourrie, étaient ses ennemis. Cette espèce de singe qu'un coup de pied de Louis XV en goguette avait élevé à la hauteur de gouverneur de Luciennes trahissait sa bonne maîtresse et la perdait dans l'esprit de ces Lubins et de ces Colas qui de vignerons s'étaient changés en terroristes, vrais moutons enragés qui avaient mangé leurs chiens. Un nommé Greive, Irlandais de nation, dénonça madame Du Barri à l'instigation de cet infâme négrillon de Zamore. Elle resta deux mois et demi enfermée à Sainte-Pélagie avant d'être mise en jugement. Il est vrai que le procès fut très court, si la détention fut fort longue. Elle parut devant le tribunal révolutionnaire le 17 frimaire 1793 (7 décembre), et son affaire s'instruisit en même temps que celle de trois banquiers hollandais, le père et les fils Vandenyver, accusés de quelques-uns des crimes qu'on lui reprochait. L'instruction du procès dura trois séances. Son défenseur était Chauveau-Lagarde. L'acte d'accusation fut dressé par Fouquier-Tinville. Elle fut condamnée à la peine de mort, ainsi que les trois banquiers Vandenyver. Nous remarquons dans ce jugement que l'âge donné à madame Du Barri, quarante-deux ans, est tout à fait impossible, et cette erreur mérite d'autant plus une rectification, qu'elle a été répétée partout. Née en 1744, exécutée en 1793, madame Du Barri entrait dans sa quarante-neuvième année.

Elle s'évanouit en poussant un cri terrible lorsqu'elle entendit prononcer l'arrêt qui la condamnait à la peine de mort. Il était onze heures du soir. Le lendemain, madame Du Barri fut jetée dans le tombereau de l'égalité avec les trois infortunés banquiers hollandais, dont la complicité ne nous a jamais paru très évidente. Elle était pâle, tremblante, folle d'effroi; elle ne voulait pas mourir, cette pauvre femme qui n'avait jamais fait de mal à personne. Elle suppliait le peuple à travers les flots duquel elle passait; elle le suppliait avec ses beaux yeux et ses belles mains enchaînées. On lui reproche d'avoir crié en allant au supplice, d'avoir eu peur, comme s'il n'était pas de la femme d'avoir peur et de demander à vivre! Mais ôtez la peur à la femme, et il ne vous restera qu'une hideuse amazone. La peur complète admirablement madame Du Barri, cette peur-là, car elle n'eut pas l'autre, celle de s'exposer pour ses amis, on l'a vu. La mort ne l'épouvanta pas, c'est le supplice qui lui fit peur.

Arrivée sur l'échafaud, dressé, comme on ne l'ignore pas, sur la place de la Révolution, madame la comtesse Du Barri s'écria : *Encore un moment, monsieur le bourreau!... encore un moment, monsieur!...*

En 1794, après la mort de madame Du Barri, le château de Luciennes devint propriété nationale, et, à ce titre, il fut adjugé aux enchères, à Versailles, en 1795, pour la somme de six millions en *assignats*. Le premier acquéreur se nommait M. F. Corbeau. La même année, et pour la même somme, toujours en assignats, M. Corbeau le vendit à M. Julien Ouvrard, dont la célébrité est européenne. La propriété passa successivement à M. de La Rue-Sauviac, à M. Auger, celui qui fit disparaître la belle terrasse de tilleuls, mais qui sut arrêter la hache homicide (c'est une justice que l'histoire contemporaine lui doit) devant le tilleul consacré par les galants tête-à-tête du roi et de la blonde comtesse; à M. Ramon Alvaro Benito, de Madrid, et enfin à M. Pierre Laffitte, banquier, qui en est propriétaire depuis 1818.

Quoique, avant de procéder à la vente aux enchères, le gouvernement eût fait vendre pour son propre compte tout le splendide mobilier de Luciennes, statues, tapis, porcelaines, tableaux, pendules, glaces, rideaux, les divers propriétaires que nous venons de citer trouvèrent encore de quoi glaner. Ils vendirent très avantageusement les belles ferrures dorées, les pierres des bassins, et jusqu'aux carreaux de glace des châssis. Si la bande noire n'eût pas refusé d'acheter les arbres du parc comme trop jeunes, ils auraient été impitoyablement coupés. Il ne restait absolument que les murs, et encore dans quel état! quand M. Pierre Laffitte entra en jouissance. Il y avait du foin dans le château et des bestiaux parqués dans le pavillon.

Les autres particularités qui se rattachent au château de Luciennes ne nous ont pas paru d'un intérêt assez général pour exiger une mention. Luciennes a vu sans doute d'autres jolies femmes pendant les divers règnes de propriétaires dont nous avons donné la chronologie; il a eu d'autres fêtes, et même de fort brillantes, sous la restauration, bien des nuits animées par le plaisir depuis les nuits de la célèbre maîtresse de Louis XV; mais quel nom écrire après celui de madame Du Barri? Le lecteur, ce roi difficile et jaloux, est comme Louis XV; à Luciennes, il ne veut voir qu'elle. Fermons donc la grille du château sur cette figure si gracieuse et si tristement historique, sur la femme de ce joli pavillon Du Barri qui a deux portes, l'une par où un page vint un jour dire d'une voix douce : « Madame la comtesse, voulez-vous recevoir le roi de France? » l'autre par où un homme ivre lui cria : « Fille Vaubernier, suis-moi à la guillotine! »

LA FRETTE

C'est dans le Grésivaudan, à huit lieues de Grenoble, près d'un village nommé la Frette, et dans le château de ce nom, que naquit, vécut et mourut François de Beaumont, baron des Adrets, un des plus vaillants capitaines de son temps, l'homme le plus cruel du XVIe siècle. Trois cents ans écoulés n'ont pas diminué le sentiment d'épouvante qu'a laissé son nom dans nos provinces du midi. Le baron des Adrets a un pied dans la réalité, et un pied dans la féerie. Sa famille était si noble et si illustre, que les vieux écrivains l'ont appelée, dans leur beau langage, *l'écarlate de la noblesse du Dauphiné*. Elle était connue, dès le XVe siècle sous le nom de *Bellemonte*, Beaumont, qui était aussi le nom d'un château qu'elle possédait dans le Grésivaudan, et dont les ruines existent encore.

François Ier et Charles-Quint, ces deux éternels lutteurs, avaient recommencé la guerre en Italie, et comme d'habitude, après des traités inspirés par la plus étroite amitié. C'est Lautrec qui commandait l'armée française ou ce qu'on appelait une armée, chose bruyante, confuse et indisciplinée, composée de ce qu'il y avait de plus illustre et de plus vil, marchant sans ordre, tombant en déroute le lendemain d'une victoire. Chaque chef avait quelquefois vingt valets à sa suite.

Deux cents braves gentilshommes dauphinois s'étant joints à Lautrec, le jeune baron des Adrets demanda à les suivre, quoiqu'il n'eût encore que quinze ans. — Je ne m'y oppose pas, mais c'est à une condition, dit son père en parlant à Charles Alleman, lieutenant-général de la province, c'est qu'à sa première affaire mon fils vous amènera un prisonnier. — Je vous le jure, répliqua le jeune baron en sautant sur son épée. Et il partit, ayant donc pour premiers maîtres à la guerre Lautrec et Charles Alleman. Devant Alexandrie en Piémont, son corps se trouva bientôt en présence d'un bataillon de lansquenets. Des Adrets, sans calculer le danger, s'élance sur le chef, l'arme haute, lui criant de se rendre.

— A vous ?

— A moi.

Et d'un coup de sa large épée il menace l'épaule et va frapper la cuisse du chef des lansquenets, étourdi de la vigueur, de la promptitude de son adversaire. Il prend ensuite le cheval de celui-ci par la bride et l'entraîne au milieu des Français. Alors il se découvre et dit à son prisonnier, honteux de voir le visage d'un enfant : — Je vous remercie beaucoup, capitaine. Vous m'avez rendu un bien grand service; vous êtes cause que j'ai tenu parole à mon père.

— Et qu'aviez-vous promis à votre père?

— De faire un prisonnier.

— Il est heureux que vous ne lui ayez pas promis de me faire passer par une arquebusade.

— Vous y auriez passé, capitaine.

Alleman, le capitaine du baron, le présenta ensuite à Lautrec, qui l'embrassa et voulut l'avoir à son côté, lorsqu'il fit son entrée triomphale dans Gênes vaincue, soumise aux Français. L'histoire ne nous fait pas faute de récits touchant les plaisirs de tous genres que les Français goûtèrent chaque fois qu'ils soumirent l'Italie à leur domination. Le refrain d'une vieille chanson le prouve, en prouvant aussi que le commerce avec les Indes n'était pas très étendu à l'époque où eut lieu l'expédition dont le baron des Adrets faisait partie. Voici ce refrain :

Qui ne connaît Gênes la belle,
Point ne connaît le goût de la cannelle.

Or, à cette époque, les Français en garnison à Gênes mangeaient le plus de cannelle qu'ils pouvaient dans les palais des nobles seigneurs et dans les maisons ouvertes à leur amabilité dangereuse. Quel officier un peu bien tourné de sa personne, un peu riche de quelques pièces d'or, n'était pas pris dans le réseau d'une intrigue ou d'une passion ? Le soir, dans l'ombre, le froissement des étoffes lamées de Venise se mêlait au cliquetis d'acier des brassards et des cuissards ; le vin chaleureux de la Pouille croisait son parfum avec celui des fleurs de Voltri balancées au corsage des jeunes demoiselles ; c'étaient ici soupirs d'amour, là jurons de soudards ; tout regard était désir, toute bouche chanson, toute main douce étreinte.

Pendant une soirée de ce joyeux séjour des Français à Gênes, le capitaine Charles Alleman, qui ne se refusait pas non plus les petites douceurs de la conquête, passait en se promenant sur le quai de l'*Acqua-Verde*. Il aspirait, après un repas un peu vif, un peu prolongé, des gorgées d'air marin, et tâchait de rendre à ses jambes une élasticité et une rectitude compromises par le poids inusité de sa tête. Tout à coup un rayon d'étoile tombé sur une lame d'acier lui fait soupçonner la présence d'un de ses soldats dans cet endroit pourtant bien solitaire, sur cette promenade éloignée de tout bal public, de tout cabaret, de tout divertissement. Le capitaine approche, et il reconnaît dans l'homme, qui était en effet un Français de la garnison, le jeune baron des Adrets ; il était assis et pensif au bord de l'eau, si distrait en ce moment qu'il n'entendit pas venir à lui.

— Est-ce vous, de Beaumont ?

— Qui est-là ? répond le jeune homme en sursaut.

— Votre capitaine. Et que faites-vous donc là ? vous pêchez sans filet.

— Oui, je pêche, mon capitaine.

— Et à quoi donc ?

— Aux pensées.

—Voilà qui est drôle, mon petit gentil baron. Et à quoi pouvez-vous penser, si ce n'est au plaisir à votre âge? Pour quoi n'êtes-vous pas avec tous vos camarades dauphinois, qui font de Gênes depuis six mois le plus joyeux enfer dont je me souvienne? Trouvez-vous que le vin qu'on boit à Gênes ne mérite pas votre estime ?...

— Je ne bois pas de vin, capitaine.

— Vous ne buvez pas de vin!.... Vous oubliez le respect qu'on me doit pour me parler ainsi.

— Je ne bois que de l'eau, si vous l'aimez mieux.

— De l'eau!..... Et vous venez donc ici visiter votre cellier? De l'eau!..... ah ! de l'eau! murmura le capitaine en ricanant, en riant, en se frottant les mains..... Va pour de l'eau! ajouta-t-il, mais Gênes, outre le vin, a d'autres plaisirs que sont en train de goûter en ce moment vos camarades.... Ils dansent .

— Je ne danse pas, capitaine.

— Ils jouent!

— Je ne jouerai jamais.

— Ils aiment... Et que diable! si vous voulez être soldat, il faut bien que vous ayez quelques-unes des qualités qui font le soldat. Bayard lui-même, mon excellent parent, notre compatriote (Dieu depuis trois ans ait son âme!), Bayard.....

— Bayard ne buvait pas, capitaine.

— Je ne dis pas; mais Bayard du moins....

— Bayard ne dansait pas.

— Il ne dansait pas, mais....

— Mais il ne jouait pas non plus, capitaine.

— Sacrebleu! cria enfin le capitaine, si Bayard, mon parent, ne buvait pas, s'il ne dansait pas et s'il ne jouait pas, il aimait du moins, et, pour peu que vous en doutiez, mon jeune baron, je puis vous faire voir et épouser un jour sa fille naturelle, qu'on nomme Jeanne.

— Je pensais à lui quand vous m'avez tiré de ma rêverie, capitaine.

— Puisque vous pensiez au chevalier sans peur et sans reproche.....

— Sans peur, oui... repartit impétueusement des Adrets.

— Et sans reproche, s'il vous plaît.

— Sans reproche, non !

— Et que lui reprocheriez-vous, mon jeune baron?

— D'avoir aimé.

— Je vous rendrai à vos parents, dit le capitaine en entendant cette bizarre réponse et en s'éloignant de son protégé, dont il lui était impossible au xvie siècle de comprendre les mœurs.

Le capitaine Charles Alleman se garda bien de renvoyer le jeune baron à ses parents; il préféra le mener avec lui à Naples, quartier général de l'armée française, et où le prince d'Orange vint, à la tête de onze mille cinq cents hommes, menacer Lautrec. C'étaient onze mille cinq cents pillards allemands, espagnols et italiens, tantôt braves jusqu'à la frénésie, tantôt lâches jusqu'au délire, mais toujours assassins et voleurs. Lautrec et Laval moururent dans cette campagne, et des Adrets passa dans la compagnie de Guyot de Maugiron.

Le jeune baron des Adrets ne sortit, en 1532, de la compagnie de Guyot de Maugiron qu'en prenant le titre de guidon dans celle de Claude d'Urre, seigneur Dupuy-Saint-Martin. On sait que le grade de guidon répond à celui de lieutenant. Il servit trois ans sous ce nouveau chef. Claude d'Urre étant mort, George d'Urre le remplaça; mais des Adrets, irrité de l'injustice que lui faisait ce dernier en ne lui conservant pas sa lieutenance, se retira en Dauphiné, dans son château de la Frette. Il avait vingt-six ans quand il revint dans sa famille.

On est peut-être curieux de connaître dans quelles proportions la nature avait jeté cet homme formidable, destiné à jouer un si grand rôle dans l'histoire des guerres du midi, et par quel aspect il se distinguait de ses contemporains. Le baron des Adrets avait la taille, le développement, la force d'un géant. Ses os étaient de fer comme la cuirasse clouée sur son maigre corps; son visage, long et rentré aux joues, était assombri par un teint de bronze qui se constella dans sa vieillesse de taches fauves et noires; son front, parfaitement beau, s'ouvrait sous deux rideaux de cheveux noirs, doux et soyeux; son nez était despotiquement aquilin comme celui des empereurs romains qui ont fait empoisonner; ses yeux noirs et caves, enkystés dans l'orbite, rayonnaient d'une douceur cruelle et d'un calme à faire trembler; ses longues joues ravinées allaient se perdre dans le cordon de barbe qui partait de son oreille et se terminait à son menton pointu comme son nez d'aigle, si jamais aigle a eu pareil bec; sa moustache coulait dans sa barbe en recouvrant sa bouche, pas assez cependant pour empêcher de voir saillir la lèvre supérieure, beaucoup plus avancée que la lèvre inférieure, et cette conformation lui prêtait l'aspect d'une bête fauve qui se lèche après avoir dévoré sa proie. La plus haute et la plus souveraine intelligence jaillissait de tous les points de cette tête, dont on peut voir l'image terrible au cabinet des estampes. Un triangle dont le sommet serait en bas, et dont la base, par conséquent, formerait le crâne, rendrait selon nous, avec quelque vérité, la coupe fine, géométrique, mais atroce, de cette tête renflée derrière pour fuir en talus et avec rapidité vers un cou long et maigre, thermomètre infaillible d'un cœur froid et sec. La royauté et l'effroi brillaient mélancoliquement sur ce type de race, figure grande et sinistre avec laquelle on pourrait faire une hache ou un duc de Guise.

C'est dans ces dernières campagnes d'Italie que le brave des Adrets fit connaissance d'un aventurier de son pays nommé La Coche, ou plutôt le capitaine La Coche. C'était un de ces hommes que les militaires connaissent et distinguent à première vue. D'où viennent-ils? Nul ne le sait. Quel âge ont-ils? Personne ne peut le dire. Depuis quand sont-ils capitaines? Qui serait assez fort pour répondre à une pareille question? Qu'ont-ils fait pour obtenir ce grade de capitaine? Ne cherchez pas, vous ne trouveriez jamais. Ils sont capitaines, ils ont été capitaines, et ils mourront capitaines, voilà tout. Le capitaine La Coche, l'ami du baron des Adrets, était le capitaine le plus petit, non-seulement parmi les capitaines, mais parmi les soldats, défaut bien plus choquant autrefois, lorsque la taille marquait presque le rang à l'armée. Il excitait le rire avec sa lourde cuirasse sur son corps trapu, ramassé en boule, et son casque posé sur sa petite tête vive, charnue, percée à la vrille de deux petits yeux d'écureuil, un peu rouges, très cyniques. Il avait le nez gros, renflé, et qui produisait un bruit de trompette lorsqu'il se mouchait, ce qu'il ne manquait jamais de faire au plus fort du combat, du pillage ou du meurtre. « Le capitaine La Coche se mouche, » cela signifiait que l'action chauffait. Son menton affectait la forme ronde, lustrée et rose de la tomate, et contribuait, par son renflement fendu au milieu, à la joyeuseté de son visage gras et plein, aimable au possible. Sa tête était dans son cou, son cou dans ses épaules, et ses épaules d'Atlas écartaient les écailles de sa cuirasse, lorsqu'il s'amusait à repousser intérieurement son haleine pour faire, comme on dit, le fort. Ses bras étaient courts, mais tout muscles, comme ses jambes faites de pelotes de bronze. Il mangeait, il buvait, et dormait énormément.

« Baron, lui dit le capitaine La Coche, quand ils touchèrent à la première enceinte du château de la Frette, allons-nous rancir longtemps comme du vieux lard entre ces quatre tours carrées?

— Tant que nous n'aurons pas une bonne guerre et des chefs de notre goût.

— Et quand viendra la guerre?

Le baron répondit en soupirant :

— Je n'en sais rien. Le bon temps est passé, La Coche.

— Ah! oui, dit le capitaine La Coche: je l'ai connu ce bon temps, moi qui étais au sac de Rome avec M. de Bourbon, qui y fut occis.

— Un rebelle.

— Il n'y a que ça de bon. Il fallait voir comme nous menâmes les affaires, une fois dans Rome ! Nous mîmes le feu aux quatre coins de la ville, qui flamba comme un cent de fagots. Il faisait chaud : nous fîmes des grillades de cardinaux arrosées de fameux vins... J'en sens encore le goût aux lèvres, ajouta le capitaine La Coche en se débarrassant de son casque pour donner un peu d'air à son récit. Je remplis ma salade que voilà d'or, de diamants, de calices, de ciboires; elle en regorgeait. Je volais du matin au soir dans les couvents, les monastères, les églises; j'aurais volé les cloches, si j'avais pu les emporter. J'appelle cela faire la guerre. Et vous, baron?

— Tu as raison, La Coche.

— Voilà un pays béni! Mais qu'y a-t-il à prendre ici?

— Rien, répliqua tristement le baron.

— Rien à écorner, rien à tondre que des vassaux pelés jusqu'aux os.

— Pas un coup d'épée à donner, murmura le baron.

— Tandis qu'en Italie, à Rome, dont je ne me lasserais pas de parler, nous ne tirions jamais la lame du fourreau sans la retirer rouge jusqu'au manche.

— Tu as beaucoup tué, toi, capitaine La Coche? demanda des Adrets avec l'envie aux lèvres et dans les yeux.

Le capitaine La Coche, avec un demi-sourire plein de finesse et de modestie :

— Pour passer le temps..... Il fallait bien..... Cependant jamais sans motif, entendons-nous. Tantôt parce qu'on me refusait du vin que nous ne voulions pas payer...

— Ivrogne !

— Tantôt parce qu'on ne voulait pas me dire où était caché l'argent...

— Cupide !

— Tantôt par amour... On faisait des façons...

— Libertin !

— Tantôt..

— Capitaine La Coche? interrompit le baron.

— Baron?

— Tu n'as donc jamais tué pour tuer, uniquement parce que cela te plaisait, comme de boire quand tu as soif? Tiens, capitaine La Coche, il me semble que tu as donné dans le grossier. Avec ton penchant, je t'aurais cru des goûts plus relevés. Vois-tu ce précipice ouvert sur l'un des flancs de mon château, au fond duquel il roulera un jour.

— Si je le vois ! répondit le capitaine La Coche en se signant. Il n'est qu'à cent pas de nous, et j'ai le frisson, rien qu'à le voir. Les aigles et les corbeaux partis de la vallée s'arrêtent en chemin dans leur vol, tant il est profond. Son aspect me donne la petite mort.

— Que penserais-tu, capitaine La Coche, d'un homme qu'on pousserait doucement au bord de ce précipice,... qu'on pousserait encore un peu plus, et puis encore un peu plus, jusqu'à ce que ses pieds, ses genoux, sa tête et l'abîme ne fissent plus qu'une seule ligne droite comme un I?

— Ah ! diable ! fit le capitaine La Coche en s'agitant comme s'il eût été à la place de l'homme planté au bord du précipice.

— Et puis, reprit tranquillement le baron, quand cet homme tremblerait de tous ses membres, quand, en équilibre sur le revers glissant du rocher, il verrait tout tourner autour de lui comme une fronde, que son cerveau serait en proie au délire de la peur, que ses genoux fuyants rentreraient dans son corps, que ses dents claqueraient, qu'il aurait, par l'effet de cette terreur, le cœur blanc comme son visage, les cheveux hérissés, les doigts écarquillés d'épouvante ; que ses yeux, grands ouverts, verraient les pointes des rochers qui vont le trouer, le renvoyer de pic en pic, le briser, le morceler, que dirais-tu, capitaine La Coche, si on le poussait vigoureusement par les reins?

— Je dirais : Bien fait ! répondit en riant le capitaine La Coche, et en se mouchant d'une manière si aiguë qu'on dut accourir du château ; je dirais : Bien fait ! si on faisait cela pour de l'or, pour dépouiller l'homme après l'avoir prié de descendre.

— Tu ne seras jamais qu'un pillard, dit le jeune baron des Adrets au capitaine La Coche, en haussant les épaules et en entrant avec lui dans son vieux château de la Frette.

Les ruines du château de la Frette appartiennent aujourd'hui à M. le marquis de Marcieu. Elles rampent à terre sous les lianes et le lichen, entre le village de la Terrasse et celui du Touvet. Il s'en détache de loin en loin, au milieu du grand silence de la vallée, quelques débris qui n'ont pas même la force d'aller troubler les eaux bleu d'ardoise de la rivière, car l'Isère coule, serpente, gazouille au pied des hauteurs rigides qu'occupait jadis le manoir des Beaumont. Il dominait les méandres tracés par la syrène dauphinoise en s'adossant contre un mur de rochers âpres, nus, taillés à pic, tandis qu'autour de lui et devant lui s'étalait et s'étale encore une végétation opulente comme en Lombardie, verte comme en Suisse. De la plate-forme de la grosse tour, on découvrait, au-delà de l'Isère, les pentes boisées de la rive gauche ; au-delà des pentes boisées, rampes de velours vert, les forêts de sapins ; au-delà des forêts de sapins qui ondulent, les pâles glaciers, les rochers des Sept-Lacs et de Belle-Donne.

Comme celui du connétable de Lesdiguières, le château de la Frette renfermait dans ses vastes murailles, plusieurs fois repliées sur elles-mêmes, un parc, des jardins, des eaux, et tout ce qui pouvait adoucir, au xvie siècle, l'existence rude et monotone des seigneurs féodaux. Quant à l'intérieur, c'était une suite de pièces longues, hautes et froides, communiquant l'une dans l'autre par des portes basses, faciles à murer, afin que chaque division du château devînt au besoin un lieu de défense. Deux tours pouvaient, par la rupture ou le retrait d'un pont, se changer en un bastion imprenable, et servir à reconquérir le reste de la forteresse compromise. Tout était construit en vue de la défense et de la fuite. Les escaliers étaient raides, étroits, tortueux, obscurs. « Avec un sac de noix et deux allumettes, disait le baron des Adrets, je veux empêcher une armée d'ennemis de s'introduire dans l'escalier de mon château, et les enfumer quant et quant. » Il n'eut jamais besoin de recourir à ces moyens pleins d'humanité, car on n'osa jamais venir le relancer dans son aire, lui qui, comme on le verra plus loin, porta l'incendie, le carnage et la mort dans tant de châteaux.

La chapelle du château de la Frette était dans les parties basses de la construction, et ne recevait le jour que par les fossés. On y descendait par un escalier tordu en colimaçon, au pied duquel s'ouvrait une chaire en bois de chêne. Les armoires, faites du même bois, travaillé dans le goût du temps, renfermaient des reliques apportées des croisades par les chevaliers de la maison de Beaumont, qui étaient allés en Terre-Sainte. A chaque angle des murs de la chapelle était fixée une bannière aux armes de la famille, brodée par des femmes, et qu'on promenait dans diverses circonstances particulières. L'une était sortie pour implorer la pluie après de longs mois de sécheresse, l'autre pour faire cesser l'épidémie quand elle désolait le canton; mais elles étaient toutes déployées les jours solennels de Noël, de Pâques et de la Fête-Dieu. Suivies de tous les vassaux, elles se montraient au fond des vallées au sommet de la montagne et le long du fleuve, au milieu des

chants, des encensoirs et des pluies de fleurs. De lumineux
vitraux, qui venaient ordinairement de la Suisse, où l'on
excellait à les peindre, épanouissaient leurs vives couleurs sur
ces objets d'un culte sévère et simple, et remplissaient la
chapelle de lueurs douces qui augmentaient dans l'âme le sentiment de la piété. L'épée du maître du château, tant qu'il
n'était pas à la guerre, reposait au pied de l'autel, afin qu'elle
participât à l'efficacité des prières dites chaque jour dans ce
saint lieu, et qu'elle acquît une force invincible par ce contact
béni.

En remontant cet escalier, creusé dans les fondations même
du château, on parvenait au rez-de-chaussée où était la *salle
des armures*, sombre collection de tous les casques, de toutes
les cuirasses et de toutes les masses d'armes ayant appartenu
aux Beaumont depuis des siècles. Les armures se succédaient
par ordre chronologique; ainsi toute la race se trouvait repré-
sentée à ce congrès de fer. C'était l'histoire du temps : on la
croyait impérissable sous cette forme : c'est celle qui a le
moins duré. Dix lignes écrites par Commines ou Froissart ont
consigné des noms et des faits qui ne peuvent plus mourir,
tandis que les plus fines armures de Milan et les plus solides
épées de Tolède ont été mangées par la rouille ou cassées
sur le genou des révolutions, qui en ont jeté les morceaux
dans la forge pour en faire des clous.

Le donjon ou tour principale du château des Adrets avait
quatre étages, auxquels on parvenait par des escaliers à vis appliqués à l'extérieur et protégés par de petites tours. Quelquefois cet escalier était creusé dans l'épaisseur du mur, ce qui
était préférable en cas de siége. Le premier étage du donjon
était affecté au logement des gens de service, à l'arsenal et à
la garnison du château ; et comme il importait beaucoup, dans
les prévisions d'un siége, de le mettre à l'abri des projectiles,
il n'était percé que d'un très petit nombre de croisées étroites
par où la lumière parvenait à peine à s'introduire. Ce premier
étage du donjon était nécessairement très obscur. Beaucoup
plus aérés, beaucoup plus clairs, le second et le troisième
étages offraient des pièces un peu moins incommodes. Le
troisième étage du donjon supportait quelquefois un balcon

d'où le seigneur à certains jours de l'année, dans les grandes occasions, daignait se montrer à ses vassaux. Le quatrième et dernier était la plate-forme même de la tour, d'où la vue plongeait dans tous les sens sur la campagne et où l'on plaçait la cloche d'alarme. Telle était la destination du donjon. Plus tard, ce fut la tour placée le plus près de la porte d'entrée qui devint le séjour de prédilection des seigneurs. Ils ne la quittaient qu'au moment d'une attaque dirigée contre le château; dans ce cas, ils se hâtaient d'aller habiter le donjon, où il était plus difficile de les surprendre et de les vaincre.

La salle où se tenait la famille était la plus grande du château après la salle des armures. On l'appelait la *salle ménagère*. Sa seule parure était la cheminée, qui occupait tout le fond de l'appartement, sauf le coin où se dessinait une petite porte de sortie, cachée par un rideau de grosse serge verte ou violette. Son manteau, qui tombait en s'évasant comme un pavillon jusqu'au milieu de la pièce, offrait un sujet mythologique peint par les meilleurs artistes du temps. Voisins de l'Italie, les châteaux du Dauphiné ont été presque tous construits et décorés par des architectes et des peintres de cette intelligente contrée. Sur dix manteaux de cheminée huit au moins représentaient les travaux d'Hercule, conception symbolique qui plaisait beaucoup et par-dessus tout à ces sauvages châtelains, aux yeux desquels rien n'entrait en parallèle avec la force. Les parquets des appartements étaient formés, ainsi que dans tous les châteaux, et cela jusqu'à la fin du XVIᵉ siècle, de chaux battue et aplanie. Les chambres suivaient à la file les principales dépendances du château, dont les combles restaient toujours vides. C'est l'économie moderne qui a créé le cinquième étage, les mansardes, les chambres des domestiques. Excepté le donjon, les autres tours n'étaient ordinairement habitées que jusqu'au tiers de leur hauteur; elles avaient partout, ainsi qu'à la Frette, des destinations distinctes. Le chartrier était dans une tour, le trésor dans l'autre, et, quand le château avait quatre tours, on y plaçait aussi la chapelle et la salle de haute justice.

La *salle ménagère* était précédée d'une autre pièce moins

privée et encore plus nue qui servait aux audiences, aux réceptions, et qui, si le degré de souveraineté du seigneur le
permettait, se transformait en cour de justice. Une estrade
grossière en occupait le fond : là le seigneur écoutait les plaintes, jugeait les différends et recevait la prestation des hommages. A mesure que la civilisation étendit ses bienfaits et
ses douceurs, ces diverses distributions revêtirent quelque
apparence de luxe. On vit alors, comme au château du baron
des Adrets, les murs se couvrir de tapisseries en cuir da-
masquiné. L'or et la gaufrure, appliqués au cuir avec un art
qui pouvait manquer de délicatesse et de goût, mais non
d'originalité, relevaient le fond sombre de ces tapisseries tan-
nées, dont l'usage n'a entièrement cessé que vers le milieu du
XVIIIᵉ siècle. Quelques châteaux que la bande noire n'a pas
déshabillés ont encore ce riche vêtement, ces tapisseries dont
la cuirasse, comme l'écaille du crocodile, repousserait le choc
d'une balle.

Le parquet de cette pièce, ainsi que celui de la *salle ménagère*, était jonché en hiver de paille fraîche, de feuilles de
roseaux, de fougère ou d'algue marine comme en Bretagne.
C'étaient là les tapis des Bayard, des Jean-sans-Terre et des
Clisson : le baron des Adrets n'en foulait pas d'autre. En été,
la verdure remplaçait la paille; on répandait à profusion sur le
parquet du foin, des mousses ou des feuilles de marronniers.
Si ce tableau prêtait par hasard à la poésie aux yeux de ceux
qui voient tout en beau, pourvu que tout ce qu'on leur montre
soit loin, nous nous hâterions de le réduire à sa déplorable
valeur. Nos seigneurs du temps passé n'étant ni très soigneux,
ni très propres, il arrivait que cette paille et cette verdure, peu
souvent renouvelées, se changeaient vite en fumier, et d'autant
plus vite que les chiens, toujours en grand nombre dans les
châteaux, venaient y prendre leurs ébats.

La chambre à coucher, car d'ordinaire le château n'en contenait qu'une seule, ne brillait pas par un mobilier plus relevé;
on n'y voyait guère qu'un lit de douze à quatorze pieds de large,
dans lequel toute la famille du seigneur et le seigneur lui-même
couchaient. Le long des murs de cette chambre étaient rangés
des bahuts où l'on mettait les habits et le peu de linge qu'on pos-

sédait alors, l'usage des armoires n'ayant été connu que beaucoup plus tard.

La *salle des aïeux* offrait le portrait des principaux membres de la famille du baron des Adrets, et au-dessus de la porte on distinguait les armes de la maison. Elles étaient *de gueule à la fasce d'argent, chargées de trois fleurs de lys d'azur rangées.* Parmi ces portraits on voyait : — Amblard de Beaumont, chancelier de la principauté du Dauphiné sous le dauphin Humbert II ; — ensuite le portrait d'un autre Amblard de Beaumont, qui fit hommage au dauphin de la terre de Montfort en 1428. Sous son portrait on lisait : *Nobilis et potens vir.* Ce membre de l'illustre famille de Beaumont négocia la donation du Dauphiné à la France, fait immense danss notre histoire, et qu'on n'a pas apprécié à sa juste valeur. Venait ensuite le portrait du fils de ce second Amblard de Beaumont, et qui avait pour nom Aimar : il épousa Aimonette Alleman, dont il eut deux fils, Ainard et Jacques. — Après les portraits d'Ainard et de Jacques, qui fut nominalement seigneur de la Tour-des-Adrets, venait celui de George de Beaumont, son fils. Ce George de Beaumont fut le père de François de Beaumont, le trop fameux baron des Adrets.

Le capitaine La Coche et le baron des Adrets, ne sachant comment passer leur temps au château de la Frette, s'avançaient souvent jusqu'en Savoie pour chasser l'ours dans les montagnes, et ils demeuraient des mois entiers au milieu de la neige. Dans une de ces luttes violentes toujours pleines de périls, avec ces hôtes sauvages des solitudes, il leur arriva un jour un accident dont leur imprudence ne pouvait guère les mettre à l'abri, et qui décéla ouvertement le caractère original et cruel du baron. Depuis une semaine, ils guettaient de caverne en caverne, d'arbre en arbre, un ours d'une grosseur prodigieuse, à en juger par les trous qu'il creusait en marchant dans la neige. Ils se promettaient une chasse digne de leur intrépidité. Enfin, après bien des heures d'attente, ils voient venir vers eux de l'horizon la lourde masse, roulant, se dandinant, écrasant sous ses pattes des milliers d'aiguilles de neige. Les deux chasseurs avaient chacun leur redoutable arbalète à la main, des flèches à leur côté, et un couteau à demi tiré de sa gaîne, attaché à leur ceinture. Ils occupaient un plateau étroit qui n'avait qu'un seul point de communication avec la montagne d'où descendait notre ours, calme et heureux comme un souverain qui parcourt ses domaines. Tout autour de ce plateau régnait l'abîme. Il formait le dôme d'une plaine placée à soixante ou quatre-vingts pieds au-dessous de nos chasseurs. En fermant le passage à l'ours, il fallait qu'il fût tué sur le plateau ou qu'il roulât au fond du précipice, à moins cependant qu'il n'éventrât ses deux ennemis. L'événement allait décider. Il était convenu d'avance entre le baron et le capitaine La Coche que des Adrets irait se placer entre le plateau et la montagne, afin de couper la retraite à l'ours, et que le capitaine l'attaquerait à coups d'arbalète. Dans tous les cas cependant, le baron devait, cela va sans dire, venir aussi en aide à son compagnon en décochant le plus de flèches qu'il pourrait contre la bête.

Deux hommes pareils attaquant un ours, l'issue ne semblait pas douteuse. Quand l'animal ne fut plus qu'à vingt pas environ, le capitaine La Coche se démasque et vise; le baron, non moins leste, s'est déjà emparé du passage qui forme détroit entre le plateau et la montagne. La première flèche du capitaine traverse l'oreille de l'ours, qui pousse un léger cri et s'élance contre son adversaire. Une seconde flèche le blesse au côté, ce qui ne l'empêche pas d'avancer toujours sur le capitaine, prodigieusement étonné, non de sa maladresse, car il a toujours atteint l'animal, mais de son malheur. Un peu ému, il lance rapidement un troisième trait à cinq pas de l'ours; mais la défiance du tireur fait cette fois dévier le coup, et la flèche s'engage dans les longs poils du ventre sans léser le cuir. L'ours tombe alors sur lui avec ses hurlements, ses yeux rouges, sa bave, sa langue écarlate et fourchue, et le menaçant d'une meurtrière accolade. Se voyant perdu et sans moyen de fuir, le capitaine La Coche, qui n'a que le temps de jeter son arbalète et de tirer son coutelas, crie au baron des Adrets : A mon aide ! Le baron ne bouge pas ; il reste immobile, il regarde, il ne touche pas à la corde de son arbalète. L'ours, qui va toujours son train, serre, presse, étreint contre lui le capitaine La Coche en roulant au bord du plateau, et si vite, si pesamment, que le malheureux chasseur n'a pas le geste assez libre pour lui enfoncer sa lame dans le cœur. Epouvanté, désespéré, étouffé par l'haleine chaude de la bête, il peut à peine crier : A mon aide ! à mon aide ! Mais l'homme, l'ours, le cri, le hurlement, arrivés à bord du plateau, tombent dans l'espace, dans l'espace effrayant, que le baron, accouru pour être témoin de cette chute, mesure d'un regard plein d'une joie féroce.

Voilà un des plus voluptueux moments de sa vie : en retrouvera-t-il jamais d'aussi beaux ? Un homme lancé dans l'espace et étouffé par un ours ! Pendant plusieurs minutes, il se délecta de la vue du capitaine La Coche se débattant entre les griffes de l'ours et celles de la mort au fond du glacier. Mais, des deux ennemis, quel est donc celui qui se relève, se secoue, gagne un sentier de la montagne à travers la neige et remonte vers le plateau ? Parbleu ! c'est le petit capitaine La Coche, se dit le baron des Adrets ; il a tué l'ours ! En effet, soit que l'ours eût fait matelas sur cet autre matelas de neige, soit que l'heure du capitaine La Coche ne fût pas encore venue, il revenait en essuyant le sang de son coutelas avec la neige.

— C'est toi, La Coche ?

— C'est moi, baron... puisque ce n'est pas l'ours.

— Tu as donc tué l'ours ? Eh bien ! j'en suis bien aise...

Le capitaine La Coche retenait sa colère.

— Il paraît pourtant que vous n'avez rien voulu faire pour me procurer cet agrément.

— La Coche, que c'est beau un homme qui tombe à pic d'une montagne !

Il y a avait de quoi être surpris de ce motif d'admiration.

— C'est beau, dites-vous, baron... vous plaisantez...

— C'est superbe !

— Je ne m'en serais pas douté, murmura La Coche en se tâtant encore pour s'assurer que c'était bien lui.

— C'est un spectacle dont je veux encore te régaler un jour, La Coche.

— Tâchez seulement que je ne sois plus que spectateur, répliqua La Coche, ne comprenant encore rien à ce plaisir.

C'est à la physiologie d'expliquer la singulière passion du baron des Adrets pour ces chutes épouvantables. Quel appétit réclamait en lui la satisfaction de ce besoin monstrueux de voir des hommes lancés d'une grande hauteur se briser les os en tombant? La science a-t-elle une réponse suffisante à cette question? Est-ce de la folie? mais n'est-ce que de la folie? Est-ce de la cruauté? mais n'est-ce que de la cruauté? Du reste, si l'on doute que cette maladie de l'esprit ait existé chez cet homme d'une si mémorable férocité, on n'a qu'à nous suivre dans le récit de son histoire.

Le baron des Adrets avait pour oncle Boutières, général de l'armée de Piémont et ancien compagnon de Bayard. Las de chasser l'ours dans les montagnes, il alla trouver Boutières, alors à Turin, et il obtint de lui le commandement de la partie de la garnison formée de la légion du Dauphiné. La Coche se retira dans le hameau de ce nom, auquel il devait son titre de noblesse, en attendant le retour de son protecteur et de son ami. La séparation ne fut pas longue. Boutières, par suite d'intrigues de cour, ayant perdu en 1544 la faveur de François Ier, résigna son emploi de général et rentra dans le Dauphiné avec son neveu.

Une maladie dont il faillit mourir retint pendant trois ans au château de la Frette le baron des Adrets, empêché par cette raison de se trouver à la grande bataille de Cérisoles, où son oncle Boutières se conduisit comme l'ancien frère d'armes de Bayard. Des Adrets ne devait plus reprendre du service que sous Henri II. C'est dans le cours de sa convalescence qu'il voulut confier à La Coche une partie des projets qu'il mûrissait en silence. Près de son lit étaient ouvertes sur une table des cartes géographiques, et éparpillées sur des fauteuils les nombreuses lettres qu'on lui écrivait de Paris, alors comme aujourd'hui le foyer de l'avenir. Longue et amaigrie, la tête souffrante du malade se souleva et se tourna, appuyée contre une pile de coussins, du côté du petit capitaine. Le baron fit un effort pour lui parler.

La chambre du baron était placée au troisième étage du donjon et en occupait la moitié du diamètre. Tant de poutres grossièrement équarries, tant de supports qui arc-boutaient ces lourdes poutres, se croisaient au plafond, d'où pendaient des nappes d'araignées; l'obscurité de la pièce repoussait avec avantage les maigres filets de lumière filtrant à travers les petits vitraux de plomb. L'impression de tristesse qui tombait sur le front, quand on pénétrait dans cette chambre, s'augmentait des rumeurs confuses, des murmures mornes, des soupirs et des râles plaintifs qui allaient et venaient dans la tour, long tube par où le château ne respirait jamais sans causer un frisson de terreur à ceux qui n'avaient pas l'habitude de ces demeures. Ce ronflement perpétuel dans ces poumons de pierre prêtait aux châteaux une existence fantastique. En les croyant vivants, on croyait vivre aussi dans leurs entrailles agitées. Tout autour de cette chambre demi-circulaire étaient fichées dans le mur des cornes de cerf et des défenses de sanglier. A ces étranges patères pendaient, avec un désordre et un pittoresque augmentés par la chute des toiles d'araignée, des bonnets de chasse, des colliers, des dagues, des chapeaux, des fouets, des étrivières, des couteaux, des laisses pour les chiens, des gantelets, des arbalètes, de gros chapelets. On se peint sans difficulté l'effet bizarre de ces objets de toilette et de ces ustensiles balancés sur les pointes de ces innombrables massacres de cerf, au milieu du brouillard bleuâtre répandu dans la chambre. Entre les deux croisées se voyait le dressoir, buffet à deux étages, sur lequel reposait la rare littérature du temps, à savoir : la Bible, *les Quatre Fils Aymon*, *Oger le Danois*, *Mélusine*, *la Légende dorée*, *le Roman de la Rose*, *le Calendrier des Bergers*. Contre la porte, on apercevait encore, liés par groupes, par faisceaux, par gerbes, des hallebardes, des arcs, des carquois, des rondelles, des flèches, des épées, des instruments de pêche et de chasse, pieux, lignes, gaules, bâtons ferrés, enfin les principales armes offensives et défensives du temps, mais toujours voilées par un nuage de toiles d'araignée. De distance en distance, à partir de cette porte, qui était basse et étroite, jusqu'à la moitié de la chambre, on se heurtait à des coffrets pleins de son. Ces coffrets étaient destinés à garder les cottes de mailles, et le son à les empêcher de contracter de la rouille. Voilà, sauf quelques légères omissions, la description de la chambre du baron des Adrets, et la peinture exacte d'un appartement de seigneur féodal dans un château fort au xve siècle et pendant une bonne partie du xvie. N'oublions pas les chiens cependant, ces gardiens, ces compagnons et ce plus beau luxe de la société féodale après les chevaux. Ils avaient le droit d'entrer partout au château et le privilége de se coucher où bon leur semblait. Depuis le chien du berger jusqu'à l'épagneul, toutes les espèces de chiens pullulaient dans les appartements. C'était leur bon temps. Ils vivaient de la chasse, dont ils faisaient vivre leurs maîtres. Ils avaient des domestiques, des valets et des précepteurs en vènerie. Aussi les lits, les fauteuils, les tables, les bahuts, les appuis de croisée, les escaliers, les cours, étaient couverts de chiens noirs, blancs, fauves, bassets ou lévriers, qui étaient beaucoup plus estimés que les vassaux et les serfs.

D'une voix essoufflée, mais qui n'avait rien perdu de son autorité, le baron dit :

— La Coche, nous nous rouillons ici...

— Je ne le sais que trop, baron.

— Il s'en va temps que je guérisse.

— Plaise à Dieu et à Notre-Dame d'Embrun !... Il nous faut patienter encore quelque temps...

— S'il ne s'agissait que de patienter !... Malheureusement je ne vois pas venir de guerre sérieuse... L'Italie, toujours l'Italie ! il serait bon de travailler à une autre vigne, que je crois...

Après avoir regardé en silence la bonne figure enluminée et bénignement scélérate de La Coche, qui ne savait ce que signifiait cet examen si prolongé, le baron des Adrets dit à demi-voix à son ami :

— Capitaine La Coche, as-tu une opinion arrêtée sur la question qui divise depuis quelque temps la reine Catherine de Médicis, le prince de Condé et le duc de Guise ?

Un coup de soleil n'aurait pas causé une pareille rougeur d'étonnement sur le visage du capitaine.

— Une opinion... pourquoi faire ?

— Je te demande si tu penches dans ton cœur pour les catholiques ou pour les huguenots ?

— Et vous, baron ?

— Quand je te demande ton opinion, dit d'une voix qui marquait l'impatience du malade et l'aigreur de la contrariété le sombre baron, je n'ai pas besoin de te dire la mienne, il me semble...

— Vous avez raison, mais, si elles se ressemblaient, j'en serais enchanté...

— Voyons vite ton opinion... tu me donnes la fièvre.

— Eh bien! mon opinion est que je suis bon catholique.

— Toi! qui as pillé, saccagé, brûlé Rome?

— Il y a si longtemps de cela!

— Alors tu es pour la maison de Lorraine.

— Est-ce qu'elle fait la guerre, la maison de Lorraine?

— Elle en aurait envie.

— En ce cas, je suis pour elle.

— Oui, reprit le baron, mais la maison de Condé la fera aussi, et elle la fera bien...

— Ah! elle aussi... alors, baron, mon opinion est que... mais, des deux maisons, quelle est celle qui la fera le mieux?

— Compte encore une troisième maison qui va la faire, j'espère bien,

— Ah çà! mais toutes les maisons de France vont donc se battre?.... C'est la guerre civile.

Le baron des Adrets montra le jaune safrané de ses yeux malades, le blanc éblouissant de ses dents et les grosses veines de son long cou maigre dans le sourire qu'il laissa échapper à ces mots du capitaine La Coche : C'est donc la guerre civile?

— Et quelle est cette troisième maison qui va croiser le fer?

— Ne parle pas si haut!

— Est-ce qu'on écoute?

— Non, dit finement le baron, c'est que cela me porte à la tête. — Cette troisième maison est celle de Catherine de Médicis.

— Une bonne maison! s'écria La Coche.

— Je crois bien, capitaine. Ainsi, maintenant, tu es de l'opinion de...

— Parbleu! de celle du roi et de la reine, qui doit mieux faire la guerre que les deux autres maisons... Vive le roi!

— Tu pourrais te tromper, La Coche.

La Coche fut interdit.

— Vous croyez... Seriez-vous pour les Guise?... Vivent les Guise? Le baron se tut.

— Pour la maison de Condé?... Vivent les Condé! Mais alors, vertubœuf! vous seriez protestant...

Le baron continua à garder le silence.

— Mais vive qui alors? demanda le capitaine, dans l'embarras de savoir à quel clou il accrocherait son dévoûment, glacé par cette perpétuelle discrétion du baron des Adrets, qui, sans lui répondre, reprit ainsi :

— J'ai l'idée que les choses vont changer dans ce pays... ce pays est malade comme moi... il a la fièvre... mais il ne gardera pas toujours le lit... Il se tourne... il se retourne... Nos seigneurs prennent parti, les uns pour la cour, les autres pour Condé, les autres pour les Guise... Il n'y a pas d'accord entre eux...

— Il n'y en a jamais eu beaucoup, interrompit La Coche.

— C'est vrai, mais il y en a moins que jamais aujourd'hui... J'ai là des lettres menaçantes.... des projets... des complots... cela pourrait très mal finir.

— C'est-à-dire très bien, baron, puisqu'on se battrait.

— C'est ce que j'ai voulu dire, capitaine La Coche.

— Et que ferions-nous, nous autres? reprit modestement et d'un accent angélique le petit capitaine, si l'on se cognait un peu dans nos montagnes?

— Nous disions, reprit le baron des Adrets dont le regard malade s'illuminait de plus en plus, dont les joues livides s'empourpraient, nous disions que les seigneurs dauphinois, les Angelin, les Ferrand-Tête, les Menze, les Maugiron, les Saillan, les André de la Porte, les Dupuy de Montbrun, les Saint-Auban, les Guy Pape, les Mary de Vecs, les de l'Estang et mille autres déploieraient, les uns la bannière du protestantisme, les autres celle du catholicisme, à la grosse tour de leurs châteaux. Et de là les jalousies, les haines, les défis, les provocations, les menaces, les coups, la guerre! La guerre! répéta le baron des Adrets d'une voix si tonnante, qu'il fit trembler les petits carreaux des vitraux de sa chambre.

La Coche fut tellement et si vivement entraîné par le courant de cet enthousiasme, qu'il se moucha. Il se crut les pieds dans le sang, la tête dans l'incendie, les mains dans le pillage. Enfin il put dire, après le temps donné à l'émotion :

— Mais quelle bannière arboreriez-vous à votre grosse tour, vous, baron ?

— D'un accent moins franc que son cri de guerre, le baron répondit à La Coche :

— La légitime.

— Bien ! dit naïvement La Coche... Et la légitime, c'est ?...

— C'est la meilleure, répliqua des Adrets.

— Bien !... Alors nous serions pour les...

— Pour nous.

— Très bien, répéta le capitaine; nous serions pour nous contre les autres.

— Allons, tu commences à comprendre, La Coche. Tu comprendras aussi que, pour faire la guerre avec profit, avec certitude, en hommes d'armes enfin, il importe, avant toutes choses, de bien connaître les lieux où on la porte, les ressources du pays, les rivières qui l'arrosent, les bois où l'on peut se cacher, les montagnes par où l'on arrive sans être signalé, les châteaux forts qu'occupent les ennemis... Moi, je connais mieux l'Italie que le Dauphiné, où je suppose que les trois bannières dont je viens de te parler se croiseront bientôt comme des éclairs; mais toi, qui sais ton Dauphiné...

— Moi, baron, je connais le Dauphiné comme si je l'avais cent fois pillé.

— Que sais-tu du château de Traconnière ?

— Fi donc ! nous n'y trouverions pas une maille à voler... Les Traconnière ont tout donné en mariant leurs filles.

— Il ne sagit pas de leur argent, mon brave La Coche, mais de leurs fauconneaux, de leurs compagnies d'arbalétriers...

— Ne me parlez pas de ce château... c'est une bouteille vide, baron ; à un autre.

— Et la maison-forte de Dorgeoise? penses-tu qu'il y aurait du mal à la prendre ?

— Il n'y aurait que du bien ; les Dorgeoise passent pour avoir les plus beaux diamants.

— Qui donc te parle de diamants ?

— Mais c'est moi qui en parle.

— Voyons, La Coche, puisque tu possèdes si bien la connaissance de notre pays, réponds-moi sans penser à l'or ni aux diamants. Après combien de jours de siége penses-tu qu'on prendrait les châteaux de Champ, de Monestier, de Montbonnet, de Tencin, de Grane, de la Tivolière?...

— Prenons-les tout de suite! s'écria le capitaine La Coche, à qui le baron des Adrets venait de faire goûter le carnage, tout ça regorge de vins, de trésors, de beaux habits, d'étoffes de soie, de tonnes d'or, de tissus d'Orient, de... Mais, s'apercevant qu'il faisait un rêve, il se reprit.

— Pourquoi, baron, vous amusez-vous ainsi de moi? Est-ce que jamais nous ferons la guerre à tous ces seigneurs, tous parents entre eux, presque tous vos parents?...

— La Coche, garde-moi le secret.

— Baron, vous me soupçonneriez?...

— Non; mais toujours est-il prudent de t'avertir...

— Je vous jure que rien ne sortira de ma bouche... Seulement, ajouta La Coche, car il n'était pas si simple qu'il le paraissait quelquefois, voudriez-vous me faire part de ce que vous m'avez confié?

Le baron des Adrets sourit, du moins autant qu'un homme comme lui pouvait sourire, et il dit ensuite : « La Coche, tu vas me nombrer et détailler par écrit toutes les forces renfermées dans les châteaux du Dauphiné, du Lyonnais et de la Provence.... mais malheur à toi si tu t'occupes d'autre chose dans ton travail. Il y a temps pour tout.... Aujourd'hui, sois soldat... dans peu, tu seras conquérant, et par conséquent pillard.

— Votre parole, baron?

— Veux-tu me vendre ta part de rapine dix mille livres de revenu?

Quelques mois après, lorsque le baron fut tout à fait guéri et capable de reprendre le casque et la cuirasse, il reçut de Charles de Cossé-Brissac, maréchal du royaume sous Henri II, lieutenant du roi en Italie, le commandement d'une compagnie de gendarmes. Sa rentrée en campagne ne fut pas heureuse; il se fit battre ou plutôt exterminer par Gonzague, sous les murs de la Mirandole, dont il allait renforcer la garnison. Ses légionnaires furent hachés dans un bois. La revanche ne se fit pas attendre. Brissac, au lieu de blâmer le baron des Adrets, lui donna quatre cents hommes et le nomma colonel général, avec lettres patentes d'Henri II. Gonzague est aussitôt chassé de Parme. Volpiano, où des Adrets reçoit trois blessures, Moncalvo et d'autres petites places fortes éprouvent l'incroyable valeur du baron, que le roi élève au grade de colonel des Provençaux, des Lyonnais et des Auvergnats. Ordre lui est ensuite envoyé de retourner former en Dauphiné quinze compagnies de quatre cents hommes. Ces grades successifs et ces misions importantes lui prêtaient, aux yeux de la noblesse dauphinoise, un caractère de puissance qu'il allait, aux prochains événements, employer au profit de son autorité personnelle, destinée à devenir immense.

Il est temps de dire que la doctrine de Luther, modifiée par Calvin, s'était rapidement propagée dans le midi de la France, et se prêchait déjà publiquement à Romans, à Valence et à Montélimart. Ce n'était pas seulement la nouveauté qui avait séduit les têtes méridionales, beaucoup plus portées, au contraire, par leur organisation ardente, vers les pompes lumineuses du catholicisme que faciles à se passionner pour la forme sévère et froide de la réformation ; mais presque placés sous le joug immédiat de Rome par leur point de contact avec le comtat Venaissin, les peuples de la Drôme, du Rhône et de la Durance avaient en horreur profonde le régime papal. Poussée jusqu'à l'extravagance du fétichisme hindou, la superstition romaine avait fini par compromettre le dogme, la morale et le culte des catholiques. La religion était tombée aussi bas que le blasphème. On croit généralement que la réforme vint porter atteinte dans le midi aux croyances chrétiennes : c'est une monstrueuse erreur. Sans le calvinisme, qui d'ailleurs n'y a pas jeté de profondes racines, le midi tout entier serait devenu une nation d'athées. Il fallait le passage de ce torrent, dont la source était à Genève, pour balayer ces ordures dont le foyer était à Avignon, ville savante, il est vrai, mais savante aussi en toute sorte d'abominations et de crimes, ville d'inquisition et d'assassinats, éponge à poison.

Le duc de Guise, gouverneur de la province du Dauphiné, et son frère le grand-prieur de France, menacent déjà les calvinistes. Aidés de Clermont, de Laurent de Maugiron et du baron des Adrets, alors bon catholique, ils lèvent les troupes pour empêcher l'exercice de la religion nouvelle.

On n'en est pas encore précisément aux mains, mais on se méfie, on s'observe de tous côtés. Les partisans de la même opinion se comptent d'un doigt silencieux; des mots sont dits, des alliances tacites se nouent. On s'aime, on se hait à raison de ces rapprochements ou de ces antipathies qu'accompagne le mystère. Des signaux sont convenus, des couleurs sont adoptées. Bientôt on se prête des serments au milieu de la nuit sur le pont qui sépare deux communes, au fond des vallées ou dans une nuit d'orage. Les femmes participent à cette franc-maçonnerie; elles recueillent des prosélytes, elles brodent des chiffres symboliques, elles composent des prières; elles seront, quand le feu sera ouvert, sublimes ou cruelles. La flamme de la pythonisse brûle déjà sous leurs pieds.

La défiance augmente, la peur grossit; on s'arme de toutes parts pour la cause catholique ou pour la cause protestante, pour M. de Guise ou pour MM. de Coligny et de Condé, pour le roi, c'est-à-dire pour Catherine de Médicis, qui est tantôt avec M. de Guise et tantôt avec M. de Condé.

Quel affreux nuage plane et pèse sur la France! Le midi est déjà sombre; il tonne dans le lointain. Chaque seigneur rentre dans son château en tournant la tête et en mettant la main à sa ceinture. Avant d'entrer, il examine ses murs. Sont-ils bons? leur hauteur est-elle rassurante? Cette porte n'est pas assez ferrée; la rouille de la paix en a mangé les clous : qu'on les remplace vite! Attention aux fossés! attention aux créneaux! attention à tout!

La tempête avance toujours; des correspondances s'échangent, afin de s'encourager dans l'attaque comme dans la défense. On sort peu du château; on ne s'en éloigne pas; on y fait venir des munitions de la Savoie par les montagnes, des armes de l'Espagne par la mer et les fleuves. Le masque est tombé; on va se lancer le défi au visage. Toutes les vieilles haines de provinces, de rang, de familles, de castes, se réunissent dans cette nouvelle, jeune et énergique haine, qui les servira toutes, les suppléera toutes, les surpassera toutes. La

France avait besoin d'une guerre civile, le calvinisme la lui fournit.

Les protestants devaient naturellement commencer l'attaque, puisqu'ils représentaient le parti des mécontents, celui de la rébellion. Leur premier mouvement fut superbe d'audace et de bonheur. Dans aucun pays, la réforme n'eut de pareil début. En un an (1562), elle prend Orléans, Beaugency, Blois, Tours, Poitiers, le Mans, Angers, la Charité, Bourges, Angoulême, Rouen, Dieppe, Caen, Bayeux, Falaise, Vire, Saint-Lô, Carentan, la moitié de la Normandie et la plus grande partie du Dauphiné et de la Guyenne.

Il était temps de songer à la répression. Catherine de Médicis, qui connaissait les hommes de son siècle, première condition pour bien gouverner, se souvint que le duc de Guise, son cher allié, avait un ennemi implacable, féroce, dans la terrible personne de François de Beaumont, baron des Adrets. Elle lui écrivit très secrètement, et voici ses propres paroles : « Qu'il lui ferait plaisir de s'appliquer à détruire l'autorité de la maison de Guise en Dauphiné par quelque voie que ce fût, pourvu que la chose réussît ; que, s'il ne pouvait pas trouver des forces à lui opposer parmi les catholiques, il pouvait en prendre parmi les huguenots ; que ce n'était pas, à proprement parler, *une affaire de religion, mais une affaire politique.* »

Le baron des Adrets accepte de *détruire, par quelque voie que ce fût,* le duc de Guise, c'est-à-dire le parti catholique, puisque le duc en est le chef, et il devient, pour prix de cette résolution, « seigneur des Adrets, gentilhomme ordinaire de la chevalerie du roi, colonel de légionnaires du Dauphiné, de Provence, du Languedoc et d'Auvergne ; élu général en chef des compagnies assemblées pour le service de Dieu, la délivrance du roi et de la reine, et conservation de son état dans ledit pays. »

On ne demandera pas si le baron des Adrets se souvint du capitaine La Coche, quand il eut reçu les pleins pouvoirs de la reine.

— La guerre ! lui cria le baron.

— Me voilà, général, répondit La Coche un peu plus gros encore, si c'est possible, qu'il n'était avant la guerre civile. Et où faut-il la faire, cette guerre du bon Dieu?

— Tu l'as bien nommée; c'est la guerre du bon Dieu. Nous la faisons ici.

— Cela m'arrange; nous économiserons les marches.

—Maintenant, La Coche, tu sais les bons endroits, puisque tu les as couchés par écrit à mon intention.

— A vous y conduire les yeux fermés, baron. Et quand?

— Tout de suite. Endosse la cuirasse, et en avant!

— En avant! répéta le petit capitaine La Coche. Allons-nous en aplatir des hérétiques!... Je ne les ai jamais aimés, à vrai dire.

— Comment! des hérétiques? Que dis-tu, La Coche? il faut s'entendre.

— C'est tout entendu. N'allons-nous pas couper en quatre quartiers ces scélérats de huguenots!

— La Coche, je vous croyais plus éclairé et plus épris de nos saintes vérités. Tiendriez-vous encore au vieux parti de la superstition?

La Coche s'aperçut de son erreur, et il lâcha une grossière bouffée de rire en entendant cette leçon de morale protestante exprimée avec un ton de componction puritaine par le baron, qui ne put non plus retenir le rire dont sa bouche infernale était pleine.

La Coche avait ri comme un diablotin, des Adrets rit comme Satan.

Le baron reprit :

— C'est sur les catholiques, sur ces damnés de papistes, que nous allons dauber.

La Coche laissa voir sur son visage rubicond de chantre de paroisse absolument la même satisfaction que lorsqu'il avait supposé qu'il s'agissait de tuer des protestants.

— Eh bien! répondit-il, je n'ai jamais beaucoup aimé les papistes, à vrai dire; je ne sais si c'est parce que j'en ai tant tué au sac de Rome... Il me tarde de les larder sous l'aileron. Que d'or il y a dans leurs caves et dans leurs oubliettes!

— En campagne donc, La Coche! s'écria le baron en frappant sur sa gigantesque épée.

— En campagne donc! répéta La Coche en frappant sur sa ceinture et sur ses poches.

Au premier appel du baron des Adrets, toute la jeune noblesse dauphinoise, toute la *jeune noblesse libertine*, dit un historien du Dauphiné, se leva avec enthousiasme et courut aux armes. Vienne était déjà tombée au pouvoir des huguenots, qui y avaient commis de graves désordres. Le baron marcha droit sur Valence, que commandait en personne La Mothe-Gondrin, resté fidèle au roi et à la religion catholique.

L'assaut fut précédé d'un jeûne général de vingt-quatre heures, à la suite duquel les soldats du baron jurèrent de travailler de toute la force de leur corps et de leur âme à la perfection du christianisme. Cette journée, si belle et si pure pour l'armée, faillit devenir des plus funestes au capitaine La Coche. Il s'oublia, ou plutôt il oublia le jeûne solennel. Il fut trouvé dans une attitude qui ressemble peu à celle de la prière. On l'amena pieds et poings liés au baron dans un état à ne laisser aucun doute sur son intempérance. Les fanatiques qui le dénonçaient au baron demandaient qu'il fût pendu sans autre forme de procès.

— Mon pauvre La Coche, lui dit le baron, te voilà dans un état qui ne mérite aucune indulgence.

— Aucune! crièrent les gens qui l'avaient garrotté; aucune!

— Quel va être ton sort? lui dit le baron en regardant les branches d'un arbre placé non loin de cette scène.

La Coche ne répondait pas; il savait le sort qui l'attendait avec un juge comme le baron.

— Comment! un jour de jeûne général, tu es gris comme un jour de vendanges ! Tu n'as donc pas lu mon ordonnance?

— Pardon, mon général ; mais votre ordonnance publiée hier imposait le jeûne aujourd'hui...

— Eh bien ?

— Eh bien ! voilà quatre jours que je suis gris.

Devant une telle justification, les accusateurs furent confondus. Il n'y avait pas moyen de pendre un homme pour un délit commencé avant la loi qui le rendait punissable, quoique ce délit durât encore.

La Coche fut délié.

Après sa délivrance, La Coche se tourna vers le baron des Adrets et lui dit : — Une autre fois, quand vous ferez une pareille ordonnance, prévenez-moi huit jours d'avance.

La prise de Valence signala un des premiers exploits du baron dans la carrière des guerres civiles. La résistance fut vive de la part des catholiques, dirigés et commandés par La Mothe-Gondrin, lieutenant au gouvernement du Dauphiné, aussi cruel envers les partisans de la nouvelle religion que des Adrets commençait à l'être envers les catholiques. Les huit mille protestants conduits par le baron, après s'être emparés de Valence, y mirent le feu, tuant, pillant, massacrant au milieu des fumées et des embrasements de l'incendie. La Mothe-Gondrin fut poignardé en pleine poitrine par Jean de Vesc, seigneur de Montjoux, beau-frère de Pierre de Forêts, que Gondrin avait autrefois outrageusement blessé.

Confiants dans la bonté de leur cause et surtout dans leurs forces, les catholiques assiégés dans Valence par le baron poussèrent le dédain et le mépris pour leurs adversaires jusqu'à donner des bals la nuit même de l'assaut général, conduite que devait imiter la ville de Bruxelles quelques siècles plus tard et la veille de la bataille de Waterloo. Ces sortes de forfanteries ne sont pas toujours aussi gaies en finissant qu'à leur début. On ne sait pas qui, en définitive, paiera les violons.

Des Adrets prend donc la ville de Valence : on éteint les danses dans le sang; mais, à l'extrémité d'un quartier baigné par le Rhône, où la nouvelle de la défaite éprouvée par les catholiques n'est pas encore parvenue, un bal composé de jeunes gentilshommes et de charmantes filles de seigneurs se continue à la lueur des torches. Des Adrets en est prévenu; il se rend sous le balcon du palais où se donne ce bal téméraire. — Que rien ne soit changé, dit-il à son bras droit, au capitaine La Coche, qui l'accompagne; il faut que tout le monde s'amuse entends-tu? Rends-toi à ce bal, monte dans les salons, et laisse danser ces braves gens.

— Mais, mon général?

— Non-seulement tu les laisseras danser, mais tu les y forceras.

— C'est autre chose... Si c'est votre fantaisie....

— Vois-tu ce vaste balcon qui donne sur le Rhône?

— Oui, général... C'est le balcon des salons où l'on danse.

— Tu vas faire abattre la balustrade de ce balcon, puis tu ouvriras toutes les croisées...

— Et puis? demanda La Coche en se mouchant...

— Et puis... je croyais te l'avoir dit, tu forceras les catholiques à danser jusqu'à ce qu'ils...

— Jusqu'à ce qu'ils tombent de fatigue....

— Imbécile! jusqu'à ce qu'ils tombent dans le Rhône. Comprends-tu?

La Coche, qui n'avait que trop compris, se moucha plus fort.

— Est-ce tout?

— Ajoute à cela tous les agréments que te fournira ton imagination.

Le baron des Adrets alla ensuite se placer de l'autre côté du fleuve pour jouir en silence du plaisir qu'il venait de se ménager. Debout dans l'ombre, seul sur la rive, il vit d'abord le trouble causé parmi les danseurs à l'arrivée de La Coche et de ses acolytes; il vit les danses s'interrompre un instant, puis reprendre; il vit desceller la lourde balustrade du balcon qui, livrée à son propre poids, roula et s'abîma dans le Rhône; il vit les danseurs effarés et les danseuses à demi mortes entrelacés, poussés de place en place par les lances des soldats de La Coche, arriver en dansant jusqu'au bord du balcon privé de son appui; il les vit tournoyer et se précipiter dans le fleuve; il entendit leurs cris d'épouvante au milieu des sons de la musique du bal, qui ne cessait pas, qui, loin de cesser, redoublait d'animation et de gaieté; il vit même mieux qu'il n'espérait. Le délicieux La Coche trouva en effet dans son imagination de quoi ajouter aux ordres de son maître. Voici ce qu'il y ajouta. Rien que de très simple. A mesure que les danseurs et les belles danseuses passaient devant lui pour se rendre sans s'arrêter au bord du funeste balcon, il mettait le feu à leurs habits, en sorte que ces malheureux, qui tournaient toujours sous la menace des lances, irritaient la flamme attachée à leurs soies, à leurs dentelles, à leurs rubans, et tombaient comme des torches vivantes dans l'onde rapide qui les emportait.

Ce tableau d'une si terrible originalité se détachait sur un fond d'incendie, car Valence brûlait et le baron, qui l'admirait avec une indicible volupté, se tenait dans l'ombre de l'autre côté du fleuve.

Après la mort tragique de La Mothe-Gondrin, des Adrets revêt le commandement en cumulant deux fonctions suprêmes que ces horribles temps pouvaient seuls réunir. Ces titres étaient ceux-ci : François de Beaumont, gouverneur et lieutenant général du roi en Dauphiné, et lieutenant de monseigneur le prince de Condé. Etre à la fois général des deux adversaires, de deux ennemis acharnés, cela passe toute croyance; cela fut pourtant et s'explique. Condé voulait exterminer les catholiques, Catherine de Médicis voulait anéantir les partisans du duc de Guise, qui étaient aussi catholiques. Des Adrets, en servant Condé et Médicis, disait d'abord à Condé : « Je tue les catholiques, non pour le service du roi, mais pour vous être agréable; » et au roi, ou à Médicis, il pouvait également dire : « Je tue les catholiques, non pas pour être agréable à M. de Condé, mais afin de vous prouver mon zèle à servir votre haine pour M. de Guise. » En attendant, il ne faisait du bien qu'aux protestants. Au fond, des Adrets ne fut jamais qu'un fou sinistre, qu'un habile général odieusement maniaque; ce qui ne l'empêchait pas cependant de s'exprimer ainsi en tête de ses ordonnances : *A tous vrais fidèles sujets du roi, notre souverain et naturel seigneur, associés en la confession des églises réformées, et zélateurs du repos et de la tranquillité de ce pays de Dauphiné, salut et paix par notre Seigneur Jésus-Christ.*

Ce zélateur du repos et de la tranquillité du pays de Dauphiné sort de Valence et se précipite sur Tournon. Là le baron sent que sa mission prend deux caractères, qu'il n'est pas seulement soldat, mais missionnaire. Il lui est commandé, comme il le fut plus tard à Cromwell, de détruire la vieille religion catholique et d'enseigner la nouvelle. Les populations tiennent du moins à apprendre ce qu'on les force à pratiquer. Le voilà donc théologien. La Coche passe naturellement second ministre. C'est à Tournon qu'il est forcé, par le vœu des habitants, d'enseigner sa doctrine. Au milieu d'un déjeuner copieux, deux ou trois mille d'entre eux accourent sous ses croisées et lui demandent s'il ordonne ou non de croire à la présence réelle dans le sacrement.

« Réponds-leur que non, dit à La Coche le baron des Adrets, fâché d'être interrompu dans son déjeuner.

— Non! répond La Coche aux habitants; non... il n'est pas nécessaire de croire à la présence réelle.

— Faut-il croire aux saints? demandent-ils encore.

— Que leur répondrai-je, général?

— Dis-leur que non, et qu'ils me laissent tranquille.

— Mes amis, il est parfaitement inutile de croire aux saints. Le général n'y tient pas.

— Mais voilà, mon général, reprend La Coche, qu'ils veulent savoir de vous s'ils doivent croire à l'infaillibilité du pape.

— Réponds-leur que non, morbleu!

— Braves gens, leur dit La Coche, le général ne veut pas qu'on croie davantage au pape... On y a assez cru... Il a fait son temps.

— Et aux anges?

— Mon général, leur ordonnez-vous de croire aux anges?

— Aux anges?... Attends...

— Mon général, ils s'impatientent...

— Eh bien! sacrebleu! laisse-moi déjeuner et dis-leur que j'abolis les anges. Il n'y a plus d'anges, c'est plus simple... Mais ferme vite la croisée, La Coche, car ils finiraient, j'en ai peur, par me demander s'ils doivent croire en Dieu, et je n'ai pas reçu d'ordre à cet égard.

— Mes amis, à dater d'aujourd'hui il n'y a plus d'anges, dit La Coche aux habitants de Tournon en fermant la croisée.

Effrayées par la sanglante leçon infligée aux habitants de Valence, les villes de Romans, de Montélimart, de Saint-Marcellin, imitent la prudente conduite de Tournon; elles se rangent sans combattre sous les drapeaux des religionnaires. Ces villes cependant n'échappèrent pas toujours avec le même bonheur aux atteintes venimeuses de la guerre civile.

Vienne et Grenoble baissent bientôt leur front sous le joug des protestants. La Coche précède dans la dernière de ces deux villes, en 1562, la présence du baron des Adrets, dont le premier soin est d'interdire la foi catholique. Tout prêtre surpris dans l'exercice du culte de cette religion est puni de mort.

Cette même année 1562, les réformés pillent la cathédrale de Grenoble, et mettent en vente les chasubles, les mitres, les reliquaires d'or, les chandeliers d'argent, les missels ornés de diamants. Des Adrets, qui permettait le pillage sans jamais en prendre la plus légère part, souffrit aussi que les anciens dauphins enterrés depuis des siècles dans l'église de Saint-André fussent exhumés et outragés par ses soldats. Tous ces dauphins, premiers souverains du Dauphiné, ayant été scellés dans la tombe avec leurs couronnes, leurs sceptres et leurs anneaux d'or, furent considérés comme des joyaux de bonne prise. On les vendit à l'encan sur la Place aux Herbes de Grenoble, et l'on put entendre cette singulière criée : A vendre dix marcs d'or un dauphin et ses os ! Quelle frappante analogie entre cette profanation et celle des tombeaux de Saint-Denis !

De Grenoble, les protestants se rendent au couvent de la Grande-Chartreuse afin de le dépouiller de ses richesses, fruits de longues aumônes qu'ils y savaient cachées. La rage qu'ils éprouvèrent de n'y rien trouver, car les religieux avaient pris leurs précautions, les excita à mettre le feu à cet asile de paix et d'innocence.

Des Adrets, dont la sinistre renommée grandissait toujours, reprend Vienne en quittant Grenoble ; il s'empare ensuite de Lyon, d'une cité du premier ordre : il la saccage. Il décapite les saints de tous les portiques religieux, scie les colonnes, déchire les toits de plomb pour en faire des balles. 93 n'a rien de plus énergique à opposer à la conduite du farouche baron, moissonnant à travers le midi des villes entières et les emportant sous son bras comme des gerbes. Sa terrible fantaisie se promène partout sans obstacles. Son ivresse guerroyante est au comble. A qui appartient-il maintenant ? A Guise, à Condé, à Médicis ? On ne le sait plus. Il ne relève plus que de lui-même. Chaque chef de parti en a peur. La France frissonne comme un enfant devant les bottes de sept lieues de l'ogre dauphinois.

Pierrelatte, petite ville forte, ose le braver, il y court avec son main terrible, l'honnête La Coche. Il s'empare d'abord de la ville. La garnison du château, trois cents hommes commandés par Vauréas, demande à capituler. — On va les satisfaire, répond le baron en jetant son regard de vautour sur le château perdu à la crête d'une roche aiguë, ébréchée, taillée en dents de scie. Dieu sait les conditions qu'il se proposait d'imposer à ces malheureux! Pendant qu'il dresse les articles de la capitulation, ses soldats forcent les premières portes de l'enceinte, grimpent comme des chats le long de ces arêtes de granit terminées par le château, pénètrent dans la citadelle, et passent toute la garnison au fil de l'épée. Cette violation du droit des gens, s'il y avait un droit des gens à cette époque, trouve son injuste prétexte dans l'esprit de vengeance. Les catholiques qui défendaient le château de Pierrelatte avaient autrefois battu à Orange, dont ils s'étaient rendus maîtres, les protestants qui venaient les attaquer. Ceux-ci avaient donc non-seulement une victoire à gagner, mais une défaite honteuse à réparer. Quand le baron des Adrets apprit cette vengeance, il entra dans la colère du lion à qui l'on emporte le mouton qu'il va dévorer. — La Coche! cria-t-il! La Coche!

La Coche accourut.

— Général...

— Vous avez donc tout tué, maître La Coche?

— Nous vous avons gardé dix prisonniers : c'est tout ce que j'ai pu sauver...

— Une autre fois, je défends qu'on me fasse ma part... Prenez-y garde!

— Oui, général. Et que ferai-je de ces dix prisonniers?...

— On leur donnera la liberté...

— La liberté!

— Oui... mais écoute-moi et réponds-moi. Quelle est la hauteur de la tour du château et du rocher sur lequel elle porte?

— Cent cinquante pieds jusqu'au fond du ravin.

— Cette nuit, un homme sur lequel tu peux compter se glissera parmi ces dix prisonniers, et leur inspirera la pensée de s'évader...

— Mais par où, général?

— Par la tour... et avec une corde que ton homme leur remettra...

— Vous voulez donc sérieusement qu'ils s'évadent?

— La corde d'évasion n'aura que cinquante pieds de long, en sorte que, lorsqu'arrivés au bout, ils se laisseront aller...

— Je comprends, dit La Coche en se mouchant, ils tomberont d'une hauteur de cent pieds.

La nuit suivante vit s'exécuter le plan si ingénieux du baron. Les dix prisonniers, trompés par un traître, croyant qu'il favorisait leur évasion, se laissèrent couler par la corde le long de la tour de Pierrelatte, et ils s'écrasèrent tous en tombant d'une hauteur de cent pieds sur des roches vives et pointues. Cette tour à demi détruite se voit encore de nos jours.

Sait-on ce que répondait le baron des Adrets quand on l'accusait de cruauté? Voici ses propres paroles : *Ce n'est pas faire une action de cruauté quand on la rend; que celle qu'on commence peut ainsi s'appeler, mais que l'autre en est une de justice; que le seul moyen de faire cesser les barbaries des ennemis, c'était de leur rendre la revanche; qu'un soldat ne peut avoir l'épée et le chapeau à la main tout ensemble. La modestie n'est pas bonne pour abattre des ennemis qui n'en ont point.*

Entre Pierrelatte et Avignon, des Adrets apprend la perte de Grenoble ; Maugiron, lieutenant du roi, avait repris cette ville sur les protestants, et en avait confié le commandement au baron de Sassenage. Des Adrets se hâte de courir vers Grenoble; il ne s'arrête en route que pour châtier la ville de Saint-Marcellin et lancer les trois cents soldats de la garnison du haut d'une tour. Cette fois personne ne toucha à son plaisir favori; il y apporta même du raffinement. Il avait pris la ville et la forteresse de Saint-Marcellin le 24 juin, jour de saint Jean-Baptiste. Placé à une meurtrière de la tour, il disait, à mesure qu'il voyait passer devant lui le corps d'un catholique précipité dans l'abîme par ses soldats : *Mes respects à M. saint Jean-Baptiste. Ne m'oubliez pas auprès du grand saint Jean-Baptiste... Saint Jean-Baptiste vous soit en aide!*

L'épouvante répandue par cet acte de barbarie lui rouvre les portes de Grenoble, où il ne reste que quelques jours. Le Beaujolais et le Forez remuent; il court, il les écrase sous son talon. Seul le brave Montclar résiste dans le château de Mont-

8.

brison, et ne se rend enfin qu'après une capitulation qui lui garantit la vie sauve ainsi qu'à cinquante de ses soldats. Le baron des Adrets tint de cette manière sa parole de général : pendant son dîner sur la plate-forme de la tour, il ordonne qu'on lui amène un à un tous les prisonniers; il les conduit lui-même jusqu'au bord, et les prie ensuite de vouloir bien se laisser tomber à deux cents pieds sous eux. Quarante-neuf cèdent à cette irrésistible politesse; un seul revient à deux reprises sur ses pas avec une hésitation fort naturelle...

— *Quoi ! tu le fais en deux ?* s'écrie le baron avec un sourire de pitié.

— *Je vous le donne en dix*, réplique le soldat.

Cette repartie lui sauva la vie. Le baron acheva tranquillement son dîner.

Tant de crimes finirent par blesser les religionnaires eux-mêmes; leur parti se décréditait par ce zèle poussé jusqu'au délire de la cruauté. Responsable à plus d'un titre des abominables excès du baron des Adrets, le prince de Condé envoya, en qualité de son lieutenant général dans le Lyonnais, le Forez et le Beaujolais, Jean de Parthenai, seigneur de Soubise. Des Adrets, qui croyait mériter ce grade mieux que personne, vit dans ce choix une injustice et un outrage. Il en fallait bien moins pour l'irriter. L'histoire a recueilli avec une exactitude admirable les propos qui s'échangèrent entre Soubise et des Adrets, quand le premier adressa au second les reproches dont les protestants et particulièrement le prince de Condé l'avaient chargé d'être l'interprète. Les ménagements oratoires employés par Soubise dans cette entrevue sont au-dessus de tout ce qu'on peut imaginer. On dirait un homme chargé d'entrer dans la cage d'un lion affamé et de s'enfermer avec lui pour l'engager à ne plus manger. Voici ce qu'osa dire Soubise à des Adrets :

« Si on n'était pas content de tant d'illustres services que vous avez rendus à la cause commune, ce serait un triste préjugé pour nous qui ne prétendons que les égaler. En un autre, on appellerait cruauté ce qui en vous passe pour un de ces emportements extraordinaires de la vertu héroïque. Les autres chefs n'épargnent pas le sang de leurs ennemis dans les com-

bats : néanmoins il faut s'accommoder aux sentiments de la
multitude pour la gagner; nous combattons pour la religion
et non pour le commandement. Un peu plus de douceur sera
un lien qui attachera plus étroitement les peuples à nous et
qu'ils ne voudront jamais rompre, parce qu'ils l'aimeront :
tout fuit devant ces conquérants qui tuent tout. N'ensanglan-
tons pas la victoire. »

Ce beau langage n'empêcha pas des Adrets de comprendre
que Soubise le blâmait au nom du prince de Condé et du parti
protestant; sa réponse est très remarquable de forme et de
pensée. « J'avoue que bien des raisons m'ont souvent persuadé
d'user de tout le droit de la victoire dans toute sa rigueur.
Quelles cruautés n'ont pas exercées nos ennemis! Je ne fais
que les imiter, et je ne les ai suivis que de bien loin. On les
loue, si on me blâme. Je n'ai pas offensé l'humanité quand je
lui ai sacrifié des hommes qui suivaient un parti où il y en a si
peu pour le nôtre. Je les ai forcés à nous craindre. Quand
nous allons à eux, la terreur marche devant nous. Leurs villes
et leurs meilleures places m'ont été rendues avant que j'eusse
formé le dessein de les attaquer : elles se sont prises elles-
mêmes pour moi. Nos ennemis voient mes conquêtes avec
étonnement et avec désespoir. Si je change de méthode, je
perds tous mes avantages et je me perds. On ne s'assure jamais mieux ses conquêtes que par les mêmes moyens que l'on
a employés à les faire. »

La glace était rompue. Le baron des Adrets était en défa-
veur. Il eut beau, pour prouver son autorité, faire encore jeter
du haut de la tour de Mornas deux cents catholiques, son règne finissait. Jacques de Savoie, duc de Nemours, négocia la
défection du baron à ce moment d'arrêt dans sa vie orageuse,
vie d'aventures et de triomphes qu'il aurait pu continuer et
prolonger encore longtemps, malgré les remontrances des
chefs protestants, si, par amour-propre blessé, il n'eût aban-
donné leur cause.

Le premier acte de trahison que commit le baron envers son
parti fut la faible défense qu'il opposa aux troupes catholiques
assiégeant Sisteron. Condé et Coligny ne doutaient plus de la
perte de ce chef, qui les avait trop servis. Cossé-Brissac lui
offrit ensuite, pour prix de son concours ou même de sa neu-

tralité, la somme de 100,000 écus payables à Strasbourg. Ces préliminaires avancèrent beaucoup les choses. Dans une entrevue ménagée adroitement, peu de temps après, entre le baron et le duc de Nemours, celui-ci dit nettement :

« — Baron, vous pouvez, sans crainte de passer pour perfide, abandonner des ingrats. »

A quoi des Adrets répondit :

« — Le seul bien public me touche dans les circonstances actuelles et dans le rang que j'occupe. Je convoquerai bientôt les États de la province et les chefs de mon parti, à qui je m'efforcerai de faire entendre qu'une paix, même désavantageuse, est préférable à une guerre que la honte suit de près. Je vous avertirai des résolutions qu'on prendra. Quant à moi, je suis déterminé à verser mon sang au service du roi et pour le repos de la France. »

On ne s'exprimerait pas mieux aujourd'hui pour couler doucement du trône de la popularité dans le lit de la défection. Il tint parole au duc de Nemours : il assembla les États ; mais ceux-ci refusèrent d'accepter la paix aux conditions douteuses qu'il voulait insérer dans le traité avec le duc de Nemours.

Instruit jour par jour de la conduite très louche du baron, Condé ordonne à Pape-Saint-Auban de ramener auprès de lui le traître des Adrets, sous prétexte de lui conférer de plus hauts emplois, au fond pour le révoquer tout à fait et s'emparer de sa personne au besoin ; mais Saint-Auban est arrêté, sa mission est découverte, le baron apprend tout : il s'indigne, il ne veut pas être soupçonné de trahison... La noblesse et le tiers état lui répondent en nommant Crussol gouverneur du Dauphiné ; Crussol était son plus mortel ennemi. Il ne tarde pas à subir les conséquences non moins humiliantes de son changement d'opinion. Valence, la ville qu'il a autrefois conquise, Valence, sa favorite, nie son autorité ; les protestants de cette ville le chassent honteusement de leurs murs. Il fuit, Montbrun l'arrête à Romans et le conduit à Nîmes : rigueur tardive, le traître des Adrets a déjà remis aux autorités catholiques toutes les villes et places fortes qu'il avait prises avec l'aide des protestants, forcés, ainsi désarmés, de signer la paix qu'on leur propose. Un des articles de ce traité stipulait la liberté du baron. Il la recouvre et reprend le chemin de son château de la Frette, qu'il n'a plus revu depuis tant d'années.

Ici nous perdons la trace biographique du capitaine La Coche ; il disparaît derrière la fumée rougeâtre des guerres civiles, loin d'être finies par la conversion du baron des Adrets. La Coche dut mourir capitaine ainsi qu'il avait vécu.

Des Adrets resta caché un an entre les quatre tours de son château de la Frette, enveloppé de la malédiction des huguenots et de la suspicion des catholiques. La cruauté l'avait fait grand, la trahison le rendit vil ; le crime lui aurait laissé sa réputation de grand capitaine ; par l'abandon de ses principes, il ne nous a transmis que le nom d'un mauvais génie.

Sa vie domestique est si écrasée sous le poids de sa vie d'homme de parti, qu'on n'y découvre aucune affection douce à signaler. On n'apprend qu'il avait deux fils que par leur mort tragique : l'un périt au milieu des assassinats de la Saint-Barthélemy, l'autre au siége de la Rochelle. Qu'il est triste de voir cet illustre scélérat devenir colonel du roi et reprendre une à une, comme catholique, les villes qu'il avait si énergiquement conquises comme huguenot! Il comprit si bien lui-même son abaissement profond, qu'il refusa d'accepter des mains de Charles IX le collier de son ordre. Rien ne peut plus adoucir son chagrin farouche, ni le bonheur d'avoir échappé à un assassinat, ni la gloire dont il se couvrit à la bataille de Montcontour. Pour dernier châtiment, ceux de son parti, du parti catholique, l'accusent de conspirer contre la France avec Ludovic, comte de Nassau. On l'arrête, on le conduit ignominieusement au château de Pierre-en-Cise, à Lyon. Il demande à se justifier. Présenté à Charles IX, alors à Saint-Germain, il sollicite de la bonté du roi la faveur de se battre en duel avec ses accusateurs. Il avait alors soixante ans. Le roi le relève de l'accusation, et le reprend à son service. Il ne jouit pas tranquillement des avantages de la commisération royale. Les haines du parti qu'il avait quitté, et celles du parti auquel il s'était voué, le chassèrent de nouveau au fond de ses terres de la Frette, où il planta et laboura avec le calme d'un Cincinnatus.

Il sortit de son manoir sombre et solitaire quelque temps après. Pardaillan, le fils de La Mothe-Gondrin, poignardé à Valence, avait parlé à Grenoble d'une façon injurieuse du terrible baron, ennemi cruel de son père. « Si je le rencontre jamais, avait-il dit, je le traiterai comme il le mérite. » Des Adrets se rend à Grenoble, et, en face de Pardaillan, il dit à haute voix : « J'ai quitté la solitude et revu le monde, pour satisfaire quiconque a de la rancune contre moi. Mon épée n'est pas si rouillée, ni mon bras si faible et mes forces si diminuées par l'âge, que je ne puisse bien encore faire tête à tous ceux qui ont quelques plaintes à me faire. » Pardaillan se tut, des Adrets regagna à pas lents la Frette.

Son habitude était de se promener au soleil, sur la grande route, un bâton à la main. Un jour, l'ambassadeur de Savoie, qui se rendait à Grenoble, l'aperçoit ; il s'arrête, descend de voiture, le salue avec respect et lui demande ensuite ses commissions. « Je n'ai rien à vous dire, sinon que vous rapportiez à votre maître que vous avez trouvé des Adrets, son très humble serviteur, dans un grand chemin, avec un bâton à la main et sans épée. »

Il vécut encore un an dans les pratiques de la plus austère piété et de la piété catholique. Il avait eu deux fils et deux filles ; les deux fils moururent sans postérité, les deux filles ont laissé une descendance dont quelques rameaux fleurissent encore honorablement. Sa femme était de la martiale maison de Gumin-Romanesche.

Son nom a rempli le monde d'épouvante pendant près d'un siècle, et l'ébranlement n'a pas cessé surtout dans le midi. Le peu de lignes qu'il a écrites au courant des batailles dénotent, comme nous l'avons prouvé, une main qui aurait été aussi ferme à tenir la plume que l'épée. Il a eu cela de commun avec les grands capitaines. « Pourquoi, lui disait-on un jour, n'avez-vous pas été aussi heureux à la tête des catholiques que lorsque vous commandiez les huguenots ? » Il répondit : « Étant avec les huguenots, j'avais des soldats, et depuis je n'ai eu que des marchands. Je n'ai pu fournir des rênes aux premiers, et les autres ont usé mes éperons. »

Sa devise était :

IMPAVIDUM FERIENT RUINÆ.

Il oubliait qu'Horace recommande cette fermeté à l'homme juste, s'il veut égaler Hercule et Pollux, et non à l'homme cruel dont le courage est un vice de plus.

L'histoire et la poésie ont le droit de demander compte à l'écrivain de l'utilité qu'il trouve à la résurrection laborieuse de ces habitations qui ont vu fermenter dans leurs sombres carrés de pierre des passions si extraordinaires. Elles ont d'autant plus ce droit, qu'elles ne moissonnent jamais dans le passé avec leur serpe d'or, sans en rapporter une leçon ou un charme. La leçon est grande ici. A deux fois, cette fougueuse province du Dauphiné a entrepris, par la main sacrée de ses gentilshommes, une immense révolution. La première fut une révolution religieuse, la seconde une révolution sociale; la première tua au nom du Seigneur, la seconde au nom de la liberté; l a première, sous peine de mort, forçait les hommes à aller au prêche; l'autre punissait de mort quiconque allait au prêche ou à la messe. Au XVIᵉ siècle, Lyon fut saccagé par les démocrates religionnaires; au XVIIIᵉ siècle, il le fut par les démocrates révolutionnaires. Au XVIᵉ siècle, la Saône, qui passe d'un côté de la ville, fut rouge de sang; au XVIIIᵉ siècle, le Rhône, qui passe de l'autre côté, fut ensanglanté. Au XVIᵉ siècle, Collot-d'Herbois s'appelait le baron des Adrets; au XVIIIᵉ, le baron des Adrets s'appelait Collot-d'Herbois. Au fond, ce fut la même révolution, puisque le but était le même : mettre une conscience nouvelle à la place d'une conscience ancienne. Toutes les deux se trompèrent, et toutes les deux réussirent. Elles se trompèrent en ce qu'elles voulurent tout faire, ce qui est impossible même à Dieu, qui prend le temps pour auxiliaire; elles réussirent en ce que l'une rendit le pouvoir spirituel plus sage, l'autre le pouvoir temporel plus humain. La première, des catholiques dépravés, tombés au dernier degré de la superstition, prétendit faire des protestants rigides : elle a obtenu des chrétiens ; l'autre ne voulut créer que des sans-culottes : elle a produit des honnêtes gens. Mais, sans ces révolutions, il est douteux, on peu le croire, que la France eût conquis dans ses provinces méridionales ces beaux résultats. Achetés chers, ils doivent être conservés avec plus de soin et d'affection.

Quant à la blanche sœur de l'histoire, la poésie, elle a des tableaux sublimes où reposer sa vue quand elle passe, en soulevant sa robe diaphane, à travers les sentiers de ce Dauphiné si grave et si pittoresque, à demi vert, à demi blanc de neige. Toutes les crêtes de ces montagnes qui courent du Mont-Blanc à la mer sont couronnées de vieux châteaux-forts couverts de lierres qui les garnissent d'une dentelle délicate. Au coucher du soleil, ils affectent des formes mélancoliques ou terribles. Là on dirait des tombeaux brisés ; là, des fournaises pleines de charbon embrasé, ou les murs de Dité, la ville dont Dante a fait la capitale de son enfer ; là, des siéges de granit où vont s'asseoir les grands vassaux, les seigneurs suzerains. La Frette est la carcasse d'un monstre difforme dont le baron des Adrets était l'âme. Qu'on juge de l'âme par les débris du corps, de l'homme par son squelette.

BOURET

« Vous êtes bien homme à n'avoir jamais vu Marly, venez, monsieur, je vous le montrerai. » Ce furent ces simples paroles, mais dites par Louis XIV, qui décidèrent enfin un riche fermier général à prêter encore une fois quelques millions au grand roi, auquel il en avait déjà tant avancé. Son cœur d'argent, d'abord impitoyable, se fondit à cette invitation, faite avec le ton caressant que savait si bien employer Louis XIV pour humilier les grands en parlant aux petits et pour obtenir des petits l'or et les services qu'il ne pouvait demander aux grands.

On sait que le fermier général fut présenté à Marly, et que beaucoup de millions ne purent trop payer cet honneur sans exemple; mais l'honneur entraîna des inconvénients. Depuis cette présentation, tous les gros financiers mirent pour condition tacite, lorsqu'on eut recours à eux pour quelque fameux emprunt, qu'on leur ménagerait une entrevue avec le roi.

L'exigence était forte ; beaucoup de courtisans la trouvèrent monstrueuse, même sous le règne de Louis XV, où l'on commençait à se relâcher un peu de la rigoureuse étiquette du siècle précédent. Elle était forte sans doute, mais elle attestait l'admirable égalité de la dette sur la terre; elle était le symbole lointain de Sainte-Pélagie et de Clichy, qui devaient voir un jour tant de marquis, de ducs et de princes illustrer leurs murs et leurs verrous.

Cependant, comme il fallait payer les dettes de la cour, quelque fierté qu'on eût, on finissait par fermer les yeux sur les prétentions de tous ces hommes d'argent; on se voilait le visage, et le scandale se consommait à la face tantôt de Marly, tantôt de Versailles, tantôt de Saint-Germain. Le roi recevait le financier.

On connaît, par tradition, l'immense fortune du financier Bouret (1). Où l'avait-il gagnée ? Je pourrais répondre comme répondit le marquis de St...-S... à un de ses créanciers qui lui demandait quand il serait payé : — *Vous êtes bien curieux, monsieur !* Peut-être l'avait-il gagnée dans le sel, peut-être dans les farines, comme les frères Pâris, peut-être avec rien, supposition la plus probable de toutes, car l'argent est comme l'huile : il n'y a qu'à en battre longtemps et avec adresse quelques gouttes pour former des montagnes d'écumes. Il est hors de doute toutefois que Bouret dut le commencement de sa grande fortune à la fourniture du blé, puisqu'en 1747 la Provence fit frapper une médaille en l'honneur de ce fermier général qui lui avait procuré du grain pendant une disette sans vouloir accepter d'autre indemnité que cette haute marque d'estime de toute une contrée reconnaissante.

Bouret était on ne sait combien de fois millionnaire; un moment son papier fut préféré à l'or même au fond des Indes. A l'époque peu puritaine de sa prospérité, c'était sous le roi Louis XV, on disait qu'il en usait en galant homme et en homme galant. Il faut entendre par là qu'il avait sa petite maison du faubourg, de nombreux amis à sa table, ses grandes entrées dans les plus célèbres boudoirs, des chevaux de race,

(1) Quelques-uns l'appellent Bouret, d'autre Bourette. Voltaire, qui connaissait beaucoup le célèbre financier, écrit Bouret.

et qu'il donnait de délicieuses soirées dans des salons où l'or de ses coffres semblait avoir germé en arabesques le long des murs.

Grâce à ses libéralités, à ses prêts, à sa table, Bouret a été épargné par les écrivains du xviiie siècle. Voltaire seul, dans un mouvement d'humeur échappé à sa vieillesse morose, attaqua le luxe de Bouret; Voltaire, lui qui s'était écrié autrefois : « Oh! le bon temps que ce siècle de fer! » il ne se souvint pas des bons rapports qu'il avait entretenus, comme on le verra plus loin, avec l'opulent financier. C'est à Bouret qu'il fait directement allusion dans un pamphlet intitulé *Requêtes aux Magistrats,* lorsqu'il dit par la bouche du peuple, qui se plaint du carême : « On nous déclare que pendant le carême ce se-
« rait un grand crime de manger un morceau de lard rance avec
« notre pain bis. Nous savons même qu'autrefois, dans quelques
« provinces, les juges condamnaient au dernier supplice ceux
« qui, pressés d'une faim dévorante, avaient mangé en carême
« un morceau de cheval ou d'autre animal jeté à la voirie, tan-
« dis que dans Paris un célèbre financier avait des relais de
« chevaux qui lui amenaient tous les jours de la marée fraîche
« de Dieppe. Il faisait régulièrement le carême; il le sanctifiait
« en mangeant avec ses parasites pour deux cents écus de
« poisson. »

Nous ne répéterons pas avec son siècle que Bouret ouvrait une voie heureuse à ses revenus en les faisant couler ainsi ; mais nous regretterons toujours la perte des caractères comme le sien dans notre société sans caractères. Aujourd'hui le financier enrichi cache son or dans ses capitaux et ses capitaux dans le fond bien ténébreux de la province, ou ce qui est pis, dans les souterrains des banques étrangères. Tout se réduit à quelque chiffre qu'on se passe de main en main. On n'est riche que mathématiquement. Aussi, plus de grandes folies à faire parler toute l'Europe, comme celles des Brunoy et des Lauraguais, et, ce qui vaut mieux, de ces folies à faire travailler les artistes, ici avec le bronze et le marbre, là sur la toile. Que de tapisseries! que de tableaux! que de meubles n'exigeaient pas ces palais d'orgueil ou de plaisir construits par la finance! Nous lui devrons encore pendant cinq cents ans ces milliers de dieux domestiques dont nous parons nos cheminées et nos tablettes, si précieux encore aujourd'hui qu'on s'efforce de les imiter. Les hommes d'argent avaient imaginé et payé cela quelques années avant la révolution, terrible déménagement pendant lequel on cassa le nez à tant de petits amours et les doigts à tant de jolies bergères en porcelaine de Saxe et de Sèvres. Et que ne leur doit pas aussi la littérature ! Ils se laissaient copier si complaisamment par les romanciers et si facilement mettre en scène par les poètes, et sans jamais se fâcher ! Ils riaient les premiers de leur embonpoint chinois, de leurs gros galons d'or, de leur figure ronde et de leurs propos si pesamment alambiqués. C'étaient de bons petits dieux qui se laissaient frapper sur le ventre.

Comme son grand aïeul, Louis XV eut recours toute sa vie aux emprunts. Tout déplorable qu'il fût, ce moyen résistait parfois, parce que les remboursemens ne s'étaient pas effectués en toute occasion avec l'exactitude convenable. Beaucoup de financiers avaient fini par reculer devant le téméraire honneur de prêter leurs pistoles au roi. La menace d'une banqueroute inévitable les effrayait.

A cette époque de doute sur la solvabilité de la cour, il fut proposé à Bouret de prêter un certain nombre de millions à Louis XV, dont les coffres avaient été mis à sec par des dépenses imprévues, comme si de telles dépenses ne doivent pas toujours se prévoir les premières. Bouret ne fut pas des plus faciles à se laisser toucher, mais il fut le plus audacieux. Après avoir stipulé les garanties de l'emprunt, il ajouta qu'il ne consentirait à obliger la cour, car le nom du roi n'était jamais prononcé ouvertement dans ces sortes de marchés, qu'à la condition expresse d'être présenté à Louis XV. Il tenait singulièrement à un honneur dont ses descendants auraient le droit de s'enorgueillir un jour. Le mandataire de la cour suspendit sur-le-champ la négociation : il n'osa, avec quelque raison, prendre sur lui de laisser espérer à Bouret une satisfaction si démesurée. Être présenté au roi Louis XV, parler au roi ! mais que de gentilshommes de l'origine la meilleure n'auraient pas obtenu, sans des motifs de la plus profonde gravité, l'honneur sollicité par le simple financier Bouret ! Le conduire à Versailles, le mettre face à face avec le roi! mais, après une pareille infraction à l'étiquette, il n'y avait plus d'étiquette, par conséquent plus de cour et presque plus de monarchie. L'or devenait par trop insolent!

Cependant l'intermédiaire officieux rapporta au gouverneur du palais, et celui-ci au premier ministre, le désir de l'ambitieux prêteur. Dans ce trajet, la prétention de Bouret fut couverte de moqueries infailliblement très spirituelles. Il fallait pourtant se décider. Assis sur son coffre-fort, le financier attendait une réponse claire et nette.

Prenant le roi dans un moment de bonne humeur, le premier ministre tenta d'aborder la difficulté. Quoique très large en matière de mœurs, le roi Louis XV, il ne faudrait pas s'y tromper, n'était pas plus maniable sur l'étiquette que Louis XIV. Il refusa tout d'abord. C'était un fâcheux précédent à établir; les gentilshommes ne s'encanaillaient que trop chaque jour; l'exemple aggraverait le mal, et le mal était des plus tristes. Cependant, après avoir opposé un refus formel à la fantaisie de Bouret, il se montra peu à peu moins difficile; enfin, dévorant sa rougeur, il consentit à l'entrevue. L'autorisation ne fut pourtant pas donnée sans réserve. Bouret ne serait pas annoncé, il ne serait pas noté d'avance sur le livre des réceptions, on ne le présenterait pas au sortir de la messe; mais le roi, en se promenant dans les allées de Marly, permettrait à Bouret de l'aborder et de lui offrir ses hommages.

Le lendemain, si ce n'est le jour même, les millions du financier étaient portés sans bruit chez le roi.

Le traitant s'était exécuté le premier; c'était maintenant au roi à tenir sa promesse.

On voudrait pouvoir dire toutes les émotions de Bouret lorsqu'il fut conduit à Marly et placé au milieu de l'allée par où devait passer le roi, qui, probablement, se préoccupait beaucoup moins de la rencontre. De quel côté allait venir le roi? Avec qui serait le roi? Comment le regarderait le roi? Que dirait-il au roi?

Lorsqu'il vit venir lentement vers lui Louis XV, appuyé sur son jonc à corne d'or, Bouret perdit et son enthousiasme raisonneur et ses plus ingénieux projets de soutenir la conversation tant souhaitée. Ses jambes ondulèrent comme les arbustes plantés près de lui ; il eût été incapable de faire une addition ; l'effet produit sur son esprit tenait du respect et de la terreur. Il eût volontiers rompu le marché, s'il n'eût pas été trop tard. Le roi n'était plus qu'à vingt pas de lui. Bouret s'en remit au hasard, et, le chapeau à la main, le corps arrondi autant que sa surface le permettait, il attendit le passage de Louis XV. Décidé au sacrifice que la nécessité lui imposait, le roi voulut s'acquitter de son engagement avec la meilleure grâce possible, et, en matière de courtoisie, on sait qu'il était le digne héritier de Louis XIV. Il respirait les belles manières. S'arrêtant devant Bouret, il ôta son chapeau, et de sa voix la plus douce il lui dit : « Monsieur Bouret, je me promets le plaisir d'aller manger une pêche à votre campagne, puisque vous m'avez rendu visite à Marly. »

Le roi était déjà loin, que Bouret, ivre d'orgueil et de bonheur, n'avait pas encore trouvé une réponse à renvoyer à celui auquel il devait la haute et singulière marque d'estime qu'il venait de recevoir. Le roi de France et de Navarre lui avait promis d'aller manger une pêche à sa maison de campagne ! Cela veut dire, pensa-t-il, que le roi daignera venir déjeuner chez moi ! Je ne sais rien d'aussi beau, d'aussi généreux, d'aussi grand, dans l'histoire de France. Quel magnifique prince ! Mais qui me vaut un tel honneur ? Bouret avait oublié ce qui lui valait un tel honneur : il comptait pour rien les millions prêtés à Louis XV. Quelle modestie ! Oh ! c'est le plus grand roi du monde ! répétait-il jusqu'à en perdre la raison. Pauvre Bouret, il ne savait donc pas que madame de Sévigné en disait autant de Louis XIV après avoir dansé avec lui ?

En rentrant à Paris, qui pouvait à peine le contenir, il fit part de son bonheur à tout le monde ; le soir, dans les coulisses de l'Opéra, il n'était question que de la bonne fortune du fermier général. Les danseuses le voyaient déjà ministre. Bouret n'aurait pas été loin de partager leur opinion. La nuit fut belle sur l'oreiller ; le lever du soleil le vit plus calme ; il réfléchit. « Le roi, murmurait-il sous les lambris dorés de sa chambre à coucher, m'a promis de venir manger une pêche à ma maison de campagne, mais je n'ai pas de campagne. Il

m'en faut une, et qui soit digne de recevoir un pareil hôte :
une campagne avec château. Un beau, un magnifique château,
près de Paris, serait mon affaire... où le trouver? Allons à
la recherche d'un château; allons! » Il sauta en bas du lit, et
il s'élança bientôt sur la route de Versailles, plein d'impatience et d'espoir.

A droite et à gauche du chemin, il apercevait à profusion
de superbes étendues de terrain, veloutées de gazon, lançant des fusées d'eau limpide vers le ciel, et portant sur leur
socle des châteaux ciselés comme des pièces d'orfévrerie floren-
tine; mais on ne voyait pas alors, ainsi que de nos jours, les
grandes propriétés traînées à l'encan judiciaire. La terre de
famille restait dans la famille, comme celle-ci restait sur le
sol. Rien ne changeait de place, rien ne bougeait. Le portrait
de l'aïeul ne quittait pas plus le mur que les bijoux de l'aïeule
ne quittaient la maison. Belle et touchante immobilité! car,
lorsque la vie et la résidence sont ainsi prises au sérieux, les
sentiments s'y conforment. Croire, aimer, promettre, devien-
nent des choses sérieuses. Bouret sonna à toutes les grilles
de châteaux entre Paris et Versailles; aucun n'était à vendre.
A peine rencontra-t-il plus loin, mais trop loin de la route,
des propriétés d'une certaine étendue. Il renonçait d'ailleurs
bien vite à s'en rendre acquéreur en voyant les médiocres
proportions des bâtiments, pauvres habitations de gentillâtres
ruinés, établis là pour être plus près de Versailles, le grand
rendez-vous des solliciteurs. Il éprouva l'inquiétude de Colomb ayant un monde dans la tête et manquant de vaisseaux
pour le découvrir. Ses excursions se tournèrent du côté de
Fontainebleau. Rien non plus sur cette longue rue de dix-huit
lieues où l'on ne peut faire cent pas aujourd'hui sans rencontrer
un château à acheter. Les bords de la Seine lui offriraient
peut-être la propriété qu'il convoitait avec tant d'ardeur ; on
y voyait alors, entre autres résidences charmantes, Choisy-le-
Roi, qui fut plus tard à madame de Pompadour, Soisy-sous-
Étiolles, Petit-Bourg au duc d'Antin, Sainte-Assise au duc
d'Orléans; si Bouret pouvait devenir leur voisin! Le roi man-
gerait la pêche sans presque sortir de chez lui... Malheureusement, même absence de maisons de campagne dignes de re-

cevoir un roi dans ce rayon nouveau qu'il parcourait pas à pas, l'âme triste et le front découragé. Bouret en maigrit; il en perdit le repos, l'appétit, le sommeil. Cette pêche le poursuivait nuit et jour; il en rêvait; elle se posait sur sa poitrine comme un cauchemar. Alexandre écartelait son cœur quand il désirait posséder le monde; Bouret étouffait le sien dans l'intérieur d'une pêche.

Un jour que, fatigué de la parfaite inutilité de ses démarches, il avait, tout rêveur, traversé la forêt de Sénart et celle de Rougeaux, l'une et l'autre peuplées de riches domaines dont un seul aurait fait sa joie, le moindre de tous, il arriva à un endroit qui surplombe la Seine et touche à un petit village de chaume nommé Nandy, célèbre d'ailleurs par la famille de l'Hospital, qui fit bâtir le château de Nandy. C'est une espèce de tribune pittoresque d'où le cœur parle au ciel, à l'espace et à l'horizon. Derrière vous la forêt de Rougeaux, à vos pieds la Seine, dont la moire finement glacée se déroule depuis des siècles toute chargée de dessins qui sont des bois, des champs de blé, des oiseaux, des fleurs, des berges mousseuses, des villages qui se peignent renversés dans sa trame liquide et frissonnante.

— Puisque personne ne veut me vendre un château, s'écriat-il à l'aspect de ce beau paysage, j'en élèverai un ici, dont je rendrai tous les autres jaloux !

Peu de jours après, Bouret achetait le terrain de Croix-Fontaine, où il projetait d'ériger sa construction seigneuriale. Telle est l'origine du château qui portait tantôt son nom, tantôt celui de Croix-Fontaine, et qu'il dépensa tant d'argent à faire bâtir.

Détruit moins de soixante ans après sa construction, il est difficile aujourd'hui d'en donner une description exacte. On sait seulement qu'il affectait les formes d'un vaste pavillon, ce qui laisserait supposer qu'il n'avait pas d'ailes. Les renseignements pris auprès d'anciens propriétaires témoignent de la richesse d'un mobilier dont ils ont acheté plus tard les principales pièces, quoiqu'ils se taisent volontiers sur ces acquisitions un peu bande-noire. Outre les salons d'apparat communs à tous les châteaux, le château Bouret renfermait des cabinets d'une incroyable originalité. Celui dit du *Japon* avait coûté des millions à orner. Il était littéralement en porcelaine. Les tables, les fauteuils, la cheminée, les corniches, venaient de la Chine. C'étaient des morceaux d'une dimension effrayante. Jusqu'aux lampes, jusqu'aux carreaux qui étaient faits de cette pâte si chère alors, si chère encore aujourd'hui. L'escalier qui conduisait à cette pièce était également en porcelaine nuancée d'or et d'azur, et tournait comme une conque marine dont il avait la transparence rosée. Mademoiselle Gaussin, qu'aima toujours Bouret, monta plus d'une fois cet escalier diaphane. Il est probable que Zaïre quittait ses mules avant d'en fouler les marches. Quel rêve de Bagdad! quelle vision de péri! cet homme d'or, ce palais enchanté, cette divine actrice, cet escalier tournoyant à la lueur adoucie des bougies!

Pour mieux faire sa cour à l'imagination du roi, Bouret avait fait meubler un cabinet exactement semblable à celui qu'occupait Louis XV, à Versailles.

Les architectes, les maçons, les peintres, ne se retirèrent que lorsque le château, le parc, les parterres et les pavillons furent achevés. Bouret avait semé l'or, et des merveilles étaient sorties de terre. A l'endroit même où Bouret avait failli se noyer de désespoir, il pouvait contempler maintenant du haut de son belvéder l'immense horizon de ses forêts.

Les pêches ne furent pas oubliées : réunissant en un seul tous les vergers qu'il avait achetés pour agrandir sa propriété, il ne manqua pas plus de pêchers que de pêches à offrir au roi. Son vœu le plus ardent, on l'imagine, ne consista plus alors qu'à rappeler à Louis XV la promesse qu'il lui avait faite il y avait un an. Depuis un an, le roi, toujours de plus en plus endetté, au lieu de rembourser Bouret, s'était engagé envers lui pour d'autres sommes.

On le trouva moins difficile lorsqu'il fut question d'accorder une seconde audience à Bouret, de son côté moins timide à la solliciter. Le pas était fait des deux parts. Cette fois le fermier général ne fut pas reçu en plein vent et comme à la dérobée; il se montra à Versailles, dans un salon royal, au milieu des Condé, des Matignon et des Villeroi. « Sire, osa dire Bouret, la pêche est mûre; mon château compte sur l'illustration de votre visite promise, si Votre Majesté s'en souvient, dans le parc de Marly. » Sans remarquer ce que signifiait le mot pêche venu à travers la phrase de Bouret, Louis XV comprit à peu près que le financier lui rappelait une visite qu'il avait probablement consenti à faire à son château de Croix-Fontaine.

« — Très bien, monsieur Bouret, lui dit-il en passant dans une autre salle; nous irons bientôt chasser dans votre parc. »

— Chasser dans mon parc! le roi viendra chasser chez moi! autre honneur plus considérable, se dit Bouret. Ce n'est plus une pêche que Louis XV viendra cueillir dans mon domaine, c'est une chasse qu'il veut y faire! » Voilà Bouret se voyant à cheval auprès du roi, et galopant au son du cor, aux aboiements des chiens, au cri des piqueurs, tout comme s'il s'appelait Condé. Il rêvait déjà les hallali de Chantilly. Ce qui ne fut pas un rêve, c'est l'argent qu'il dépensa pour se monter des équipages de chasse, deux cent mille écus au moins. Et cependant il avait englouti des sommes énormes dans l'achat des terrains sur lesquels son château s'était élevé. Les ruines de ce beau château subsistent encore à l'endroit que nous avons indiqué ; un pavillon est resté debout pour attester l'honnête orgueil de ce financier au grand cœur. Toutes construites en marbre et en pierre de taille, les caves de ce magnifique domaine, qu'on pilla pendant la révolution, ont résisté à la pioche ; il aurait fallu employer la mine. Ces caves sont immenses; elles se perdent sous les terres qui les ont envahies et couvertes. Des chênes ont cloué leurs racines dans ces pierres éternelles. Nous dirons, après avoir terminé l'étrange histoire de cette fortune bue par le limon du xviiie siècle, la légende qu'ont fait naître ces caves prodigieuses.

De distance en distance, dans les bois que Bouret acquit autour de son domaine, on aperçoit encore au-dessus des hautes herbes des bornes milliaires, placées là afin d'indiquer les mesures parcourues par ses équipages particuliers. Cette ligne de bornes s'étendait depuis Paris jusqu'à son château de Croix-Fontaine. La route qu'il fit ouvrir au milieu du bois, et que devait prendre Louis XV, se voit aux endroits où les herbes sont plus rares et quand le vent les couche. On dirait une voie romaine : la révolution a déjà fait des antiquités parmi nous. En voyant ces jeunes ruines, ce vieux passé de soixante-dix ans à peine, on est saisi de cette longue mélancolie qu'on éprouve à l'aspect des monuments indiens inachevés et par terre, pourris et neufs, à demi enfouis dans les jungles et étincelants de couleur. Le néant, dans sa faim, les a dévorés avant d'être mûrs.

— Puisque je ne puis plus douter maintenant de la visite du roi, se dit Bouret, puisqu'il est sûr qu'il daignera passer une journée entière chez moi, dans mon palais de Croix-Fontaine, il y va de mon honneur de lui prouver sous toutes les formes, de toutes les manières, le respect, l'amour, l'enthousiasme dont je suis pénétré pour sa royale personne. L'histoire parlera de cette visite.

Après avoir tout prévu, tout arrangé pour que chaque minute du jour consacré à la suprême visite offrît à Louis XV une surprise, un enchantement, un plaisir, Bouret songea sérieusement à éterniser le souvenir du passage du roi dans sa propriété. Il fut saisi de la frénésie des Fouquet et des Lafeuillade. Louis XV effaça Dieu dans son âme enivrée de courtisan. Comment perpétuer ce souvenir ? Les médailles n'ébranlent pas l'imagination avec assez d'énergie; elles ne s'adressent qu'aux fibres molles des savants. Les tableaux exécutés pendant la fête qu'ils reproduisent sont un hommage que Fouquet a déjà employé à sa fameuse fête de Vaux. Un financier copier un autre financier ! Non. Pour un bonheur sans exemple dans sa vie, il imagina une reconnaissance sans exemple. Bouret voulut élever une statue colossale à Louis XV au milieu de la cour d'honneur du château. Le premier objet qui frapperait la vue du roi en entrant, ce serait sa glorieuse image, reproduite avec art par le ciseau d'un habile statuaire.

La statue fut exécutée. Nous regrettons de ne pouvoir dire ici le mérite et le prix de ce morceau; les recherches ont été stériles : Bouret toutefois le considérait comme d'une grande valeur, puisqu'il osa demander une inscription à Voltaire, alors entouré des immenses rayons de son éblouissant déclin.

Soit que Voltaire, exilé à Ferney, n'éprouvât pas un désir

très vif de rimer les vertus du roi sur le socle de sa statue, soit qu'il ne tînt pas à obliger le financier Bouret, il lui répondit d'une manière aussi spirituelle qu'embarrassée. Il s'étrangle avec son esprit. Ah! s'il pouvait se moquer du roi et du financier... mais la vieillesse l'a rendu prudent. On voit seulement dans sa réponse qu'il aimerait autant que ce fût à lui qu'on élevât une statue. Il répond à Bouret que M. Marmontel lui dira, — ce qui permet de supposer en passant que Marmontel avait ses grandes familiarités auprès de Bouret, — combien notre langue répugne au style lapidaire, à cause des verbes auxiliaires et des articles. Il ajoute aussitôt, endossant sa peau de démon, qu'il est bien triste d'emprunter deux vers d'un ancien auteur latin pour honorer Louis XV. « Répéter ce que les autres ont dit, c'est ne savoir que dire; de plus, le roi viendra chez vous; il verra votre statue, et n'entendra pas l'inscription. Si quelque savant duc et pair lui dit que cela signifie qu'on souhaite qu'il vive longtemps, on avouera que la pensée n'en est ni neuve ni fine.

« Il y a bien pis; si j'ai la hardiesse de vous faire une inscription en vers pour la statue du roi, il faut rencontrer votre goût, il faut rencontrer celui de vos amis, et vous savez que la première idée qui vient à tout convive, soit à table, soit en digérant, c'est de trouver détestable tout ce qu'on nous présente, à moins que ce ne soit d'excellent vin de Tokai. »

Enfonçant petit à petit le poignard dans le cœur de Bouret, Voltaire ajoute dans la même lettre, car elle est longue, quoique très spirituelle (Correspondance, lettre A LII. 1768), qu'il ne lui envoie point de vers pour le roi, le temps des vers étant passé chez la nation, et surtout chez lui; mais s'il était encore officier de la chambre du roi, poursuit-il, s'il avait posé sa statue de marbre sur un beau piédestal, le roi verrait ces quatre petits vers, qui ne valent rien, mais qui exprimeraient que c'est *un de ses domestiques* qui a érigé cette statue; et, après s'être considéré comme domestique dans sa phrase scélérate, afin d'arriver à donner en plein visage cette jolie qualification à Bouret, Voltaire cite les vers assez insignifiants qu'il mettrait au pied de la statue du roi :

Qu'il est doux de servir ce maître !
Et qu'il est juste de l'aimer !
Mais gardons-nous de le nommer,
Lui seul pourrait s'y méconnaître.

« Mais ce que je ferais dans mon petit salon de vingt-quatre pieds, vous ne le ferez pas dans votre salon de cent pieds ;

Mes vers trop familiers seront vus de travers,
Et pour les grands salons il faut de plus grands vers.

« Si j'étais à votre place, voici comment je m'y prendrais : je collerais du papier sur mon piédestal, et j'y mettrais, le jour de l'arrivée du roi :

Juste, simple, modeste, au-dessus des grandeurs,
Au-dessus de l'éloge, il ne veut que nos cœurs.
Qui fit ces vers dictés par la reconnaissance ?
Est-ce Bouret ? Non, c'est la France.

« Le résultat de tout ceci, monsieur, est que vous n'aurez point de vers de moi pour votre statue. »

Le résultat de toutes ces sinuosités épistolaires du philosophe de Ferney est celui-ci : J'aime peu Louis XV, que je crains beaucoup ; je n'ai pas le temps de faire des vers pour vous. Cependant, si vous employez ceux-ci, vous me serez agréable, puisque je ne les ai pas écrits pour rien ; mais, dans le cas où ils seraient trouvés mauvais, tant pis pour vous, à vous la faute, je vous ai dit d'avance de ne pas les mettre sous votre statue.

Nous ignorons complétement le parti auquel s'arrêta Bouret ; il est probable qu'il fit graver sous la statue les vers de Voltaire, et qu'il attendit ensuite l'effet que l'œuvre du statuaire et celle du poète devaient produire sur Louis XV.

C'est à l'occasion de cette chasse, une chasse comme saint Hubert lui-même n'en avait jamais vu, que Bouret trouva ce trait de courtisan bien digne de parvenir aux limites les plus lointaines de la flatterie. Dangeau n'a rien qui l'égale.

D'abord, Bouret s'enquit du premier valet de chambre du

roi quelles étaient la forme et la couleur de l'habit qu'endossait ordinairement Louis XV quand il allait à la chasse. Il fit faire un habit exactement pareil. Ensuite, il fourra dans les poches de cet habit royal les graines les plus recherchées par le gibier ; et il alla se promener chaque matin dans les allées de son parc. Voici le manége auquel il se livrait pendant cette promenade mystérieuse. A droite et à gauche, devant lui et derrière lui, il lançait à la volée, dans les taillis et sous les arbres, les graines dont ses poches étaient remplies. Aussitôt toutes les volatiles qu'il avait eu soin de répandre dans sa propriété, accouraient en masse. Au bout de quelques mois de cet exercice, dès qu'il paraissait avec son costume de chasse royale, elles venaient solliciter de sa main leur friande nourriture. Le but de Bouret était rempli. Il était hors de doute désormais que, lorsque Louis XV se présenterait à son tour avec son habit bien connu du gibier, il attirerait par centaines autour de lui perdreaux, faisans, coqs de bruyère, et qu'il n'aurait plus qu'à daigner le tuer. Mais cette chasse se faisait beaucoup attendre.

Louis XV était déjà bien vieux quand Bouret, qu'on lui présentait pour la troisième fois, mais cette fois aux Tuileries, lui rappelait avec une assurance respectueuse la flatteuse espérance qu'il lui avait donnée d'aller chasser dans son parc.

Cette fois Louis XV se souvint parfaitement de sa promesse. Avec un tact infini, car Louis XV a été le Voltaire des rois, et ce ton d'exquise courtoisie qu'il avait puisé sur les genoux de madame de Prie, et épuré plus tard auprès des plus spirituelles femmes du monde, il fit remarquer à Bouret qu'il était bien âgé pour chasser sur les terres des autres. Il l'assura cependant que, s'il persistait, il était prêt à ratifier ses paroles. Confus de tant de bontés, Bouret se jeta à genoux, et protesta que, si quelque chose pouvait le consoler de n'avoir pas eu l'honneur de voir le roi poursuivre le cerf dans son domaine, c'était à coup sûr les paroles qu'il venait d'entendre. « Relevez-vous, monsieur Bouret, lui dit ensuite le roi, et assurez madame Bouret que, dès que ma goutte m'aura quitté, j'irai faire la médianoche à votre château, puisque la chasse m'est interdite. »

Bouret se releva et accompagna le roi, qui entrait dans ses petits appartements.

— Je n'ai plus rien à désirer sur la terre ! pensa Bouret en quittant les Tuileries pour regagner son hôtel. Sa Majesté s'est excusée de n'être pas venue chasser chez moi, et elle s'invite d'elle-même à une médianoche à mon château. La pêche à cueillir dans mon jardin, ce n'était qu'un déjeuner, la chasse un dîner; mais la médianoche, c'est le souper et le bal ! Sa Majesté couchera chez moi, comme Louis XIV coucha chez le prince de Condé à Chantilly, et chez le duc de Montmorency à Ecouen.

Nous avons dit les sommes ruineuses dépensées par l'excellent Bouret à la construction de son château : nous y ajouterons, outre celles qu'il continuait à prêter au roi, les sommes qu'il prodigua si inutilement pour remplir son parc de cerfs et de sangliers. Sa fortune se trouva largement compromise; mais l'ambition l'avait poussé de vague en vague jusqu'au milieu de la haute mer : il était moins naïf maintenant dans son désir de recevoir chez lui le roi. Pourquoi Sa Majesté n'anoblirait-t-elle pas ce qu'elle avait touché ? Pourquoi le château Bouret ne deviendrait-il pas, le lendemain de la visite du roi, une petite seigneurie, et le maître du château quelque chose aussi ? Il existait des exemples de moins juste élévation. Comme cette idée souriait à Bouret !... lui gentilhomme! ayant des armes sur son argenterie et au panneau de ses voitures ! Oh ! mon Dieu ! il serait modeste : *un champ de sinople et une pêche d'or en abîme, surmontée d'une couronne de vicomte.*

Une réflexion vint foudroyer Bouret. Le roi lui avait dit : « Monsieur Bouret, assurez madame Bouret que j'irai faire la médianoche à votre château. « Madame Bouret! Le roi me croit donc marié? Comment, pourquoi le détromper ?... A mon âge, un fermier général doit être marié... le roi a raison... Et d'ailleurs, comment donner une médianoche sans femme? Quelle femme viendrait à ma soirée, si je n'ai pas une femme et une femme qui soit madame Bouret ? Puis-je introduire Sa Majesté au milieu des danseuses de l'Opéra? Je serais un homme perdu de mœurs, je serais déshonoré.

Au bout de tous ses raisonnements et de toutes ses réflexions

Bouret trouvait toujours le mariage. Il se maria enfin avec une cousine de madame de Pompadour. La parole du roi avait été un ordre pour lui. Ce fut un grand scandale dans les coulisses de l'Opéra, l'endroit où l'on s'épouse le plus, et où l'on se marie le moins. On se moqua de la fin ridicule du financier; il rougit un peu, il se résigna ensuite; enfin il osa se montrer en public avec sa moitié légitime.

— Vienne le roi maintenant! s'écria Bouret, j'ai une femme pour lui faire les honneurs de la médianoche où il s'est invité.

Louis XV eut des rhumatismes après la goutte, de mauvaises digestions entre la goutte et les rhumatismes; sa santé ruinée ne se relevait pas. Chaque fois que Bouret voulait parler de la médianoche au ministre, le ministre répondait. « Sa Majesté ne quitte plus Versailles; dès qu'elle ira mieux, on songera à lui remettre en mémoire votre fête. »

En attendant, la fortune du financier déclinait comme la santé du roi. Les deux règnes finissaient. Enfin Bouret apprit un jour avec toute la France que le roi était mort de la petite vérole. Bouret faillit aussi en mourir. Il était écrit, dit-il en pleurant, que le roi ne mettrait pas le pied à mon château! Ni déjeuner, ni chasse, ni médianoche! Et je me suis marié... ajoutait Bouret.

Devinez-vous comment finit cette superbe existence? Par un coup de pistolet. Bouret se brûla la cervelle. Qui peut dire que l'origine de son désespoir ne date pas de son ambition d'être présenté au roi, et du jour funeste où il apprit que le roi lui rendrait sa visite? Sa mort violente eut lieu en l'année 1778, quatre ans après celle de Louis XV, son débiteur et son idole. Il avait fini par être si pauvre et si oublié de ses amis, qu'il ne trouva pas, lui le prêteur des rois, cinquante louis à emprunter.

On manque de blâme, quand on songe que cette belle fortune de Bouret s'est perdue dans une pensée de largesse et de dévoûment. Bouret se ruinant pour une pêche et se brûlant la cervelle pour avoir trop aimé son roi est un héros à sa manière, un grand homme d'une façon particulière à un siècle, à une époque qui ne ressemble à aucune autre. Sans doute, s'il eût été économe, s'il avait eu des vertus prudentes, son petit-fils serait aujourd'hui président millionnaire d'une société de chemin de fer. Le bel avantage pour nous!

Si vous traversez la forêt de Rougeaux détournez-vous un instant de votre chemin pour aller, à travers bois, revoir ces ruines où un homme a tant dépensé d'or, d'espérance et de dévoûment. Le XVIIIe siècle, si hardi|, si frivole, si spirituel et si athée, vous y parlera de sa plus charmante et de sa plus triste voix; c'est un désenchantement adorable..

Vous verrez blanchir entre les rameaux de la clairière le toit aigu d'un petit pavillon : c'est tout ce qui reste de la colossale construction de Bouret, — la maison du garde.

Il reste aussi les fameuses caves de marbre et de pierres de taille dont nous avons parlé, et auxquelles les habitants des localités voisines rattachent une légende fort répandue. Son caractère tout à fait allemand, empreint de la couleur brune des mines du Hartz, la fait sortir de la vulgarité de ces sortes de traditions orales. *Le Trompette-perdu* (tel est le nom de cette légende) nous a paru mériter une place dans l'histoire du riche financier.

Frappés des prodigalités intarissables de Bouret, les paysans lui attribuèrent des richesses fabuleuses. Non-seulement il était plus riche que le roi, ce qui était vrai, puisqu'il prêtait au roi, mais il était riche comme un sorcier. S'il ne fabriquait pas de l'or, il en possédait tant et tant, que les caves de son château en étaient pleines. Le tiers de la forêt de Rougeaux, sous laquelle ces splendides caves se prolongeaient en tous sens, était pavé de pièces et de lingots. Les diamants n'y manquaient pas non plus assurément.

A la révolution, le château fut démoli, mais les caves triomphèrent de la destruction, secrètement protégées par la puissance du génie qui gardait l'or du fermier général. Vainement les plus braves, les plus hardis tentèrent-ils de s'aventurer dans le souterrain, d'où ils ne devaient sortir que riches à millions; le génie les repoussa sans cesse par le souffle de la terreur, après quelques pas risqués dans l'obscurité la plus épaisse. Chaque année voyait plusieurs tentatives semblables et de nouvelles défaites, mais qui toutes, au lieu de décourager la cupidité, ne servaient qu'à l'irriter davantage.

La légende en était là, lorsqu'un enfant du pays, de retour de l'armée, un trompette, se la fit minutieusement raconter à la veillée de minuit. Chacun cherchait sur son visage bruni par tous les soleils quelques marques d'étonnement ou d'effroi ; mais le trompette avait vu le Caire et Moscou : il s'étonnait peu, il ne s'effrayait jamais. Il était entré dans Rome en conquérant ; son cheval avait mangé le gazon sacré des jardins du Vatican. Notre trompette n'avait pas plus de préjugés que son cheval. Quand il eut ouï la légende, il secoua sa pipe, se caressa la moustache, et s'écria en riant : « N'est-ce que cela ? La nuit est belle ; de ce pas, si vous le permettez, je vais descendre dans ces caves, et, par la barbe de muphti que j'ai prise au Caire ! je n'en sortirai qu'après les avoir fouillées comme les poches d'un Prussien. A moi un bâton et une lanterne ! »

La surprise fut générale. On voulut détourner le trompette de ce projet, dont l'inutilité était aussi bien démontrée que le danger était certain depuis plusieurs éboulements constatés dans les caves : on lui parla du génie, du démon, des gnomes ; il fut inébranlable. Tout ce qu'on obtint de lui, ce fut que pendant son trajet souterrain il ne cesserait de sonner de sa trompette, afin de rassurer ceux qui le suivraient pas à pas au-dessus de sa tête. Soit ! dit-il, et l'expédition commença.

On accompagna en foule le trompette jusqu'à l'entrée des caves, dans les sombres cavités desquelles il ne tarda pas à s'enfoncer.

Pendant un quart d'heure, on entendit la fanfare, tantôt en éclats bruyants, tantôt en sons étouffés, courir et serpenter sous la voûte de la forêt. Que de trésors il voit ! que de trésors il touche ! se disait-on, jaloux déjà des richesses du trompette. Tout à coup la fanfare cesse : on écoute, on s'interroge, on écoute encore, on penche la tête, on appelle le vent, on colle l'oreille contre terre ; rien ! l'effroi gagne la compagnie. Que lui est-il arrivé ?... que fait-il ?... il remplit peut-être ses poches de doublons... La fanfare se fait de nouveau entendre au bout d'une demi-heure ; mais le trompette ne reparaît pas... Un moment la fanfare jaillit d'un point, on y court ; une autre fois elle s'élance d'un point diamétralement opposé, on s'y précipite ; la fanfare a encore changé de place..... On eût dit un feu follet sous la forme d'un son. Jusqu'au jour cette musique décevante, vagabonde, menteuse, transpira à travers la terre. Aux premières lueurs de l'aube, elle s'éteignit, et le trompette ne sortit pas des entrailles de la forêt. Le lendemain, pareil silence ; les jours suivants, pareil désespoir. Le trompette avait infailliblement péri victime de sa témérité.

Cependant, un an après, un vieux bûcheron prétendait avoir entendu, au milieu de la nuit, sonner de la trompette sous la terre, à quelque cent pas des ruines du château Bouret ; un garde-chasse du château *de la Grange* affirma que la même nuit il avait entendu le même bruit. En fallait-il davantage pour croire que le trompette perdu errait encore dans les caves mystérieuses de Bouret ? L'année suivante, des braconniers, eux qui ont l'oreille si fine, répétèrent aussi qu'ils avaient été surpris pendant la nuit par les sons plaintifs d'un cor souterrain. Depuis lors, les paysans assurent que trois fois par an, par une belle nuit d'hiver, le *trompette perdu* se révèle aux gens qui traversent la forêt. Le malheureux, dit la légende, ne peut plus retrouver l'entrée des caves, ou bien, ce qui n'est pas moins probable, il ne veut pas se décider à quitter une partie de l'or dont il est surchargé.

Telle est la jolie légende du *trompette perdu* et la fin de l'histoire du château Bouret.

FIN DE LA PREMIÈRE SÉRIE.

TABLE

DE LA PREMIÈRE SÉRIE.

FIN DE LA TABLE.

PARIS. — Imprimerie LACOUR, rue Soufflot, 13.